日本古代の典籍と宗教文化

増尾伸一郎著

吉川弘文館

目次

第二部　古代の典籍と外来文化

第三部　古代東国の信仰と仏教

凡例

一、本書は、著者により発表された日本古代の典籍および宗教文化に関わる論考を精選して収録したものである。

一、論文の選択、編成は、早川万年（岐阜大学教育学部教授）、吉田一彦（名古屋市立大学大学院人間文化研究科教授）の協議によるものであって、両者による解説を巻末に掲載した。

一、各論文の収載にあたっては、初出通りとすることを原則とし、用字・用語・仮名遣いおよび、史料引用、注表記等の統一は必要最小限にとどめた。

一、編集を進めるなかで、明白な誤植・誤記等は訂正に努めたが、図版の再録はとくに必要なものに限ることとし、初出時に付されていたルビも適宜取捨した。

一、本文中に見える地名表記は現在のものと異なる部分があるが、原則そのままとした。

序章　中国・朝鮮文化の伝来

——儒教・仏教・道教の受容を中心として——

一　漢籍の伝来と百済

冊封と朝貢

日本（七世紀末以前は倭）は朝鮮三国や越南（ヴェトナム）などと同様に、漢字・漢文を媒介にして儒教や律令、暦法や医方術、漢訳仏典をはじめとする文物や制度、技術を摂取した中国の周辺諸国の東辺に位置する。それぞれの地域における受容相は、文字一つをとってみても漢字を基にして片仮名・平仮名、字喃（チュノム）（ヴェトナム）や契丹文字、西夏文字などが生まれ、朝鮮ではハングルと漢字を併用したように、変化に富む（李成市　二〇〇〇）。

アジア諸地域の漢字・漢文文化圏の形成をめぐる動向が、中国の皇帝と周辺諸民族の首長との間に、官職と爵位の授受を媒介として結ばれる冊封体制（冊封は官爵の授受に際し、皇帝から冊命が賜与される任命行為をさす用語）を背景とする説（西嶋定生　一九八三、八五）はよく知られている。それに対して中国皇帝による異民族支配の原則は漢代以来「羈縻（きび）」と呼ばれ、冊封・羈縻州・和蕃公主・朝貢関係などの諸形態を総称することから、冊封はその一部にすぎず、広汎に通用した時期も魏晋南北朝であるという批判がある（堀敏一　一九九三、九八）。

漢字の導入が、中国王朝の圧倒的な勢力と高度な文化を前提としたものであり、外交上必須の条件であったことを考えると、少なくとも古代日本と隋・唐王朝との関係では朝貢をより重視すべきだろう。文化の伝播は外交関係の枠組みや形式に規定されるが、とくに唐王朝が外交の基本とした朝貢は、中華思想と儒教的理念を具体化したものである（榎本淳一　二〇〇八）。それだけに儒仏道三教の伝播をめぐる東アジアの文化交渉を主な課題とする本章においては、この点に留意しておきたい。

漢籍と技芸の伝来

天平勝宝三年（七五一）に成立した『懐風藻』の撰者は不詳だが、序文では六七二年の壬申の乱で多くの漢詩文が焼失したのを惜しみ、それ以後に詠まれた大津皇子、文武天皇、大神高市麻呂、藤原不比等らをはじめとする「詞人」の秀作を撰録したという。この序は記・紀の記事を踏まえつつ、梁の昭明太子による『文選』の序に構成や修辞を倣うところが大きいが（小島憲之　一九六二～六五、一九六四）、前半では応神朝に「人文」が起こったとし、その端緒は百済の王仁が経書をもたらして太子の菟道稚郎子に伝授したことにあるとのべる。これは『日本書紀』応神十五年八月条の記事によるもので、応神紀では百済王が遣した阿直伎の推薦により王仁が来日したと記すが、これらはそれぞれ二人を始祖とする阿直伎史と書首（西文）両氏の伝承に基づく。

『日本書紀』ではこの時に百済から伝えられたのは「経典」「諸の典籍」とあるだけで、具体的な書名は挙げないが、『古事記』応神天皇条には『論語』一〇巻と『千字文』一巻であるという。だが『論語』はともかく『千字文』は六世紀前期に梁の武帝の勅命により周興嗣が著わしたものなので、後代の潤色とみられる（神田喜一郎　一九六〇、東野治之　一九七七）。

漢籍（とくに経書）の伝来と教習に関して注目されてきたのは継体紀七年（五一三）六月条に百済から「五経博士段楊爾」が来日したのに続いて、同十年九月には漢高安茂と交代し、欽明十五年（五五四）二月には王柳貴が固徳馬丁安に代わったとあることで、交代制で貢上が継続された背景には、百済の外交政策の一環として重視されていたことが窺える。五経博士は『易経』『書経』『詩経』『春秋』『礼記』を講じ、民政の教化も担う儒官として漢の武帝により設置された。董仲舒は『易経』を中心として陰陽五行説との折衷を進めたが、長く途絶えたのちに梁の天監四年（五〇五）に復興したものの、中国でもその数はごく限られていたので（『南史』儒林伝）、百済では儒者と同義に用いていたのかもしれない。『三国史記』百済本紀・聖王十九年（五四一）条には、「王、使を梁に遣して朝貢し、兼て毛詩博士、涅槃等の経義、並に工匠画師等を表請す」とあるが、これは『梁書』諸夷伝・百済の「中大通六年（五三四）、大同七年（五四一）累ねて使を遣し方物を献ず。并せて涅槃等の経義、毛詩博士、工匠画師等を請ふ。勅して並に之に従ふ」という記事に基づくものと思われる。

百済からの五経博士の中には漢高安茂のように漢人が含まれており、中国の経学を継受していた可能性もある。『北史』儒林伝などによると、南朝と北朝では経学の方法や注釈書には、

南朝　『周易』王弼注、『尚書』孔安国注、『春秋左氏伝』杜預注

北朝　『周易』『尚書』鄭玄注、『左伝』服虔注

のような差が認められ、日本に伝存する古写本の表記などをみると、伝来初期の漢籍（とくに経書）は、主として江南地方から百済を経由して将来されたものが多くを占めるようである（小島憲之　一九六二）。

このほか欽明紀十四年（五五三）六月条には、百済に対して医・易・暦学の博士の交代と、卜書と暦本や諸種の薬物の送付も求めており、翌年二月に前述の五経博士王柳貴とともに、新たに来日した易博士・暦博士・医博士や採薬師、薬人らの名前も記録されている。『周書』百済伝には「陰陽五行を解し、宋の元嘉暦を用ゐ、建寅の月を以て歳首となす。また医薬・卜筮・占相の術を解す」と記されており、『北史』や『隋書』などにも同様の記事がみえる。

百済では早くからこれらの技芸を受容していたが、「僧尼、寺塔、甚だ多し。而るに道士無し」ともあることから、主として僧尼によって伝習されていたと思われる。

推古紀十年（六〇二）十月条には、百済僧観勒によって暦本、天文地理書、遁甲方術書がもたらされ、書生を選抜して学習させたとある。観勒は飛鳥元興寺に止住して在日二十余年に及び、推古三十二年（六二四）には僧正に任じられているが、のちに天武天皇が即位前紀に「天文・遁甲に能し」と評され、天武紀に道教や陰陽道関係の記事が頻出するのも、この系譜に連なるものとみてよい（新川登亀男　一九九九、増尾伸一郎　二〇〇二）。

二　儒教と律令制

大学寮の創設

『懐風藻』の序では、王仁に次いで敏達紀元年（五七二）五月条の王辰爾（船史の始祖）が高句麗からの表疏を解読したことや、聖徳太子の事蹟にふれた後、天智天皇による「庠序」（学校）の創設に言及する。その目的は「風を調へ俗を化むることは、文より尚きことは莫く、徳を潤らし身を光らすことは、孰れか学より先ならむと」にあるといい、『礼記』楽記などにみえる移風易俗を踏まえつつ、その意義を説く。さらに「茂才を徴し、五礼を定め、百度を興したまふ。憲章法則、規模弘遠、夐古より以来、未だ有らず」とものべて、優秀な人材を集め、祭祀・喪葬・賓客・軍旅・冠婚に関する儀礼を定め、諸種の法令を制定した結果、かつて無い繁栄と学芸の隆昌が現出したと讃える。天智紀十年（六七一）正月条には「学職頭」の鬼室集斯に小錦下（令制では従五位相当）を授けたとあるが、学職頭は令制の大学寮の長官にあたり、天智の創設した庠序を統轄したと考えられる。百済の武王（義慈王）の甥で百済復興運動の中心的存在であった鬼室福信との関係は明らかではないが、集斯はその子である可能性が高いようである（胡口靖夫　一九九六）。

「大学寮」は天武紀四年（六七五）正月条に陰陽寮・外薬寮とともに初見し、舎衛（インド）と堕羅（タイ）の女性、百済王善光、新羅の仕丁らが、「薬及び珍異しき等物」を天皇に献じたとあり、後の御薬の先蹤とみられる。

持統紀三年（六八九）正月二日（乙卯）条にも大学寮が「杖八十枚」を献上したとあるが、これは正月の卯の日に悪鬼を攘う杖を献ずる卯杖の先蹤で、大学寮が担当したのは、ともに外来の年中行事であることによるのだろう（丸山裕美子　一九九二）。

令制の大学寮は式部省の被官で、四等官のほか、博士、助教以下、音博士、書博士、算博士が配置され、後の明経道にあたる本科と算科に加えて神亀五年（七二八）からは文章と明法の二科も置かれ、官吏養成の中枢機構となったが、その基礎は七世紀後期に百済系渡来人によって築かれたのである（桃裕行　一九四七、久木幸男　一九九〇）。

日中の学制と教習書

日本が準拠した唐の学制では、国子監が国子・太学・四門・律・書・算の六学を管轄した。このうち、国子・太学・四門の三学で儒学（経学）を教授したが、三学の区別は入学者の階層により、国学は三品以上の子孫、太学は五品以上の子孫、四門は七品以上および庶人の子弟をそれぞれ対象とした。日本の大学寮はこれを縮小統合して律学の代りに音博士を置き、大学生は五位以上の子孫と東西の史部の子弟を対象とし、八位以上の子は志望に応じて許可した。唐制では地方に府学・州学・県学が置かれて儒学を教授したが、日本では国学を設け、郡司の子弟が入学した（高明士　一九八六、久木幸男　一九九〇）。

大学で教授すべき経書については学令（七一八年制定の養老令）の第五条に、次のように規定する。

> 凡そ経は、周易、尚書、周礼、儀礼、礼記、毛詩、春秋左氏伝をば、各一経と為よ。孝経、論語は、学者兼ねて習へ。

このうち、毛詩は『詩経』のことであり、唐制では『孝経』と『論語』の他に『老子』も必修とされたが、日本では削除された。これは唐では李姓を同じくする老子を王朝の始祖と仰いで尊崇したのに対して、『経国集』所収の下毛野虫麻呂や白猪（葛井）広成の対策文にみられるように、孔子の「兼済」に対して老子を「独善」として斥けようとする認識（大曽根章介　一九九八、増尾伸一郎　一九九七）に基づくものであろう。

また大宝令では『文選』と『爾雅』も学ぶことになっていたが、大宝令の注釈書である「古記」によると、必修ではなかった。次の第六条には教授に用いる注釈書についての規定がある。

> 凡そ正業教え授けむことは、周易には鄭玄、王弼が注。尚書には孔安国、鄭玄が注。三礼、毛詩には鄭玄が注。左伝には服虔、杜預が注。孝経には孔安国、鄭玄が注。論語には鄭玄、何晏が注。

『春秋』には左伝のほかに公羊伝と穀梁伝があり、唐令ではこの二伝も教習書に含まれていたが、日本での採用は延暦十七年（七九八）に伊予部家守が進言してからのことである（水口幹記　二〇〇五）。こうした傾向は新羅と同様で、『三国史記』巻十・新羅本紀・元聖王四年（七八八）条には、官吏登用制度としての読書三品法を、

> 始めて読書三品を定め、出身を以て春秋左氏伝、若くは礼記、若くは文選を読み、而して能く其の義に通じ、兼ねて論語孝経に明なる者を上読と為し、曲礼論語孝経の者を中読と為し、曲礼孝経の者を下読と為す。若し五経三史諸子百家の書に博通する者は超擢して之を用ふ。

と定めて、五経だけでなく三史や諸子百家にも通じる者を抜擢するという。また同書巻三十八・職官志上・国学条の規定では、この他に『周書』『毛詩』『尚書』が教授課目とされるものの、やはり『老子』と『春秋』公羊・穀梁伝は

省かれているのである。新羅の国学は真文王二年（六八二）に中央行政機構の拡充策の一環として創設された。組織や内容の変更はあったが、日本は七世紀末の学制形成期には、唐との往来が三十余年にわたって途絶えていたこともあり、新羅の影響を受けた点が少なくないことが指摘されている（多賀秋五郎　一九五三、久木幸男　一九九〇、関晃　一九九七）。

学令にはこの他にも学習の要領や評価方法などに関して詳細な規定があるが、律令官人の養成を目的とする大学寮と国学を通じて儒学が普及した様相は、各地の遺跡から出土する木簡や漆紙文書などが具体的に物語る。

『論語』は何晏の集解も含め、藤原京や平城京の他、徳島県徳島市の観音寺遺跡から七世紀の第Ⅱ四半期に溯る可能性のある学而篇の習書木簡が出土したのをはじめとして、長野県更埴市の屋代遺跡からも、八世紀初期の学而篇と為政篇の習書木簡が発掘されている（佐藤信　二〇〇二、平川南　二〇〇三）。

『論語』木簡は近年、朝鮮半島でも相次いで出土している。平壌の四世紀以前の楽浪古墳から出土したものは第十一、十二巻の全文が書かれた冊書の竹簡とされるが、正式な報告書は未刊で詳細は不明である。釜山市近郊・金海の鳳凰洞（ポンファンドン）から出土したものは四角形の木柱の四面に公冶長篇の全文を書いたものと考えられ、復原全長は一三〇チセン程度と推定される。ついで仁川市の桂陽山城から出土したものも、一三〇チセンほどの五角形の木柱に同じく公冶長篇の全文を書いたことが推定されており（橋本繁　二〇〇七）、観音寺遺跡の論語木簡と形態が類似する点もあるが、日本の木簡とは差異が著しい。

『論語』とともに必修書とされた『孝経』は、『続日本紀』天平宝字元年（七五七）四月四日条に、大炊王（後の淳仁天皇）の立太子をうけて広く頒布し、孝子の顕彰を促しているが、これは唐の玄宗が『御注孝経』を撰述し、天下に奨励したのを先蹤とする。岩手県水沢市の胆沢城跡からは『古文孝経』孔安国伝の士章五から三才章八にかけての断簡が漆紙文書として出土した。書風により奈良時代中〜後期の書写とみられ、八〇二年の胆沢城造営後に他所から搬入され、九世紀中葉ごろに何らかの理由で廃棄されたものと考えられている（平川南　一九八九）。

この他にも『千字文』（奈良県明日香村・飛鳥池遺跡、大阪市・細工谷遺跡など）、『魏徴時務策』（福岡県・大宰府跡）や、『杜家立成雑書要略』（宮城県多賀城市・市川橋遺跡）のような書儀など、儒教を根幹とした律令文書行政のために漢籍の一部を記した木簡は多彩である（東野治之　一九七七・一九八三・一九九六）。

なお平安時代には明経道は中原・清原両家が主に担い、現存する『論語』『孝経』の古写本も大半は両家の系統に属するものである。紀伝道（史学・文学）も菅原・大江・藤原南家の固定化が進むが、これらの博士家が伝領した古写本には詳密な朱墨の訓点や注記が施されており、その読解の跡をたどることができる。

類書と漢籍の将来目録

経書をはじめとする諸種の漢籍の受容は、『日本書紀』以下の史書の編纂や、『令義解』『令集解』などの明法家による注釈書の集成を促した。これらの述作については、個々の原典から直接引用したと考えて出典を検討する方法が近世の国学者以来とられてきたが、とくに『日本書紀』は唐の欧陽詢らが武徳七年（六二四）に編纂した類書『芸文類聚』全一〇〇巻に依拠する部分が多いという指摘（小島憲之　一九六二）をうけて、類書の利用という問題が注目されるようになった。中国では梁の徐勉らが普通四年（五二三）ごろに編んだ『華林遍略』七二〇巻（佚書）をはじめとして諸種の類書が編纂されたが、北斉の祖珽らが武平四年（五七三）に完成した『修文殿御覧』三六〇巻（佚書）や『芸文類聚』は、ともに『華林遍略』に基づいて編纂されたとみられ、近年では『日本書紀』などに用いられたのは、『芸文類聚』よりは『修文殿御覧』の方であるという見方が有力である（池田昌広　二〇〇七・二〇〇八）。

また六世紀に梁の顧野王が編纂した字書『玉篇』の、宋代に改編される以前に原本系諸本には、見出し漢字の訓釈や用例に多数の漢籍が引用されており、空海の『篆隷万象名義』はこれを簡略化したものである。『令集解』の明法家の諸説や源順の『倭名類聚抄』などにも原本系『玉篇』からの引用が多数確認されており（森鹿三 一九七〇、小島憲之 一九七三、林紀昭 一九八〇、奥村郁三 二〇〇〇、水口幹記 二〇〇五、東野治之 二〇〇六）、類書の利用が広範囲にわたることを看取できる。

さらに九世紀後期までに舶載された漢籍を藤原佐世が網羅的に集成した『日本国見在書目録』には、一五七九部一万七三四五巻を著録し（矢島玄亮 一九八四）、これを四〇家に分類する。そのうち、経学関係は次の通りである。

一、易家　三三部　一四七巻
二、尚書家　一四部　一一三巻
三、詩家　一五部　一六八巻
四、礼家　四六部　一一〇九巻
五、楽家　二三部　二〇七巻
六、春秋家　三五部　三七四巻
七、孝経家　二〇部　二五巻
八、論語家　三五部　二六九巻
九、異説家　一七部　八五巻
十、小学家　一五七部　一九八巻

『日本国見在書目録』所載の漢籍の成立年代と舶載された時期との間にはかなり開きがあるうえ、異本や端本、目録外本も合計で一一一〇部に上り、全体の約三分の二は正本ではないことなどから、遣唐使の蒐書活動は多くの困難を伴ったとみられる（榎本淳一　二〇〇八）。その主な要因は唐がまだ写本の時代で、比較的安価な版本が大量に流通するようになるのは宋代以降のことであり、『旧唐書』倭国・日本伝の「得るところの賜賚、尽く文籍を市いて、海に泛びて還る」という記事も、大量の漢籍や仏典を購入して帰航したというのではなく、借り受けた底本を雇い入れた人々に書写させる「傭書」が大半を占めたことを意味するとみてよい（榎本淳一　二〇〇八）。

ちなみに唐には皇帝の勅許によって宮廷蔵書の複本を下賜する制度があり（坂田充　二〇〇五）、新羅は太宗御注『晋書』や『吉凶要礼』『文館詞林』『御注孝経』なども下賜されていたが、これは新羅が唐の藩国であったことによる（坂上康俊　二〇〇一）。漢籍の将来において正本に恵まれなかったことは、古代日本の学術基盤の脆弱さを物語るが、類書の活用はそれをある程度補う役割を果たしたとも言えるだろう。

国守巡行と儒教儀礼

律令法は儒教的な徳治主義に基づいて礼の秩序意識の形成と浸透をはかるための枠組みを示すものであり、そうした性格を最もよく表すのは戸令の国守巡行条である。

凡そ国守は、年毎に一たび属郡に巡り行きて、風俗を観、百年を問ひ、囚徒を録し、冤枉を理め、詳らかに政刑の得失を察、百姓の患へ苦しぶ所を知り、敦くは五教を喩し、農功を勧め務めしめよ。部内に好学、篤道、孝悌、忠信、清白、異行にして、郷閭に発し聞ゆる者有らば、挙して進めよ。不孝悌にして、礼を悖り、常を乱り、法令に率はざる者有らば、糺して縄せ。（以下、略）

という前半部の「五教」については『令集解』の諸説は『尚書』舜典の孔安国注の、「五常之教は、父義、母慈、兄友、弟恭、子孝也」を引くものが多い。

筑前国守として九州に五年ほど在任した万葉歌人の山上憶良は、神亀五年（七二八）七月、部内巡行の途次に嘉摩郡で詠んだ三部作のうちの長歌「惑へる情を反さしむる歌」（巻五、八〇〇）の序で、父母を敬わず妻子を顧みずに神仙気取りでいる男に言寄せて「三綱を指示し、五教を更め開き、贈るに歌を以てし、その惑ひを反さしむ」といい、三綱（君臣・父子・夫婦）と五教を併せて説く。また天平五年（七三三）六月に古稀も過ぎた最晩年の心境を詠んだ「俗道の仮合即離し、去り易く留め難きことを悲しび嘆く詩」（巻五、八九五）の序では（〈 〉は自注）、

竊かに以みれば、釈慈の示教は〈釈氏・慈氏を謂ふ〉先に三帰〈仏・法・僧に帰依することを謂ふ〉五戒を開きて、法界を化け〈一に不殺生、二に不偸盗、三に不邪淫、四に不妄語、五に不飲酒を謂ふ〉、周孔の垂訓は、前に三綱〈君臣・父子・夫婦を謂ふ〉五教を張りて、邦国を済ふ〈父は義、母は慈、兄は友、弟は順、子は孝なることを謂ふ〉。故に知りぬ、引導は二つなれども、得悟は惟一つなることを。

とのべて、儒仏二教の教えが相通じることを詳述する。戸令・国守巡行条の後半では郡司の政績の能不を信賞必罰する法家的要素が顕著であり、国司の職掌については職員令の大国条でも細かく規定する。正倉院文書の正税帳には巡行の経費等についての記録があり、『常陸国風土記』や『播磨国風土記』にも関連する記事が散見するが、いずれも断片的で、その実態は不明な点が多い（増尾伸一郎　二〇〇一）。

国守の職掌には部内の孝子や節婦の表旌も含まれるが、賦役令には次の規定がある。

凡そ孝子、順孫、義父、節婦の、志行国郡に聞へば、太政官に申して奏聞して、其の門閭に表せよ。同籍は悉くに課役免せ。精誠の通感する者有らば、別に優賞加へよ。

これは唐令をほぼそのまま踏襲したものであり、『令集解』の諸説は『孝経』『孝子伝』『列女伝』『魏徴時務策』などを引用しつつ注釈する。孝子や順孫はともかく、「五代が爨を同」じくして「七世同居の類」という義夫や「夫の墳墓を守りて天年を終へ」あるいは「夫亡き後、舅姑を葬るに土を負ひて墓を営み慕思止まざる也」という節婦は、婚

姻や家族形態が異なるだけに定着し難かったと思われる。『続日本紀』には和銅元年（七〇八）正月十一日条の「孝子・順孫・義父・節婦は、その門閭に表して、優み復すること三年とせよ」というような表旌奨励の詔が二一回記録され、六国史全体で二七回を数えるが、その大半が改元、即位、立太子、元服等の儀礼に際して祥瑞の出現に結びつけて行なわれており、儒教的徳治主義の標榜と家族道徳規範の宣揚とが抱き合わせになっている（武田佐知子　一九八〇）。だが実際に記録された表旌の例はさほど多いとはいえず、孝子と節婦が大半で義父や順孫はほとんど例がないことは、中国的な家父長制の導入による家族道徳の形成が、容易に浸透しなかったことを物語る。その点では儀制令の春時祭田条に、

凡そ春の時に祭田の日には、郷の老者を集めて、一たび郷飲酒礼を行へ。人として長を尊び老を養ふ道を知らしめよ。其れ酒肴等の物は、公廨を出して供せよ。

とあるのも同じであろう。毎年春の祭田の日に郷里の長老を集め、長寿を祝って酒肴でもてなすことにより、人々に尊長養老の道のあり方を自覚させようという年中行事である。『令集解』の諸説によると、「郷飲酒礼」は歯位（長幼の序）を正す場合や貢挙の行事の中で実施され、起源は『儀礼』や『周礼』まで溯る。唐では年末に百神に報いる蜡祭（蠟祭）を県が行なう時に実施されるが、日本では春の田祭の日に行なわれており、村落の祈年祭に唐の郷飲酒礼を結びつけたものだが、正税帳には公廨から出すという酒肴の費目は見えず、具体的な実践の様態は不詳である（曾我部静雄　一九六七、義江彰夫　一九七八、沼田武彦　一九七九）。この他にも学令に、

凡そ大学国学は、年毎に春秋の二仲の月の上丁に、先聖孔宣父に釈奠せよ。其れ饌酒明衣に須ゐむ所は、並に官物を用ゐよ。

とある釈奠は毎年二月と八月の上丁に孔子とその弟子を祭る儀礼で、中国では春秋二季以外にも臨時に行なわれ、皇

帝や皇太子も主催した。それに対して日本では臨時に行なわれることはなく、天皇の親祭も釈奠の整備を推進した吉備真備が右大臣在任中の神護景雲元年（七六七）に称徳天皇が臨席したのが唯一の例である。釈奠が定着するのは天平七年（七三五）に唐から帰国した吉備真備が顕慶礼を将来してからのことであり、同年に薩摩の国学で春秋二度の釈奠が行なわれた記録が翌年の『薩摩国正税帳』にあるが、詳しいことは不明である（弥永貞三　一九八八）。

これらに対して『続日本紀』天平十五年（七四三）五月条の宮中の端午節会では、二十八歳になった皇太子の阿倍内親王（後の孝謙天皇）が自ら五節田舞を舞い、ついで父の聖武天皇が内親王の舞を元正太上天皇に奉献する宣命を、右大臣の橘諸兄が奏上し、天武天皇の事蹟について、次のようにのべた。

上下（かみしも）を斉（ととの）へ和（やわら）げて動（うごき）无（な）く静かに有らしむるには、礼と楽と二つ並べてし平けく長く有べしと神ながらも思し坐して、此の舞を始め賜ひ造り賜ひき。

聖武は五節舞が天武の創始によるものであり、同様に礼と楽に基づいて統治を継承するとともに、皇太子にも舞を通じてその理念を学ばせたいというのである。聖武朝には天平六年（七三四）二月一日の平城京朱雀門前の歌垣や同十四年（七四二）正月十六日の恭仁宮大殿での節会の歌舞など、宮廷における歌舞音曲に関する記事が随所にみられる。これは『礼記』楽記篇のたとえば、

楽は天地の和なり、礼は天地の序なり。和なるが故に百物皆化し、序なるが故に群物皆別あり。

あるいは、

礼は民心を節し、楽は民声を和し、政以て之を行ひ、刑以て之を防ぐ。礼楽刑政四ながら達して悖（もと）らざれば、即ち王道備はる。

というような儒教的な礼楽思想の浸透をはかろうとした結果であり、『万葉集』や『懐風藻』にはその反映が見られる。

そして、その理念を儀制や音曲に通じた風流侍従や、古来の歌舞を伝承するために皇后宮職に置かれた歌儛所の王臣たちが支え、実践したが、彼らの音楽観を考えるうえでは、儒教的な礼楽思想の推進という公的な側面だけでなく、魏晋の竹林七賢を代表する嵇康が「声無哀楽論」や「琴賦」などを通じて展開した礼教批判への私的な共感を示す側面にも注目する必要があるだろう（増尾伸一郎　二〇〇九）。

三　仏教と古代国家

仏教の公伝

六世紀半ばの欽明朝に百済の明王から仏教が公伝されたことについて、『日本書紀』欽明壬申年（五五二）十月条には釈迦如来の金銅像一体、幡蓋、経論若干に添えて明王から上表文がもたらされたことを記す。この上表文は唐の義浄が則天武后の長安三年（七〇三）に漢訳した『金光明最勝王経』の寿量品と四天王護国品の取意文であることが早くから指摘されている。「是の法は諸の法の中に、最も殊勝と為す。解り難く入り難し。周公・孔子も、尚し知りたまふこと能はず」と殊更に儒教に対する仏教の優位性を主張するような潤色は、『日本書紀』編纂にあたって三論宗の学僧道慈が関与した可能性が高い（井上薫　一九六一）。

公伝の年代に関しても、『元興寺伽藍縁起幷流記資財帳』や『上宮聖徳法王帝説』などが戊午年（五三八）とするのとは異なっている。その理由を三論宗系の末法初年が壬申年にあたるとみる説（田村円澄　一九五九）や、讖緯説の戊午革運説によるという説（中井真孝　一九七三）など諸説あるが、六世紀前期に高句麗の南下により倭との接近をはかろうとした百済が、梁に遣使して仏教の導入と振興を進めた結果であり、東アジアの緊迫した政治と外交の所産であることに変わりはない。

伝来初期の仏教が渡来系氏族によって担われたことは、敏達紀十三年（五八四）是歳条に、蘇我馬子が百済から伝来した弥勒仏の石像などを請い受け、鞍部村主司馬達等らが捜した高麗の還俗僧恵便を師として、司馬達等の娘の十一歳になる嶋を得度させて善信尼とし、漢人夜菩の娘の豊女を禅蔵尼、錦織壺の娘の石女を恵善尼として善信尼の弟子にしたことからも看取できる。

崇峻即位前紀六月条には、善信尼らが戒律を学ぶために百済に赴くことを希望したと伝え、同元年（五八八）是年条に百済への派遣、同三年（五九〇）に百済から帰国して飛鳥の桜井寺（向原寺・豊浦寺）に止住したことが記されている。同年の是歳条には新たに一一人の出家の記録があるが、善信尼の兄弟の多須奈（徳斎法師。鞍作鳥の父）以外はすべて女性で、そのうちの九名は渡来系氏族であった（吉田一彦・勝浦令子・西口順子　一九九九）。

一切経の将来と書写

七世紀に入ると造寺・造仏事業は拡大し、仏典の将来と写経も本格化する。まとまった仏典に関する初見史料は、孝徳紀の白雉二年（六五一）十二月晦日条に難波の味経宮で「二千一百余の僧尼を請せて、一切経を読ましむ。是の夕に、二千七百余の燈を朝庭内に燃して、安宅・土側等の経を読ましむ」とある記事だが、僧尼の数はともかく、「一切経」は、経律論の三蔵と賢聖集伝から成る五千余巻の仏典の総称としての一切経ではなく、実際は『安宅経』や『土側経』などいくつかの仏典を読誦した、ということだろう。『日本書紀』の編纂にあたってあえて「一切経」と記したのは、新羅への対抗意識の反映とみられる。新羅では六四八年に百済征討のための軍事支援を唐に要請したのを皮切りに、翌年には唐の冠と服を採用した。また六五〇年には唐の年号「永徽」を使用するなど、真徳女王のもとで金春秋（六五四年に即位して武烈王）を中心に積極的な親唐外交を展開していた。

孝徳紀では味経宮での読経と燃燈の後に天皇が難波に遷居したことを記すが、さらに是歳条で六月に来日した新羅の貢調使が「唐の国の服」を着ていたため「恣（ほしきまま）に俗（しわざ）移せることを悪（にく）みて、訶嘖（せ）めて追ひ還したまふ」といい、新羅討伐を実行するよう進言した者もいたことを伝える。それだけに白雉四年（六五三）五月に二船に分乗して出航した遣唐使には、一切経をはじめとする唐仏教の導入が重要な課題とされていた。中でもこの時の入唐僧の一人である道昭は「真身舎利、一切経論」を将来し、天智元年（六六二）に創建した本元興寺の東南禅院に置いたといわれ（『日本三代実録』元慶三年十二月十六日条所引「道照法師本願記」）、奈良時代にも由緒ある舶載経として尊重されていたが（『続日本紀』文武四年三月己未条、『延喜式』玄蕃寮禅院経論条など）、これは道昭が経由地新羅での入手も含めて個別に集積した経典群であった可能性が高い（上川通夫　一九九八）。

続いて天武紀二年（六七三）三月条に「書生を聚（つど）へて、始めて一切経を川原寺に写したまふ」とあり、同四年十月条にも「使を四方に遣して、一切経を覓（もと）めしむ」とあるが、これは一切経の入手が容易ではなかったことを物語る。一切経は漢訳仏典を分類・整理した経典目録に基づいて、中国皇帝の欽定形式で一括した文献群であるだけに、唐が書物の輸出制禁策をとっていた時代にこれを入手するのは、困難をきわめた（榎本淳一　二〇〇八）。

天武紀六年（六七七）八月十五日条には、飛鳥寺で設斎して一切経を読誦させ、天皇が寺の南門から拝礼したとあり、親王や諸王、群卿に詔して一人につき出家者一名の推薦を認めているが、これら一連の動向は、唐を盟主とする東アジア世界において、新羅と対抗しつつ地歩を固めるためには仏教の導入が不可欠であり、その基礎をなす一切経の入手が必須の課題であったことを示す。

八世紀に入ると七二〇年代にかけて東アジアの政治・外交情勢に大きな変化が訪れる。一時敵対関係にあった唐と新羅が友好に転じ、唐と対立する渤海と、新羅に対抗する日本が親交を深めた結果、唐仏教の全面的導入に拍車がかかった。天平五年（七三三）には光明皇后発願一切経（いわゆる五月一日経）の書写がすでに開始され、翌年には聖武天皇発願一切経（七四一年頃、書写終了）、天平十二年（七四〇）には聖武夫人の藤原北夫人発願一切経（七四三年頃、元興寺に施入）の書写が始まった。これらの写経の奥書では、いずれも「聖朝」から「兆人」もしくは「生類」の彼岸到達を祈願しており、その理念が国家鎮護にあったことがわかる。とくに光明皇后の五月一日経（奥書の日付による）は、天平七年（七三五）に唐から帰国した玄昉が「経論五千余巻、及び諸仏像」（『続日本紀』天平十八年六月十八日条の卒伝）とともに将来した最新の『開元釈教録』に基づいて、玄昉将来経を本経として書写するよう当初の予定を変更したものの、途中で欠巻のあることが判明したため、『開元釈教録』の入蔵録以外の別生・疑偽経や章疏なども選別せずにすべて対象とすることに再度変更し、天平勝宝八歳（七五六）五月に聖武天皇が死去するまで、皇后宮職系統の写経機構で二三年間にわたって続けられた（皆川完一　一九六二、山下有美　一九九九）。

五月一日経は天平勝宝四年（七五二）の大仏開眼会で講説転読に使用され、翌年東大寺に施入されたが、国分寺・国分尼寺建立と大仏造立を一体化した東大寺創建に集約される天平期の仏教政策の根幹を成す国家的事業であり、称徳（孝謙）天皇による景雲一切経をはじめとした奈良時代後期の官営写経所における書写事業の基準ともなった（山下有美　一九九九、栄原永遠男　二〇〇二）。

五月一日経が依拠した『開元釈教録』二〇巻は西崇福寺の沙門智昇が開元十八年（七三〇）に編纂した経典目録で、巻十の「古旧諸家目録」には秦代の古経録以下三九種の経録を列挙するが、釈道安の『綜理衆経目録』（『出三蔵記集』所引）以降は仏典の翻訳者と年代、異訳の有無、翻訳地域の区別、疑経目録などを備えるようになり、隋代には入蔵録が加えられた。これは正統的な一切経の書写と流布の基準として勅撰入蔵録を作成し、翻経や経録選定を国家の管理と認定のもとに行なった結果であり、最新の『開元釈教録』はとくに重視された。その前半の一〇巻は総括群経録で後漢以来漢訳された仏典七〇四六巻を時代別に列挙解説し、新旧の目録の異同を注記する。後半の一〇巻は別分乗蔵録で、総括群経録所載の仏典を同本異名や別行（大部経の抄出）、疑偽などを含めて分類、整理する。そして最後の二巻を入蔵録にあて、さらに不入蔵目録も付載する。

『開元釈教録』の入蔵録には一〇七六部五〇四八巻が著録されているが、とくに梵文の漢訳ではなく中国で撰述したものを疑経、漢訳の際に仏教以外の諸要素が混入したものを偽経として厳しく弁別した（巻十一〜十八の疑惑再詳録と偽邪乱正録）が、五月一日経では開元入蔵録には不載の別生・疑偽経や章疏（注釈書）類も書写の対象としており、総数は約六五〇〇巻にものぼった。中国と日本の一切経が最も大きく異なる点であり、その理由として当時の日本では入蔵の可否の判定が困難であったこと、疑偽経や重複を含んでいても真経を逸するよりは良いと考えたこと、そして疑偽経に対する嫌悪感が稀薄なことなどが指摘されている（山下有美　一九九九）。

漢訳仏典自体が外国文献であった日本において、梵文との異同を弁別するのはほとんど不可能であったと思われる。そのうえ中国撰述の疑偽経には真経を要約して新たに中国思想の諸要素を付加したものや、民衆への布教をはかるために短く平易な表現で叙述したものも多く、むしろ理解が容易な側面があったことも作用しているだろう。

大規模な造寺・造仏・写経が続いた天平期の仏教政策は、仏教を共有する東アジア諸国に対して、仏教による国家理念の構築を示すという対外的意義をもつことが指摘されているが（上川通夫　一九九八）、中でも大仏開眼供養会の直前に来日した新羅王子金泰廉の一行に対して、最新の『開元釈教録』に基づいて書写された五月一日経が披露されたことは、たんに仏教的な達成にとどまらず、外交政治上でも大きな意義をもっていたのである（山下有美　一九九九）。

新羅僧の注疏と奈良仏教

興福寺の永超が平安初期に撰録した『東域伝灯目録』（『大正新脩大蔵経』五五）によって南都六宗の学僧の著作をみ

ると、自宗の教学研究とともに『金光明最勝王経』『法華経』『大般若経』『維摩経』や密教経典類など、当時の護国法会に関係の深い諸経典の研究を進めていたことがわかる（井上光貞　一九八二）。それらの著述にあたっては新羅の学僧の注疏等に負うところが大きいことも知られているが（中井真孝　一九九五、福士慈稔　二〇〇四）、高句麗僧は僧朗『大般涅槃経集解』七二巻、百済僧は道蔵の『成実論疏』一〇巻（道蔵は天武紀十二年七月是月条と持統紀二年七月条に祈雨を行なったとある）と、義栄の『薬師本願経疏』一巻、『瑜伽論義林』五巻が著録されるだけなのに対して、新羅僧は二九名を数える。新羅僧とその著作については正倉院文書に僧名と著作名の詳細な記録があり、十世紀初期に円超らが撰録した『五宗録』などの他の目録とも対照して、僧名不詳や異名同本のものを整理すると、次のようになる（東国大学校仏教文化研究所　一九八二、福士慈稔　二〇〇七）。

円光『大方等如来蔵経私記』三巻
円測『因明疏』二巻など二六部
神昉『十輪経抄』二巻
元暁『華厳経疏』八巻など八四部
義湘『一乗法界図』一巻
法位『无量寿経義疏』二巻
憬興『金光明経疏』八巻など一六部
智仁『十一面経疏』一巻など六部
令因『解深密経疏』一〇巻など二部
行道『瑜伽科簡』一巻

順憬『大毘婆沙心論抄』一〇巻
道登『大般若経籍目』一巻など六部
勝荘『金光明疏』八巻など五部
玄一『随願往生経記』一巻など四部
義寂『大般若経綱要』一巻など一四部
大衍『起信論疏』一巻など三部
表員『華厳文義要決』一巻
明皛『海印三昧論』一巻
道(遁)倫『大般若経疏』一巻
大(太)賢『梵網経古迹記』一巻など二部
審祥『起信論疏』一巻など二部

この他、出身国が不明な僧として、

観智『識身足論疏』一二巻
恵景『四分律疏』六巻など五部
玄範『解深密経疏』三巻など一八部
神廊『摂大乗論疏』一一巻など三部

がある。これらのうち、現存するものは約三〇部ほどだが、その多くは、七世紀後期に約三〇年間にわたって唐との通交が途絶えていた時期に、ほぼ連年のように新羅使を迎え(二三回)、日本からも九回遣使があったので、この前後に舶載されたのではなかろうか。奈良時代以降も関係が悪化した時期を含めて長い断絶はなく、随時もたらされたものと思われる。

四　道教と古代社会

勅命還俗と道術符禁

朝鮮半島においては『三国史記』高句麗本紀の栄留王七年（六二四）二月条に、唐から高句麗に道士と天尊像と道法が伝えられ、王室に『老子』を講じたという記録が残る（『旧唐書』列伝百四十九・東夷高麗、『文献通考』巻三百二十五・高句麗伝にも同様の記事がある）。また同書の新羅本紀・孝成王二年（七三八）四月条にも、唐の高祖から新羅王室に『老子』が伝えられたというが、百済における『老子』の受容を直接物語る史料はない。

地理的にも歴史的にも日本よりは遥かに密接な関係を有する朝鮮では、唐から直接に道教を受容したが、新羅の国学では正規の科目から『老子』と『春秋』公羊・穀梁伝が除外され、日本もそれに倣ったことは前述した。

『続日本紀』文武四年（七〇〇）八月に、僧通徳と恵俊を勅命により還俗させ、通徳に陽候史久尓曾、恵俊には吉宜（のちに吉田連宜）の俗名と位階を授けて、その技芸を用いるとあるのをはじめ、大宝三年（七〇三）十月には僧隆観を還俗させ、俗名を金財としたが、彼は「頗る芸術に渉り、兼ねて暦算を知る」人物であったという。また和銅七年（七一四）三月に還俗した沙門義法は、俗名を大津連意毗等（首）というが、その目的は「占術を用ゐむが為」であった。この他にも七世紀末の持統朝から八世紀初の元明朝にかけて、勅命により僧尼を還俗させた例が集中的に見られる。これらはいずれも律令国家が彼らの保持する陰陽、天文、医薬、暦学などの技芸を独占する一方で、専門技能官人として次代への継承をはかるよう企図したものである（橋本政良　一九九一）。

六六〇年に百済が滅んだ後、遣唐使の派遣も途絶えていた時期には、専ら新羅を通じてこれらの、道教の構成要素ともなる技芸や思想の導入が進められた。この間、持統三年（六八九）に飛鳥浄御原令が施行されたのに続いて、大宝二年（七〇二）には大宝律令が施行され、陰陽・暦・天文・漏刻の四部門から成る陰陽寮と、医薬を専当する典薬寮が置かれて、僧尼身分との分離がはかられたのである。

こうした動向と軌を一にして、僧尼令では僧尼の行動を規制した条文の中で、とくにこれらの技芸に携わることを禁じた。現存する養老令の第一条では僧尼が「玄象」すなわち天文現象の観候をもとに災祥を説いたり、兵書を読み、詐（いつわ）って聖道を説くことを禁じている。続く第二条では、僧尼が亀卜や相地を行なったり、厭符、呪禁、祓などの「小道、巫術」による治療行為を禁ずる一方で、仏法に依って呪を持し救療する行為は容認された。だが『令集解』の当該条の諸説をみると、大宝令と養老令の間では条文に異なる部分があり、大宝令では「道術符禁、湯薬に依りて救療せらば」という文言が、末尾の「禁むる限りに在らず」という文言の前に置かれていたとみてよいが、その削除は、天平初年（七二九）前後の長屋王の変を契機とする「左道」への警戒に起因すると考えられる。

律令国家は唐の僧尼と道士や女冠（女性の道士）を対象とした道僧格の内容を、僧尼に限定して継受することにより、中国の諸王朝の長期にわたる農民反乱の経験を定式化した宗教と呪術と民衆についての厳しい法制を先取りする形になったが（石母田正　一九七三）、少なくとも大宝令制定段階までは道術符禁に対して比較的寛容な姿勢をとってきた律令国家も、長屋王の変を機に明確に国家的問題として認識した時点で否定したのである。

律令国家と『老子』

学制からは『老子』を除外したものの、天平五年（七三三）に入唐した中臣名代が帰国に際して玄宗に『老子』と天尊像を日本に持ち帰り「聖教を発揚」したいと懇請したところ、玄宗はこれを許したという記事が『冊府元亀』巻九百九十九・外臣部・請求条にある。だが天平八年（七三六）八月に名代らが帰国したことを伝える『続日本紀』には、彼らが「唐人三人、波斯人一人」を伴なって来たことだけを記し、『老子』や天尊像については全く言及していない。

ついで淡海三船による『唐大和上東征伝』には、日本への渡航に五度失敗していた鑑真を改めて戒師として招請するために、玄宗と交渉を進めた遣唐大使の藤原清河と副使の吉備真備らとのやりとりの模様が記されている。道士を伴なうことを条件とする玄宗に対して、遣唐使側は「日本の君王、先に道士法を崇めず」と応え、道士の随行は拒否した。結局、春桃源ら四名を唐に留めて道士法を学ばせることにしたというが、その後の動向は不詳である（新川登亀男　一九九九）。

唐王朝が同じ李姓であることから老子を始祖として尊崇したことは前述したが、太上玄元皇帝の尊号を奉って祠堂に祀り、明経科には老子策を課して『老子』を諸経中の第一に位置づけるとともに、玄宗自ら『御注老子』を著わし、各戸に配布するよう指示するなど国家的規模で老子と道教を保護した。それは皇帝一族の宗廟祭祀的性格を強く留めていただけに、日本が公的に受容するのは困難であったと思われる。鑑真の招請をめぐって藤原清河とともに玄宗との折衝に臨んだ吉備真備は、晩年の宝亀元年（七七〇）ごろにまとめた『私教類聚』の第三節に「仙道を用ゐざる事」を立てたほどである（本文は散佚）。

こうした反面で、知識層の間では『老子』が私的に読み継がれたことも事実である。藤原宮の東外濠跡から出土した木簡の中に「道可非常道□」と書かれたものがあり、三文字目の「道」字を脱してはいるが、『老子』の冒頭部を抄写したもので、『芸文類聚』などの類書にはこの部分を引かないことから、直接に『老子』から書写したか、あるいは習書中に記憶したものを書いたものかもしれない。『日本国見在書目録』の道家の部には二五種にのぼる『老子』

関係の経典や注疏類を著録するが、このころから『老子』に対して肯定的な見方が目立つようになる。すでに奈良時代後期には石上宅嗣らのように、河上公注『老子』を随所に引いた賦を著わし、儒仏道三教への関心を示す者も現れるが、こうした傾向は空海の『三教指帰』において一層著しい。『老子』を述志の書とし、葛洪『抱朴子』なども縦横に引きつつ不死の妙術や長生の秘訣を詳述する空海の論は、平安貴族社会における『老子』観の基調となり、三教を統合的に理解する立場から、養生法を説く道教への関心が高まりをみせた。

『文徳実録』や『三代実録』の薨卒伝には、老荘の好尚や講説に関する記事が散見するし、対策文も奈良時代とは異なり、三玄の異同や神仙の存在を問うのに対して、導引その他の養生法に言及しつつ仙道の本質を詳論するなど、積極的な評価がみられるようになる。このような傾向を反映して日本で最も重視された『老子』注釈書は河上公注であった。本来は帝王の政治的理念としての治国の要道を説く書であった河上公注は、同時に道教的な養生説に基づく解釈が付加された部分をも含むことから、公には道教や『老子』に否定的な立場をとってきた日本古代の知識層のあいだで、とくに養生思想を中心とする道教的世界への関心が高まり、最も好適な注釈書として広く読み継がれたのである（増尾伸一郎　一九九七）。

疑偽経典と道教の伝播

『日本国見在書目録』の道家の部には六二部四八七巻を著録するが、『老子』『荘子』『列子』関係の注疏類を除くと、道経は『抱朴子』『本際経』『太上霊宝経』『淯魔宝真安志経』など一〇部程度にすぎない。これは仏教とは異なって道教の寺院である道観と、道士や女冠も存在しなかったことによると思われる。

それに対して延年益寿を目的とした道教的な医方術や術数関係書は、かなりの数にのぼる。医方家の部には医針、合薬、仙法関係書一六五部一一〇一巻を載せ、『太清神丹経』『仙薬方』『神仙服薬食方経』『五岳仙薬方』『神仙入山服薬方』『老子神仙服薬経』『太一神丹精治方』などが列挙されている。また呪禁・符印・五行・六壬・雷公・太一・易・遁甲式・相仙術関係書一五四部五一六巻が載る五行家の部には『三甲神符経』『三五大禁呪禁決』『六甲左右上符』『大道老君六甲秘符』『赤松子玉暦』『玉女返閇』『印書禹歩』なども含まれており、日本においてはこうした医方術や術数部門への関心がとりわけ高かったことが窺える。だが道教の受容に関しては、前節で言及した中国撰述の疑偽経典の中に、道教的要素を含むものが多数あり、日本ではそれらを繰り返し書写し、法会や呪儀の場で読誦している点にも注目する必要がある。

孝徳紀の白雉二年（六五一）十二月晦日条に難波への遷都に際して読誦したという「安宅、土側等の経」は最初の関連記事であり、「安宅」は一切経に入蔵した『安宅神呪経』（大正蔵二一）をさすが、「土側」は正倉院文書に「安宅墓土側経」という例（大日本古文書七巻五〇一頁）があることから、これらを同一の経典とみる説もあったが、近年、名古屋市の七寺（ななつでら）の平安末期書写の一切経の中から新たに確認された多数の古逸経典の中に『安墓経』一巻が含まれており、その関連性が注目されている（直海玄哲　一九九六）。この二経はともに家屋を新築し、竈や門を構え、庭園などを造作する際に、四神や六甲の禁諱を犯さないよう攘災祈願することを主旨とするもので、道教的要素に富む経典であり、おそらくは新宮の安寧を期して選ばれたものと思われる。

奈良時代における一切経の書写事業では「大小乗の経律論や賢聖の別集」のほかに「疑偽ならびに目録外の経」（大日本古文書一五巻五二頁）も書写したことは前述したが、『開元釈教録』の疑惑再詳録と偽妄乱真録に列挙された経典のうち、正倉院文書に同一もしくは類似の経名を確認できるものだけで約七〇部にのぼる（増尾伸一郎　一九九八）。

これらの中には厭魅蠱毒からの護身を説く『救護身命経』や、道教経典『太上老君説長生益算妙経』（道蔵・洞真部三四二冊）と符呪や本文が共通する部分の多い『仏説益算経』（『七千仏神符経』）、道教的な三魂七魄説に基づく『招魂経』、民間の増寿益算思想を要約した『寿延経』、人形などの呪法を説く『呪媚経』をはじめとして、道教的要素を多分に含むものが少なくないことから（蕭登福　二〇〇五）、こうした中国撰述の「漢訳仏典」を通じて道教的思惟や呪法を摂取した点も見落してはならないだろう。

平安初期に『日本霊異記』を撰録した景戒は、その序文で「深智（じんち）の儔（ともがら）は内外を覯（み）る」とのべて内典（仏典）と外典（経書その他）とを併せ学ぶべきことを説くが（増尾伸一郎　一九九八）、東アジアの宗教文化は儒仏道三教の相互の交渉のうえに成り立つのである。

〔参考文献〕

池田昌広「『日本書紀』と六朝の類書」（『日本中国学会報』五九集、二〇〇七年）
池田昌広「『日本書紀』の潤色に利用された類書」（『日本歴史』七二三号、二〇〇八年）
石母田正「国家と行基と人民」（『日本古代国家論』第一部、一九七三年、岩波書店）
井上　薫「日本書紀仏教伝来記載考」（『日本古代の政治と宗教』一九六一年、吉川弘文館）
井上光貞「東域伝灯目録より見たる奈良時代僧侶の学問」（『日本古代思想史の研究』一九八二年、岩波書店）
弥永貞三「日本古代の釈奠について」（『日本古代の政治と史料』一九八八年、高科書店）
榎本淳一『唐王朝と古代日本』二〇〇八年、吉川弘文館
大曽根章介「「兼済」と「独善」」（『日本漢文学論集』一巻、一九九八年、汲古書院）
奥村郁三編『令集解引用漢籍備考』二〇〇〇年、関西大学出版部
上川通夫「一切経と古代の仏教」（『愛知県立大学文学部論集（日本文化学科篇）』四七号、一九九八年）
神田喜一郎「飛鳥奈良時代の中国学」（『大和の古文化』一九六〇年、近畿日本叢書編集所、『神田喜一郎全集』八巻、同朋舎出版、一九八七年）
高　明士『日本古代学制与唐制的比較研究』一九八六年、台湾・学海出版社

胡口靖夫『近江朝と渡来人』一九九六年、雄山閣
小島憲之『国風暗黒時代の文学』中（上）、一九七三年、塙書房
小島憲之『上代日本文学と中国文学』全三巻、一九六二〜六五年、塙書房
小島憲之『懐風藻　文華秀麗集　本朝文粋』（日本古典文学大系）、一九六四年、岩波書店
坂上康俊「書禁・禁書と法典の将来」（『九州史学』一二九号、二〇〇一年）
栄原永遠男『奈良時代写経史研究』二〇〇三年、塙書房
坂田　充「『御注孝経』の伝来と受容」（『学習院史学』四三号、二〇〇五年）
佐藤　信『出土史料の古代史』二〇〇二年、東京大学出版会
蕭　登福『道家道教影響下的仏教経籍』二〇〇五年、台湾・新文豊出版公司
新川登亀男『道教をめぐる攻防』一九九九年、大修館書店
菅原征子「節婦孝子の表彰と庶民の女性像」（『歴史評論』五一七号、一九九三年、総合女性史研究会編『日本女性史論集』八、一九九八年、吉川弘文館に再収）
関　晃「遣新羅使の文化史的意義」（『関晃著作集』五巻、一九九七年、吉川弘文館）
曾我部静雄「日唐の郷飲酒礼の礼と貴族政治」（『律令を中心とした日中関係史の研究』一九六七年、吉川弘文館）
多賀秋五郎『唐代教育史の研究』一九五三年、不昧堂
武田佐知子「律令国家による儒教的家族道徳規範の導入」（竹内理三編『古代天皇制と社会構造』一九八〇年、校倉書房）
田村円澄「末法思想の形成」（『日本仏教思想史研究　浄土教篇』一九五九年、平楽寺書店）
東国大学校仏教文化研究所編『韓国仏書解題辞典』一九八二年、国書刊行会
東野治之「『論語』『千字文』と藤原宮木簡」（『正倉院文書と木簡の研究』一九七七年、塙書房）
東野治之『日本古代木簡の研究』一九八三年、塙書房
東野治之『長屋王家木簡の研究』一九九六年、塙書房
東野治之「漢文史料を読む」（池田温編『日本古代史を学ぶための漢文入門』二〇〇六年、吉川弘文館）
直海玄哲「安墓経」（牧田諦亮監修・落合俊典編『七寺古逸経典研究叢書』二巻、一九九六年、大東出版社）

中井真孝『日本古代の仏教と民衆』一九七三年、評論社
中井真孝編『論集奈良仏教』五巻、一九九五年、雄山閣
西嶋定生『中国古代国家と東アジア世界』一九八三年、東京大学出版会
西嶋定生『日本歴史の国際環境』一九八五年、東京大学出版会
沼田武彦「古代村落祭祀の史的位置」(『論究日本古代史』一九七九年、学生社)
橋本　繁「金海出土『論語』木簡について」・「古代朝鮮における『論語』受容再論」(早稲田大学朝鮮文化研究所編『韓国出土木簡の世界』二〇〇七年、雄山閣)
橋本政良「勅命還俗と方技官僚の形成」(『陰陽道叢書』一、一九九一年、名著出版)
林　紀昭『令集解漢籍出典私考』上　一九八〇年、私家版
久木幸男『日本古代学校の研究』一九九〇年、玉川大学出版部
平川　南「古文孝経写本」(『漆紙文書の研究』一九八九年、吉川弘文館)
平川　南『古代地方木簡の研究』二〇〇三年、吉川弘文館
福士慈稔『新羅元暁研究』二〇〇四年、大東出版社
福士慈稔「十世紀初までの日本各宗に於ける新羅仏教の影響について」(『身延論叢』一二号、二〇〇七年)
堀　敏一『中国と古代東アジア世界』一九九三年、岩波書店
堀　敏一『東アジアのなかの古代日本』一九九八年、研文出版
増尾伸一郎「孝子〈衣縫造金継女〉伝承考」(『史聚』二四号、一九八九年)
増尾伸一郎「日本古代の知識層と『老子』」(『万葉歌人と中国思想』一九九七年、吉川弘文館)
増尾伸一郎「深智の儔は内外を覯る」(『古代文学』三八号、一九九八年a)
増尾伸一郎「日本古代の道教受容と疑偽経典」(山田利明・田中文雄編『道教の歴史と文化』一九九八年b、雄山閣)
増尾伸一郎「風土記編纂の史的意義」(植垣節也・橋本雅之編『風土記を学ぶ人のために』二〇〇一年、世界思想社)
増尾伸一郎「陰陽道の形成と道教」(林淳・小池淳一編『陰陽道の講義』二〇〇二年、嵯峨野書院)
増尾伸一郎「歌儛所・風流侍従と和琴師」(『アジア遊学』一二六号、二〇〇九年)

丸山裕美子「唐と日本の年中行事」（池田温編『古代を考える　唐と日本』一九九二年、吉川弘文館）
水口幹記『日本古代漢籍受容の史的研究』二〇〇五年、汲古書院
皆川完一「光明皇后願経五月一日経の書写について」（日本古文書学会編『日本古文書学論集』三、一九八八年、吉川弘文館）
桃　裕行『上代学制の研究』一九四七年、目黒書店（吉川弘文館、一九八三年復刊）
森　鹿三「令集解所引玉篇考」（『東方学報』京都第四一冊、一九七〇年、京都大学人文科学研究所）
矢島玄亮『日本国見在書目録―集証と研究―』一九八四年、汲古書院
山下有美「日本古代国家における一切経と対外意識」（『歴史評論』五八六号、一九九九年）
義江彰夫「儀制令春時祭田条の一考察」（井上光貞博士還暦記念会編『古代史論叢』中巻、一九七八年、吉川弘文館）
吉田一彦・勝浦令子・西口順子『日本史の中の女性と仏教』一九九九年、法蔵館
李成市『東アジア文化圏の形成』二〇〇〇年、山川出版社

第一部　古代の天皇と道教思想

第一章　天皇号の成立と東アジア
——近年出土の木簡と朝鮮の金石文を手がかりにして——

はじめに

日本古代における天皇号の成立に関しては、これまでに多くの研究が重ねられてきた。大和岩雄「「天皇」号の始用時期をめぐって」（横田健一先生古稀記念『日本書紀研究』第一五冊、一九八七年、塙書房）、森公章「天皇号の成立をめぐって」（『古代日本の対外認識と通交』一九九八年、吉川弘文館）などに研究史が整理され、近年の論著に吉村武彦『古代天皇の誕生』（一九九八年、角川書店）、遠山美都男『天皇と日本の起源』（二〇〇三年、講談社）などがある。

近年では東アジアの国際関係のなかで理解しようとする傾向が顕著であり、本稿でもこの点に留意しつつ、朝鮮の金石文や、飛鳥の遺跡から出土した「天皇」「皇子」や「辛巳年」などと記された木簡を手がかりに、その史的意義を再考したいと思う。

一　木簡に記された「天皇」と「皇子」

奈良県高市郡明日香村の飛鳥池遺跡は、飛鳥寺の東南、酒船石遺跡の北に位置する近世の溜池を埋め立てることになり、一九九一年に事前調査がおこなわれた際、工房跡と多数の遺物が出土して注目を集めた。その後、ここに奈良県立万葉ミュージアムの建設計画が持ち上り、一九九七年から翌々年にかけて再び発掘調査が実施された。

その結果、南半部に七世紀後半から八世紀前半にかけての総合的な官営工房跡が確認され、多数の金・銀製品や瑪瑙、琥珀、水晶などの玉類をはじめとして、和同開珎に先行する〈富本銭〉が出土したことは記憶に新しい（『飛鳥池遺跡』二〇〇〇年、奈良国立文化財研究所・飛鳥資料館）。

一方、谷を堰き止めるように東西に延びる塀で隔てられた北半部には炉跡がほとんど見られず、建物や塀、井戸などの遺構を中心に、七七〇〇点余りの木簡が出土した。この場所は飛鳥寺東南隅の外側に接しており、「飛鳥寺」「禅院」「経蔵」「院堂童子」などと記した木簡や、「法華経」「観世音経」「（般若波羅蜜）多心経」「千字文」などの典籍名や寺院名を記したものも多いことから、飛鳥寺のなかでも、特に東南禅院との関連が推測されている（寺崎保広「奈良・飛鳥池遺跡」『木簡研究』二一号、一九九九年）。

東南禅院は白雉四年（六五三）に入唐し、玄奘三蔵に師事して法相教学を修めたといわれる道昭（照）が、斉明七年（六六一）頃に帰国後この地に建てた禅院で（『続日本紀』文武四年三月十日条に卒伝が載る。水野柳太郎「道照伝考」『奈良史学』一号、一九八三年）、これまでに寺域内の東南部に遺構が検出されているので、今回の発掘地には、その付属施設があったとみられる。

「天皇」木簡は、遺跡の中心部付近を南北に流れる幅六〜七メートル、深さ〇・七〜一メートルの溝から出土した。木簡は下部を折損しており、

天皇聚□〔露カ〕弘寅□

と釈読されている。上端部に切り込みはなく、付け札として用いられたものではない。同じ遺構から「庚午年」（天

智九年＝六七〇）、「丙子」（天武五年＝六七六）、「丁丑年」（同六年）などの紀年木簡が出土しており、溝が埋められたのは持統朝頃と考えられるものの、木簡に見えるサトの表記は、すべて「五十戸」で「里」と記したものは一例もないことから、木簡の年代は天武朝に、ほぼおさまるようである（岸俊男「「白髪部五十戸」の貢進物付札」一九七八年初出、『日本古代文物の研究』一九八八年、塙書房）。

天武朝における「天皇」木簡に関連して同様に注目されるのは、一九八五年に、やはり明日香村の飛鳥京跡から出土した「皇子」「大津皇」「津皇」などと書かれた木簡である。

飛鳥京跡は七世紀の複数の宮跡からなる遺跡で、一括して投棄されたと思われる一〇八二点の木簡削屑が土坑から検出された。紀年木簡としては「辛巳年」が五点あり、「大乙下」や「小乙下」のような大化五年（六四九）二月から天武十四年（六八五）正月まで使用された冠位を記したものや伴出遺物の年代などによって、「辛巳年」は天武十年（六八一）とみられる（亀田博・和田萃「奈良・飛鳥京跡」『木簡研究』一二号、一九九〇年）。

「皇子」と「天皇」の関係については、古代における「皇」と「王」の用字が通用することから、八世紀初期までは単に広義のミコの意で「皇子」の称が用いられた場合も考えられ、「皇子」号の使用を「天皇」号始用の指標とするのに慎重な論もあるが（東野治之「長屋王家木簡からみた古代皇族の称号」一九九二年初出、『長屋王家木簡の研究』一九九六年、塙書房）、これらの木簡の出土地や年代等から、両者は相関するとみてよいであろう。

ちなみに飛鳥京跡出土木簡に見える「辛巳年」＝天武十年の二月には、浄御原宮の大極殿に親王、諸王、諸臣らが招喚され、「律令」の撰定が命じられたのに次いで、翌三月には川嶋皇子、忍壁皇子ら十二名に対して「帝紀及び上古の諸事を記し定めよ」という詔が出された。これは『日本書紀』編纂の端緒となるもので、その後約四十年を要して養老四年（七二〇）五月に全三十巻が完成するが、天皇号の成立は、初めての正史の書名にも冠された新たな国号「日本」の成立過程と、ほぼ軌を一にする。

二　国号「日本」の成立年代

藤原不比等が撰定した養老令（七一八年成立）の公式令・詔書式条には、天皇が下す詔書の冒頭に記す天皇の表記を五種に分類し、

明神御宇日本天皇詔旨云々。咸聞。

（明神(あらみかみ)と御(あめのしたし)宇らす日本(ひのもと)の天皇(すべら)が詔旨(おほむごと)らまと云(そのことそのこと)々。咸(ことごと)くに聞きたまへ。）

を最初に挙げる。ここでは「日本」の「天皇」と記されており、その結びつきの強さを示すが、平安初期に惟宗直本が撰録した『令集解』に引く大宝令の注釈書『古記』によれば、大宝元年（七〇一）に成立した大宝令においても、傍線部は同一であったことが知られる。

これと同一の文言は『日本書紀』孝徳天皇の大化元年（六四五）七月十日条の、朝鮮三国からの調進に関する高（句）麗と百済の使者に向けた詔の冒頭にも見えるが、二句目の、宇内を御することをいう「御宇」も、大宝令において従来の「治天下」に代えて使用されるようになった用語なので、これらはともに令の条文に基づく潤色と思われる（『日本古典文学大系　日本書紀』下、補注二五―五、一九六五年、岩波書店）。

公式令は、『日本書紀』持統三年（六八九）五月二十二日条の新羅使に対する詔の冒頭に「太政官の卿(まえつぎみたち)等、勅を奉りて奉宣(のたま)はく」とある文言が、令文での宣布手続きに類似することや、この翌月に領布された飛鳥浄御原令の施行期に、勅符という様式の公文書が存在したとみられることなどから、浄御原令にはすでにこの篇目が存在したと考えら

れている（『日本思想大系　律令』補注「公式令と条数」一九七六年、岩波書店）。この時の詔に引用されている新羅の奏上文には、二ヵ所にわたって「日本の遠つ皇祖の代より」という表現が繰り返されており、詔自体が宣命体の措辞と発想を含んでいるので、新羅の奏上文も改変されている可能性が高いが、これ以前に新羅には「日本」という国号の採用が伝えられていたとみることもできるであろう。ちなみに新羅の学僧元暁（六一七―六八六）を顕彰した「高仙寺誓幢和上塔碑」の銘文には、孫の仲業が「日本」への遺使となったことを記しており、『続日本紀』宝亀十一年（七八〇）正月六日条に見える「大判官韓奈麻の薩仲業」がこれにあたる。碑文は「大暦之春」に派遣されたとするが、唐では大暦十五年（七八〇）に徳宗が即位して建中と改元されるので、『続紀』とも符合する。建碑年代はその後六年を経た、祖父元暁の百年忌にあたる七八六年頃かと推定されているが（葛城末治「新羅誓幢和上塔碑に就いて」『朝鮮金石攷』一九三五年、大阪屋號書店）、日本古代の仏教に多大な影響を与えた元暁の碑文に「日本」の文字が刻まれていることは注目に値する。

『日本書紀』における「日本」の用例は、朝鮮関係の記事が大半を占めるが、特に『書紀』の編纂に使用された朝鮮史料のうち、『百済本紀』に「日本」の表記が見られる。『百済記』『百済新撰』とともに、いわゆる百済三書と呼ばれるこれらの史料は、六六〇年の百済滅亡後に亡命して来た百済人が、本国から持参した記録類を『日本書紀』編纂の基礎史料として、適宜、内容を取捨選択し、補訂を施したうえで提出したものとみられ（坂本太郎「継体紀の史料批判」『日本古代史の基礎的研究』上、一九六四年、東京大学出版会など）、その成書の時期は、天武十年（六八一）に帝紀旧辞の記定事業が始められた後のことに属する。

こうしたことから「日本」という国号は、天武末年から持統初年にかけて成立し、飛鳥浄御原令に明記された後、新羅や唐にも伝えられたと考えられるであろう。

三　中国の「日本」認識

「倭」を改めて「日本」とすることは、大宝二年（七〇二）六月に筑紫を出航した粟田真人を執節使とする三十二年ぶりの第七次遣唐使によって、初めて公式に唐に伝えられたようである。慶雲元年（七〇四）七月に粟田真人が帰国した際の『続日本紀』の記事には、唐に到着した真人が「何処の使人ぞ」と問われて、「日本国の使なり」と答えた、と伝える。だが、『旧唐書』第百九十九上日本伝では、粟田真人の入唐を則天武后の長安三年（七〇三）のこととし、その学識と人柄を讃えているが、それに先立って次のような一節がある。

日本国は倭国の別種なり。その国、日辺（ひのかた）に在るを以ての故に日本を以て名と為す。或いは曰く、倭国自らその名の雅やかならざるを悪（にく）み、改めて日本と為す、と。或いは云ふ、日本、旧くは小国なれども、倭国の地を併せたり、と。

日本への改称がいつのことかは明記されていないが、『新唐書』巻二百二十の日本伝では「天智死して、子（弟）の天武立つ。（天武）死して、子の総持（皇后）（持統）立つ」と、天智と天武が兄弟であることや、天武の皇后持統が天智の子であることを誤記しながらも、続けて次のように記す。

咸亨元年、（日本は唐に）使いを遣して（唐が）高（句）麗を平げしことを賀す。後、稍（ようや）く夏（か）の音を習ひ、倭の名を悪（にく）みて更めて日本と号す。使者自ら言ふ、国、日の出ずる所に近ければ、以て名と為す、と。或いは云ふ、日本は乃ち小国にして倭の并（あは）す所となる。故にその号を冒（おか）す、と。使者は情を以てせず、故に焉を疑ふ。

冒頭の咸亨元年は高宗の年号で六七〇年にあたり、天智紀八年（六六九）条に「是歳、小錦中の河内直鯨らを遣して、大唐に使せしむ」とあるのに符合するが、その後に漸く「夏音」（中国音）を習熟するにいたって、「日本」と改号したという。ここで注目されるのは、高宗の咸亨元年（天智九年＝六七〇）より後に、国号を「日本」に改めたという点である。『新唐書』には、この記事に続けて「長安元年、その王文武立ち、改元して太宝（大宝）と曰ふ」とあり、文武天皇の即位年を六九七年ではなく、則天武后の長安元年（七〇一）と誤記している。咸亨元年より後、というのがいつをさすのかは不明だが、これらの記事からは、持統朝前後に日本と改称したと考えられていた様子が看取できる。

ちなみに『冊府元亀』巻九百七十、外臣部では、七世紀の遣唐使は「倭国使」と書かれているのに対して、大宝二年に三十二年ぶりに派遣された第七次以後は、すべて「日本国使」と表記されており、中国では七〇二年施行の大宝律令に明記された「日本」を、新たな国号として公式に認識したのかもしれない（西嶋定生『日本歴史の国際環境』一九八五年、東京大学出版会）。

四　国号「日本」の意味

「日本」という国号の原義については、『日本書紀』の講書が本格化した平安初期からすでに問題となり、さまざまな解釈がなされてきた（岩橋小彌太『日本の国号』一九七〇年、吉川弘文館。大和岩雄『「日本」国はいつできたか』〈改訂版〉一九九六年、大和書房）。『日本書紀私記』（甲本）の「弘仁私記序」の冒頭部には、

日本国は大唐より東、万余里を去る。日、東方に出で、扶桑に昇る。故に日本と云ふ。

という注記があり、卜部兼方『釈日本紀』に引く『延喜私記』にも、

又問ふ、何ぞ倭書と云はずして日本書と云ふは如何。説に云ふ、本朝の地、東極に在り、日出ずる所に近し。又

嘉名を取りて、仍ち日本書と号く。

とあるように、前引の『旧唐書』日本伝の記事や、『隋書』倭国伝の「日出ずる処の天子、書を日没する処の天子に致す。恙無きや云々」という大業三年（六〇七）の記事、あるいは推古紀十六年（六〇八）九月十一日条の、隋の答礼使裴世清の帰国に際しての聘問の辞が「東の天皇、敬みて西の皇帝に白す」と始まることなどによって、「日本」は中国の東方に位置する「日出ずる処」を意味するという説が、その初期から有力であった。

それに対しては、承平六年（九三六）の『書紀』講書の折に、聴講者の参議・紀淑光が、

倭国は大唐の東に在り、日出の方に見ゆと雖も、今此の国に在りて之れを見れば、日は城（域カ）内より出でず、而も猶ほ日出ずる国と云ふか。又日本の二字を訓みて倭と云ふ、其の故如何。

と鋭く指摘したように（『日本書紀私記』丁本）、「日本」という国号の成立を中国の側から捉えようとする視点には疑問が残る。この点に関しては、前述の『隋書』大業三年の倭の国書の起草者を、当時来日中の高句麗僧・慧慈としたうえで、高句麗から見ると倭（日本）は東、隋は西にあたり、隋による遠征を受けていた高句麗への関心を倭（日本）にそらそうとする意図を読み取ろうとする見方もあるが（李成市「高句麗と日隋外交」『古代東アジアの民族と国家』一九九八年、岩波書店）、新たな国号の選択には、国内における統治理念の変革が、より大きく作用していると思われる。

中国では、君主は日月の照らす範囲に君臨して統治すると考えられていたが、（本位田菊士「隋唐交渉と日本国号の成立」『史観』一二〇冊、一九八九年）、八世紀初期に遣唐少録（通訳官）として渡唐した経験をもつ山上憶良も「惑へる情を反さしむる歌」（『万葉集』巻五）において、

地ならば　大君います　この照らす　日月の下は　天雲の　向伏す極み　谷蟆の　さ渡る極み　聞し食す　国のまほらぞ

と詠んでいる。この日月の輝く地上は、天雲が遠くたなびく果て、谷蟆（ひきがえる）が渡っていく地の際まで、すべて大君が治めている、というこの表現は、『延喜式』祝詞・祈年祭の「皇神の敷き坐す島の八十島は、谷蟆のさ度（わた）る極み、塩沫（しおなわ）の留まる限り」「皇神の見霽（はる）かし坐す四方の国は、天の壁（かき）立つ極み、国の退（そ）き立つ限り、青雲の靄（たなび）く極み、白雲の堕（お）り坐向伏（いむかぶ）す限り」という一節を踏まえるが、祈年祭祝詞では、皇神―日御神アマテラスのいる高天原のもとに国土が広がることが強調され、憶良の歌では、その大地に君臨するのが大君であるとしていることから、天照大神のもとで大君（天皇）が支配する大和政権の領土の中心を「日本」と称したのではないかと考えられる。

五　「天皇（スメラミコト）」の性格

養老公式令の詔書式には「明神御宇日本天皇詔旨」とあり、「日本」と「天皇」が一体のものとして位置づけられていたが、「天皇」に関しては儀制令の冒頭に、

天子　祭祀に称する所。
天皇　詔書に称する所。
皇帝　華夷に称する所。（以下、略）

とされ、『令集解』所引の『古記』によれば、大宝令も同文であった。『古記』は「天子」について「祭書に将（もち）い記す字」であり、「辞には須売弥麻乃美己等（スメミマノミコト）と称するのみ也」と述べ、『令釈』も「俗語に云く、皇御孫命（スメミマノミコト）」とするが、『跡記』は「天子以下七号の俗語は同じ辞」であるという。

「天皇」については、『令集解』喪葬令の服紀条所引『古記』に「君は一人を指す。天皇これなり。俗に須売良美己（スメラミコ）

止を云ふなり」とあり、「皇帝」については『古記』の文はないが、次の「陛下」についても『古記』によって大宝令と同文であることがわかるので、「皇帝」も大宝令条文も同一とみられる。

唐の儀制令では、「皇帝、天子、陛下……」の順に記されていたが、（仁井田陞『唐令拾遺』一九三三年、東方文化学院東京研究所。池田温編『唐令拾遺補』一九九七年、東京大学出版会）、日本で「天子」を最初に置いたのは、天帝や天命に関わる中国的な天子ではなく、「皇御孫命」と同義の「天都神乃御子」（『神武紀』、『続紀』文武即位宣命他）を踏まえたものと思われる（大津透『古代の天皇制』第一章「天皇号の成立」、一九九九年、岩波書店）。このことは天つ神の神話に連なる存在として「天皇」が生成したことを示唆するが、その和名としてのスメラミコトのスメラは、王の神聖、清澄な性格を表し（西郷信綱「スメラミコト考」『神話と国家』一九七七年、平凡社）、ミコトは宣命の「天皇が大命らまと詔りたまふ大命」のように、命ずる主体とその発した「御言」の神威性を強調したものとみられ（梅村喬「天皇の呼称」『講座　前近代の天皇』四、一九九五年、青木書店）、本来は、天神の詔命の伝達者としての、最高最貴の御言持ちであったと考えられる（小林敏男「王・大王号と天皇号・スメラミコト考」『古代天皇制の基礎的研究』一九九四年、校倉書房）。そのスメラミコトに「天皇」の文字を宛て、王の命令であるミコトノリを「詔勅」とし、下達の手続きや形式を定めることは、律令天皇制を確立するうえでの根本的な課題であった。

六　「天皇」号と中国思想

和語スメラミコトを漢字表記した「天皇」は、西蕃に対する天子、人民に対する皇帝の意味をもって日本で成立したとみる説もあるが（山尾幸久「古代天皇制の成立」後藤靖編『天皇制と民衆』一九七六年、東京大学出版会）、これは中国において長年にわたる多彩な言説の展開のなかで醸成された概念に基づくものであろう。

中国における「天皇」の概念とその生成過程を詳論した津田左右吉の所説によれば、『春秋緯』合誠図（『古微書』巻八、『七緯』巻二十八他所収）に、「天皇太帝は辰星なり」とあるが、『史記』天官書や封禅書では、大帝（太一）の精としての北極星は、天皇（天一）と結合し、〈天皇大帝〉となった。それが『晋書』天文志では、天官書の太一が分かれて太乙と太一になり、太乙はもとの太一（天帝）だが、新しい太一は北極星とは異なる小星の名となり、〈天皇大帝〉のほうは、依然として北極星の名称であった。

こうした占星術的な思想における〈天皇大帝〉のほかに、神仙説を包摂した道教の世界では、別の意味で天皇の名があらわれた。晋の葛洪の著とされる『枕中書』（涵芬楼版『正統道蔵』洞真部譜録類七十三冊には『元始上真衆仙記』として収載。芸文印書館版第五冊所収。他に『枕中書』として、漢魏叢書・載籍、唐宋叢書・子餘、龍威秘書、宝顔堂秘笈等にも収載）に、太初に元始天王（盤古真人）があらわれ、次に太元聖母があらわれて天皇（扶桑大帝東王公）と九光玄女（太真西王母）とを生み、その後に地皇、人皇が順に生まれたとあることから、天皇は天皇氏として知られた古帝王の性格を保持しながら、東王公という神仙として仙界に存在するものとなっており、道教においては、扶桑大帝東王公として太真西王母と対比させたところに意味があって、道教思想の天皇にも、やはり天帝の観念が含まれているという。

さらに漢の東方朔に仮託される『神異経』（説郛、漢魏叢書、龍威秘書、百子全書等に所収）の「中荒経」にも言及し、天皇が五帝の観念と結合した伝承などを検討したうえで、本来、天帝を意味した天皇は、のちに北極星の名称となり、一方では神仙とも目されて宗教的信仰の対象となって天帝の観念に結合された、と結論する（「天皇考」一九二〇年初出、『日本上代史の研究』一九四七年、『津田左右吉全集』第三巻、岩波書店）。

天皇は、天帝の意味をもつがゆえに日本の君主号として採用されたとする津田説に対しては、道教の最高神としてならば元始天王、もしくは太帝か天帝となるはずだが、『枕中書』においては最高位にない天皇を採ったのは、それが扶桑大帝東王公にあてられていたからではないか、また天帝としての天皇は、六朝時代の神仙説や道教的思想よりは、むしろ『史記』天官書や封禅書などの占星術的思想のほうにより近いのではないか、という反論もある（下出積與『神仙思想』一九六八年、吉川弘文館）。

だが、日本で天皇号を採用した時期においては、すでに両者は明瞭に区分しがたくなっていたと思われ、緯書や正史に見える占星術的思想と混淆した道教、神仙説に基づくとみてよいだろう（東野治之「天皇号の成立年代について」『正倉院文書と木簡の研究』一九七七年、塙書房。福永光司「昊天上帝と天皇大帝と元始天尊」、同「天皇と紫宮と真人」『道教思想史研究』一九八七年、岩波書店）。

津田が引用した『枕中書』（『元始上真衆仙記』）や『神異経』などの諸文献の日本への伝来とその時期については確証がないものの、天皇号の性格が道教思想と深く関連することについては、ほぼ定説となっている。この点に関しては、天武天皇の「天渟中原瀛真人（アマノヌナハラオキノマヒト）」という和風諡号について、「渟中原」は水沼を拓いて造営した飛鳥浄御原宮を、また「瀛真人」の「瀛」は瀛海（えいかい）と同義で大海を意味し、道教にいう東方三神山のなかの瀛州山にゆかりをもち、「真人」も道教にいう奥義を悟った真人と同じく、八色の姓の真人や道師に通じるという指摘（上田正昭「和風諡号と神代史」『古代の道教と朝鮮文化』一九八九年、人文書院）も、これを裏づける。

なお、天皇号の思想的背景に関しては、最近、前述の飛鳥池遺跡出土の「天皇」木簡を手がかりにして、『千字文』李暹注や『五行大義』（隋の蕭吉撰）所引の諸文献における「天皇」「地星」「人皇」の概念や、唐初の仏道論争の中で法琳が著した『破邪論』や『弁正論』の「天皇」観、唐の賈公彦『周礼正義』序の「天皇」論など、いわゆる道教に限定されない、隋から唐にかけての中国思想全般にわたる動向を視野に置こうとする新論もあり（新川登亀男「「天皇」

のなりたち」『グローバリズムと韓日文化』二〇〇〇年、韓国・高麗大学校日本学研究所)、今後、さらに議論がさかんになるものと思われる。

七　「天皇」号の成立と唐王朝

天皇号の始用時期について、津田左右吉は法隆寺金堂の薬師如来像光背銘に「池辺大宮治天下天皇」とあるのに基づき、推古期から始まり徐々に公式な称号になったとみたが、この点については批判的研究が相次いだ。文中に「天皇」号を含む元興寺塔露盤銘、法隆寺金堂薬師如来像光背銘、同金堂釈迦三尊像光背銘、元興寺丈六釈迦像光背銘、天寿国繡帳銘、野中寺蔵弥勒菩薩像台座銘、船首王後墓誌銘、小野朝臣毛人墓誌銘、長谷寺銅版法華説相図銘などの金石文で、確実に天智朝以前の遺文と認められるものはなく(福山敏男「法隆寺の金石文に関する二三の問題」『夢殿』一三、一九三五年。渡辺茂「古代君主の称号に関する二、三の試論」『史流』八、一九六七年。大山誠一『長屋王家木簡と金石文』一九九八年、吉川弘文館など)、金石文を論拠にした推古朝から天智朝にかけての成立説は、再考の余地があるだろう(瀬間正之「推古朝遺文の再検討」大山誠一編『聖徳太子の真実』二〇〇三年、平凡社参照)。

道教を中心とする中国宗教思想の展開過程のなかで醸成された「天皇」の概念に基づき、これを古代日本の新たな君主号とする契機になったのは、やはり唐の高宗が泰山に行幸して昊天上帝を祀り、亳州の老君廟で老子に太上玄元皇帝という尊号を奉ったのち、咸亨五年(六七四)八月に皇帝を天皇と称し、皇后を天后に改称したことであろう。『唐会要』巻一・帝号上によれば、「天皇」号は弘道元年(六八三)十二月に高宗が崩御した後の諡号や、諡号追尊の際にも用いられている。

唐の高宗による皇帝から天皇への改称を日本が知ったのはいつか、という問題については、遣唐使の派遣が途絶えていた時期にあたることもあって見解が分れる。

慶雲元年（七〇四）七月に唐から帰国した粟田真人の報告に関しては先にも言及したが、『続日本紀』の記事の一節には粟田真人が唐人に「先には是れ大唐、今は大周と称く。国号、何に縁りてか改め称くる」と尋ねたところ、「永淳二年、天皇太帝崩じたまひき。皇太后位に登り、称を聖神皇帝と号ひ、国を大周と号けり」という答えを得た、と記している。高宗没後の六九〇年に則天武后が国号を大周と改めたことも、この時初めて知ったようなので、天皇号については高宗による使用を前提とするものではない、という見方もある（西嶋定生「遣唐使と国書」『遣唐使研究と史料』一九八七年、東海大学出版会）。

この時の遣唐使が三二年ぶりに派遣されたことは確かだが、この間にも以前から入唐していた留学生や留学僧らが新羅を経由して帰国しており、彼らを通じて「天皇」をめぐる唐の最新情報がもたらされた可能性に留意すべきであろう。

たとえば白雉四年（六五三）五月に日本を発った道光は、唐で律蔵を修め、天武七年（六七八）に帰国し（『三国仏法伝通縁起』による。『続日本紀』に帰国記事は見えないが、この年に新羅の送使が筑紫に来着しているので、これに同船したものと思われる）、持統紀八年（六九四）四月十七日条には、「律師道光に賻物を贈ふ」とあるが、同時に入唐した僧のなかには、飛鳥池遺跡との関連が推定される飛鳥寺東南禅院の創設者である道昭（照）の名前も見えている。

また、天武十三年（六八四）十二月に帰国した土師宿禰甥と白猪史宝然（骨）の両名は、ともに大宝律令の撰定に参画して賜禄を受けており、彼らを通じて情報が伝えられたと想定することは、さほど困難ではないと思われる。彼らはともに新羅を経由して帰国したが、この時期に造立された新羅の王族の碑文に、「天皇大帝」あるいは「高宗天皇大帝」

という文言を含むものが、二種伝存することにも注目したい。

八　朝鮮の金石文に見る「天皇」

新羅の金石文のなかで「天皇大帝」の文字が刻まれているのは、朝鮮三国を統一した文武王（在位六六一―六八一）の碑である。現在、断片の一部が国立慶州博物館に所蔵されているが、この碑は早くから破壊されていたらしい。慶州府尹（ふいん）をつとめた文人洪良浩が「題新羅文武王陵碑」（『耳渓集』巻十六、一八四三年序）に記すところでは、正祖王二十年（一七九六）に野中を耕作していた慶州の農民が発掘したという。碑片はその後、行方不明となったが、四枚の拓本が清の劉喜海の手に入り、『海東金石苑』巻一に残存する全文が翻刻された（道光十一年〈一八三一〉刊。観古閣叢刻、石刻史料新編、韓国金石文全書等に所収、図1）。

劉喜海は四枚の拓本を、それぞれ第一石から第四石とし、四片の断碑の拓影と見なした。「天皇大帝」は第三石の六行目に刻まれているが、四枚の拓本は京城帝国大学附属図書館の所蔵となり、調査の結果、『海東金石苑』にいう第一石と第四石とは上部の表裏で、第二石と第三石とが下部の表裏であって、中間部と上石の上端部とが欠失していることが判明した（藤田亮策「新羅文武王陵碑拓本の二」『青丘学叢』三十、一九三九年）。碑面には縦三・二チセン、横三・二チセンの方眼の中に欧陽詢風の楷書で四六駢儷文が刻まれている（図2）。

さらに一九六一年には慶州市内の住宅から碑身の下部にあたる断片が再び発見され、赤褐色の火成岩でつくられていることもわかった（洪思俊「新羅文武王陵断碑の発見」『美術資料』三、一九六一年、韓国国立博物館、図3）。

最初に碑文を紹介した劉喜海は、碑の建立年代を文武王の没年である六八一年と考えたが、今西龍は文中の「国学

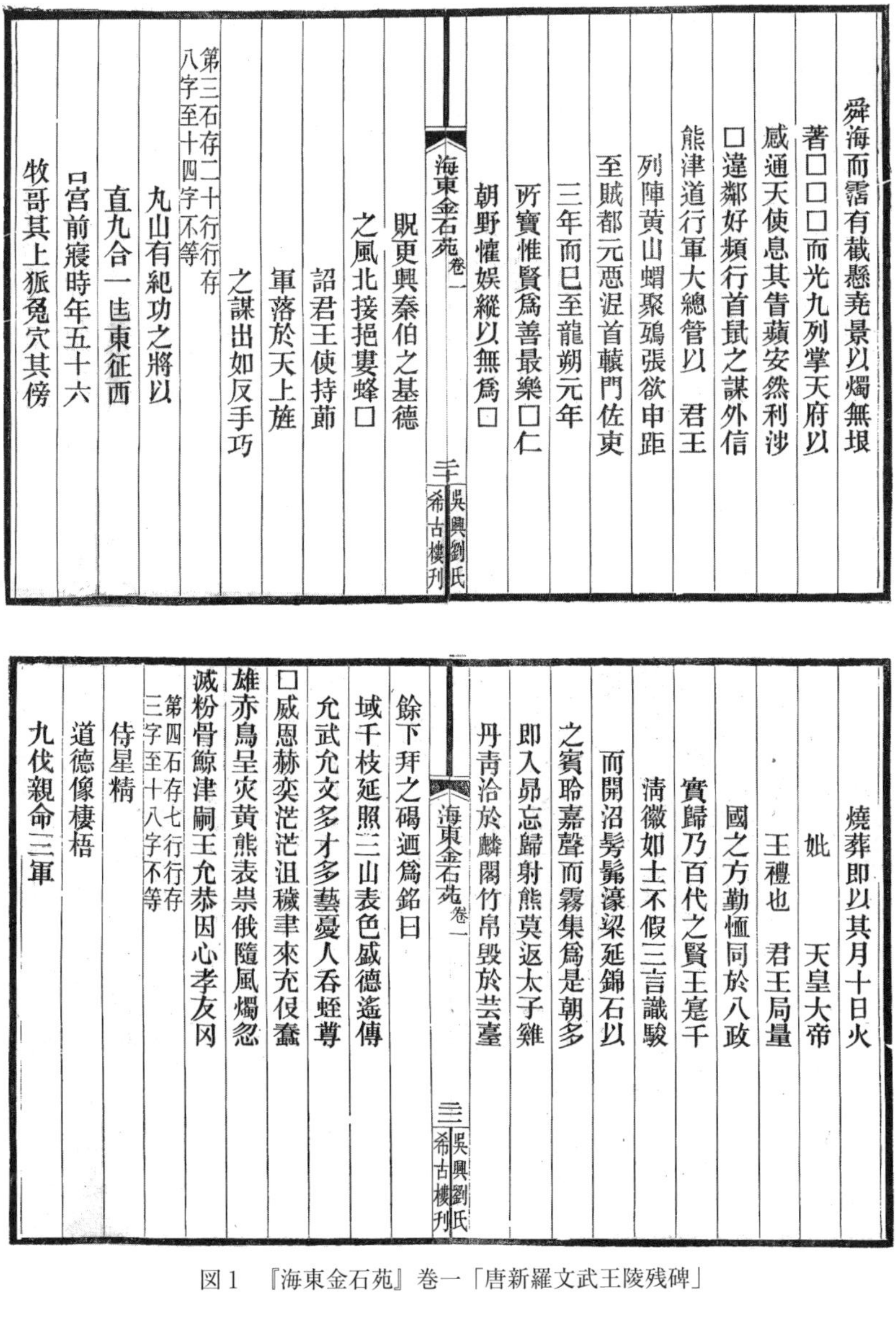

舜海而霑有截懸堯景以燭無垠
著□□□而光九列掌天府以
感通天使息其眚蘋安然利涉
□違鄰好頻行首鼠之謀外信
熊津道行軍大總管以　君王
列陣黃山蝟聚鴟張欲申距
至賊都元惡泥首轅門佐吏
三年而巳至龍朔元年
所寶惟賢爲善最樂□仁
朝野懽娛縱以無爲□
海東金石苑卷一　二　吳興劉氏希古樓刊
晛更興秦伯之基德
之風北接挹婁蜂□
詔君王使持節
軍落於天上旌
之謀出如反手巧
第三石存二十行行存八字至十四字不等
丸山有紀功之將以
直九合一匡東征西
宮前寢時年五十六
牧哥其上狿兔穴其傍

燒葬即以其月十日火
妣　天皇大帝
王禮也　君王局量
國之方勤恤同於八政
實歸乃百代之賢王寔千
淸徽如士不假三言識駿
而開沼髣髴濠梁延錦石以
之賓聆嘉聲而霧集爲是朝多
即入昴忘歸射熊莫返太子雞
丹青洽於麟閣竹帛毀於芸臺
海東金石苑卷一　三　吳興劉氏希古樓刊
餘下拜之碣迺爲銘曰
域千枝延照三山表色盛德遙傳
允武允文多才多藝憂人吞蛭尊
□威恩赫奕茫茫沮穢聿來充侵蠢
雄赤鳥呈灾黃熊表祟俄隨風燭忽
滅粉骨鯨津嗣王允恭因心孝友冈
第四石存七行行存三字至十八字不等
侍星精
道德像棲梧
九伐親命三軍

図1　『海東金石苑』巻一「唐新羅文武王陵残碑」

小卿」という官職名が国学設置に伴なうものなので六八二年六月以後とみた（「新羅文武王陵に就きて」『藝文』一二―七、一九二一年、『新羅史研究』近澤書店、一九三三年）。また金昌鎬は「廿五日景辰建碑」という一節について考証し、六八二年七月二十五日としている（「文武王陵碑における新羅人の祖上認識」『韓国史研究』五三、一九八六年）。

碑文の内容は破損部が大きいため全容の把握は困難だが、表面では新羅国を讃頌し、四至（国土の境界）とその由来を記す。次いで金氏の来歴と太宗武烈王の事績ならびに文武王の事績、百済の平定などについて記している（長田夏樹「新羅文武王陵碑文初探」『神戸外大論叢』一七―一～三、一九六六年）。裏面には文武王の遺言とその葬儀、碑銘などを記すが、「天皇大帝」の文字は裏面の下部の王の葬儀に関する箇所に見える。

『三国史記』や『三国遺事』によれば文武王は遺言により火葬され、東海の湾口にある大岩の上に埋葬されたという。碑文の内容から墓誌に類するものとみる説もあるが（李永鎬「新羅文武王陵碑の再検討」『歴史教育論集』八、一九八六年）、劉喜海は碑片の出土地を慶州の善徳王陵下と記しており、『三国史記』等には善徳王陵は狼山の南麓に位置すると伝え、この地には文武王が唐を斥けることを祈願して創建した四天王寺の跡があるので、ここに顕彰碑として建立された可能性が高い（今西龍、前掲論文。崔光植「文武王陵碑」韓国古代社会研究所編『訳注　韓国古代金石文』第二巻、一九九二年、駕洛国史蹟開発研究院）。

文武王は太祖武烈王（金春秋）の長子として六六〇年の百済討滅戦に参戦し、翌年即位した。その後、唐軍と連携して百済復興軍を抑え、六六三年には白村江で倭の水軍を破り、六六八年には弟の金仁問らを派遣して高句麗を滅ぼした。この間、唐の高宗から鶏林州大都督に任じられたものの、百済と高句麗の残存勢力を糾合して唐の勢力を排除し、六七六年に半島の旧三国全域にわたる統一的支配を確立した人物である。碑の文意には不明な点が多いが、文武王の事績を顕彰する文中の「天皇大帝」は、唐の高宗との緊迫した外交交渉を反映するものであろう。

「天皇」の文字が刻まれたもう一つの碑文は、文武王の弟、金仁問の墓碑である。これも国立慶州博物館に、碑の前半部と推定される部分の下部だけが現存する。

碑文は顕宗九年（一六六八）に李俁が撰録した『大東金石書』続篇に収載されたが（『韓国金石文全書』亜細亜文化社）、碑面の傷みが激しく判読の困難な箇所が少なくないこともあって、武烈・文武両王の重臣金庾信の墓碑と考えられてきた。だが一九三一年に朝鮮総督府の古蹟調査を進めていた有光教一によって、慶州の西岳書院の楼門下から碑片が発見され、『三国史記』との対比から、金仁問の墓碑であることが判明したのである（藤田亮策「慶州金仁問墓碑の発見」

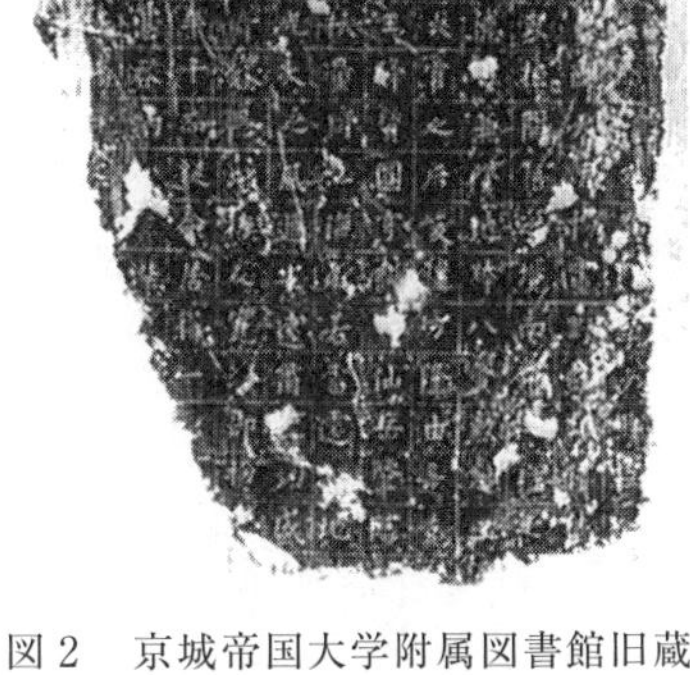

図2　京城帝国大学附属図書館旧蔵「新羅文武王陵碑拓影（第一）」

図3　「新羅文武王陵碑」

『青丘学叢』七、一九三二年。同「新羅金仁問墓碑に就いて」『京城帝大史学会報』二、一九三二年）。碑の原石は花崗岩で、現存する断片は全体の約三分の一程度と推測される。

「天皇」の文字は十行目に「高宗天皇大帝」と見える。「天皇」を「大皇」と読む説もあるが（諸説の対校は崔光植「金仁問碑」『訳注　韓国古代金石文』第二巻に詳しい）、前述の文武王陵碑と同様に「天皇」と読むべきであろう（図4）。

□□□□□則□□□□□□棟梁之材存
□□師之兵符□其□爪□龍董弧之經史
五之君少皡[illegible]墟分星□而超碧海金天命
□太祖漢王啓千齡之　聖臨百谷之
□彊漢將孫策限三江而□土
□其曰□　祖文興大王知機其神多
□□号之驗本枝□盛垂裕後昆
□駭目貞觀廿一年　詔授特進榮高
用儀左貂右蟬定中國之行禮奏聞
高宗天皇大帝遣使□曰惟介特進局量沖
□羅王公乃遵月□而別幹發星河以派原戚
□標志尚遠涉滄波□朝絳闕無虧藩職載來
□□□鴻河□以千□之雉堞高傭似錦越天
太宗大王歎美其功特授食邑三百戸
之所□被□就之□公乃聚不成圖以開八陳
□背誕大軍憑怒□（偵？）□陵以載駈公義勇冠時
百濟而辶（准？）擊□豪□□面縛於轅門兇黨土崩
□卩□途違事大之禮　大帝赫然發憤
□　王授公爲副大摠管盛發師徒運粮
□□其本國兵馬□廣境以横行返于瓠廬水
□之糧舉三□之□□之□日至于河岸公乃
萬餘級此時如雲猛將仰公龍豹之韜若雨謀
柱國　詔曰□懷忠果幹力公强式遵賞
□之□□六□之模紀德□登□之禮是知
□□□□□順動□□□□□□（闡？）□接天人之
乾封元年加授□□□□□□□□開國□

図4　「新羅金仁問碑」拓影と釈文（趙東元編『韓国金石文大系』巻3、円光大学校出版局、1983年所収）

十四行目の「太宗大王歎美其功特授食邑三百戸」は『三国史記』巻四十四の金仁問伝の「太宗其の功を録して、食邑三百戸を授く」という一節と符合するので、「高宗天皇大帝」以下の内容は、その前文に、

永徽二年（六五二）仁問年二十三歳、王命を受け唐に入り宿衛す。高宗謂ふ、海を渉り来朝す、忠誠尚ぶ可しと。

特に左領軍衛将軍を授く。四年（六五三）詔して国に帰り覲省するを許さる。太宗大王授くるに押督州総管を以てす。是に於て獐山城を築き以て険を設く。

と記す部分に該当するものと思われる。金仁問は百済進攻時に唐軍の副大総管に任じられたのをはじめ、高句麗遠征の時にも軍功著しく、乾封元年（六六六）に高宗が泰山で封禅の儀をおこなった際には、これに参列して右驍衛大将軍に任じられ、食邑四百戸を受けた（のち二千戸加増）。上元元年（六七四）に兄の文武王が高句麗の叛衆を受け入れ、百済の故地を占領すると、高宗は怒って文武王を廃位させ、代わりに弟の金仁問を新羅王に立てようとしたが、文武王が謝罪して落着し、金仁問は再び唐王朝に仕えて、延載元年（六九四）四月に唐で死去した。享年六十六。翌年十月に慶州の京の西原に埋葬されており、墓碑もこの頃に建立されたと考えられる。

金仁問は生涯に七回入唐して延べ二十二年間にわたって在朝宿衛し、高宗は「爪牙の良将、文武の英材」と評して厚く信任したという。

表1　天武・持統朝の遣新羅使

回	任命	帰国	使人
1	天武　四年（六七五）七月	同　五年二月	大使　大伴国麻呂 副使　三宅入石
2	同　五年（六七六）十月	同　六年二月	大使　物部麻呂 小使　山背百足
3	同　十年（六八一）七月	同　十年九月	大使　采女竹羅 小使　当摩楯
4	同　十三年（六八四）四月	同　十四年五月	大使　高向麻呂 小使　都努牛甘
5	持統　元年（六八七）正月	同　三年正月	田中法麻呂 守苅田
6	同　六年（六九二）十一月	（不明）	息長老 川内連 大伴子君
7	同　九年（六九五）七月	（不明）	小野毛野 伊吉博徳

このように唐との緊密な関係のもとで三国統一を進めた文武王と金仁問兄弟の碑に、そ

れぞれ「天皇大帝」「高宗天皇大帝」の文字が刻まれていることは、高宗による天皇号の採用とその意味を、いち早く的確に把握していたことを示すものであろう。

そしてこの時期、百済と高句麗滅亡の前後には日本（倭）と新羅間の国交は一時途絶えていたものの、新羅が唐の勢力を排除して半島を統一すると国交は回復し、天武四年（六七五）から遣新羅使の派遣が開始された。律令制の本格的な導入が図られた天武・持統朝に、遣新羅使は七回派遣されており（表1）、日唐間の正式な通交が途絶していただけに、大陸の文物受容に重要な役割を果たした（関晃「遣新羅使の文化史的意義」『関晃著作集』第五巻、一九九七年、吉川弘文館）。

唐の最新情報は、唐から新羅経由で帰国した留学生や留学僧らに加えて、遣新羅使によってもたらされたものも大きかったことは想像に難くない。唐の高宗による「天皇号」も、こうした経路を通じて天武朝には伝えられたとみてよいだろう。

おわりに

大王から天皇への変化は、倭から日本への変化の年代と必ずしも一致しないとする見方もあるが（大津透「「日本」の成立と天皇の役割」〈日本の歴史　第八巻〉『古代天皇制を考える』二〇〇一年、講談社）、皇后、妃、夫人、嬪の制度化が進められ、大后から皇后への転換がはかられたのは飛鳥浄御原令からとされることや（青木和夫「日本書紀考証三題」『日本律令国家論攷』一九九二年、岩波書店）、柿本人麻呂の、

皇（おほきみ）は　神にしませば　天雲の　雷（いかづち）の上に　廬（いほり）せるかも　（『万葉集』巻三―二三五）

をはじめとして、『万葉集』に見られる「大君は神にしませば」という成句は、年代的には「壬申年之乱平定以後」〈巻十九—四二六〇・四二六一題詞〉を最古の例として、天武、持統とその皇子の霊威を讃える場合に限定して用いられること〈佐竹昭広「人麻呂の反歌一首」〈日本古典文学全集〉『万葉集』一、一九七一年、小学館〉などを併せ考えれば、律令国家の根幹に関わる天皇号と国号日本は、東アジアの特に唐と新羅の政治情勢を前提として、天武朝末年頃に確立し、持統朝にいたって六八九年に施行された飛鳥浄御原令で明定されたとみてよいだろう。

〔付記〕ハングル文献の訳読については、東京成徳大学留学生の金貞姻さんにご助力いただいた。記してお礼申し上げたい。

第二章　金液丹と禅師

——仁明天皇の道教的長生法実践とその背景——

はじめに

不老不死を究極の目的とする道教は中国周辺の諸地域に広く伝播したが、朝鮮半島や西域、ヴェトナムなどとは異なって、日本では道観の建立や道士・女冠らの存在を確認できず、組織的な布教も行われなかった[1]。だが、その教説の根幹を構成する神仙思想や養生法は、日本文化のさまざまな側面に投影している。最終的には昇仙を目指す不老不死と、現世における長寿を目的とする養生延命とは本質的に異なるが[2]、日本では主として後者が追究され、文芸や美術、芸能などの世界を彩ってきた。

その中で、平安初期の淳和・仁明天皇をはじめ、中期にかけて藤原摂関家の一部では〈金液丹〉と呼ばれる錬丹薬の服用を試みたことが知られている。とくに仁明天皇の場合は、『続日本後紀』嘉祥三年（八五〇）三月二十五日条の薨伝に[3]、その経緯が詳記されているが、天皇の医療を専当した内薬司の医官が反対したにもかかわらず、これを服用して効果を得たという。淳和上皇の勧めにより、仁明天皇が服用したという金液丹とは、どのような錬丹薬であり、どこで処方と調剤がなされたのだろうか。本稿では、この問題を通して日本古代における道教的長生法の受容相を考えてみたい。

一　道教の不老長生法と『抱朴子』

四世紀初期に東晋の葛洪が著した『抱朴子』内篇二〇巻は、儒家に関する外篇五〇巻に対して、それまでの道家の諸説を集成しつつ神仙の実在を強調する。呼吸法や房中術、仙薬などによって養生延命をはかり、最後に金丹の服用による得仙を説く。(4) 日本では天平五年（七三三）に成った山上憶良の最晩年の作である「沈痾自哀文」（『万葉集』巻五）に葛稚川（洪）の名と、巻十三・極言篇の引用などがあることから、奈良時代初期までに伝来したことが知られる。(5) また空海二十四歳（七九七年）の著作『三教指帰』の中巻「虚亡隠士論」で展開する道教の教説は、本書に多くを負う。九世紀末期に藤原佐世が日本に伝来した漢籍一五七八部、約一万七八〇〇巻を四〇家に分類整理した『日本国見在書目録』でも、内篇を道家、外篇を雑家に採録しており、広く読み継がれたことがわかる。

『抱朴子』に説く養生法については、巻八・釈滞篇に体内の不純な気を呼吸法や体操で除き、天地間の元気を取り込む服気・導引の術や、巻六・微旨篇に体内の精気を増益する房中術などが論述されている。その所説に関しては一九七二年から七四年にかけて発掘と整理が行われた長沙馬王堆漢墓・第三号墓出土の『養生法』『十問』『合陰陽』『天下至道談』『却穀食気』などと命名された諸種の医方術関係の帛書や竹簡類とも結びつく要素が多くみられることから、(6) 二〇〇〇年以上前にさかのぼることが明らかになった。これらの古医方書の根底には、身体の気の流れを整え、根源的な力を補い養うことで生の永遠化をめざそうとする思考を、すでに看取することができる。

これに対して『抱朴子』では、水銀と硫黄の化合物である丹砂を錬って金を作り、体内に摂取して不死の実現をはかる金丹術を、昇仙のための最も重要な方法と位置づけ、詳細な論述を展開する。葛洪は巻四・金丹篇で、抱朴子曰く、余、養性の書を考へ覧、久視の方を鳩集したり。曾て披渉せし所の篇巻は、千を以て計ふ。皆、還丹・金液を以て大要と為さざる者は莫し。然らば則ち此の二事、蓋し仙道の極みなり。此を服して仙たらざれば、則ち古来仙無し。

とのべるが、冒頭の「養性」「久視」は「長生久視」と同義で、元来は『老子』第五十九章をはじめ、『荀子』栄辱篇、『呂氏春秋』孟春紀・重己篇その他にみえるように、国家の長久を説くなかで永遠に持続することを意味したが、この頃から道教的な不老不死の仙法をさす概念に変化した[7]。葛洪はさらに、

呼吸導引、及び草木の薬を服すれば、延年を得べしと雖も、死より免れず。神丹を服すれば人をして寿窮まり已むこと無く、天地と与に相畢わらしむ。雲に乗り竜に駕し、太清を上下す。

といい、呼吸導引や草木薬は延寿にしか効能はなく、得仙は神丹によるほかはない、と強調するように、『抱朴子』内篇は錬丹術実践の基本書としての性格を色濃く持つ。

二　中国の初期本草学とその受容

中国で発展した本草学は、『抱朴子』が重視するような不老不死のための玉石系の丹薬と、延命長寿を主な目的とする草木系の医薬の二系統の薬物を包括しており、元来、博物学的な要素を備えていた。だが、しだいに道士らによる仙薬（丹薬中心）と、医家による治病のための医薬（草木薬中心）の区分が明確になり、両者における薬種や薬効の認識にも差異が生じた。六世紀初頭に梁の陶弘景が撰録した『神農本草経集注』（『本草集注』）全七巻は、当時伝存した『神農本経』を中心に、魏晋以来の諸説を纂修したという『名医別録』を配し、序録を付した『神農本草経』全三巻をも

とに注記を加えて増補したもので、仙薬への関心よりも臨床応用のための医薬を重視する姿勢が顕著であり、文字通り中国本草学の原典としての位置を占める(8)。

『本草集注』は神仙説に基づく上中下薬の三品分類を残すほか、上品に分類される玉石を素材とするものを中心に「不老不死」「久服益寿」「軽身延年」のような効能が、主として『神農本草経』からの引用によって本文に記されている項目も少なくないことから、藤原宮跡出土木簡によって七世紀末期には伝来したことが確実な本書を、日本古代における仙薬受容の典拠として位置づける説もある(9)。しかし、陶弘景による序録では治療の原理と薬効の限界に言及し、本篇の各項の薬効に関する記述でも医薬的見地からのものを仙薬的効能に優先させていることや、新たに加えられた注記の多くは薬種の形状や産地などに関するものであることから、神仙説を脱した医薬学としての本章学への志向を明示する点を、より評価すべきであろう。

内薬司と典薬寮の医官だけでなく、貴族や官人層にもこうした認識が浸透しつつあったことは、三善清行『服薬駐老験記』のような〈服薬〉をめぐる著述にも端的にうかがえる。本書は、服薬によって長命を保った人物たちのことを、清行自身の見聞に基づいて、その最晩年の延喜十七年(九一七)から翌年にかけてまとめたものである(10)。

最初に登場する竹田千継は、宝亀初年(七七〇年頃)に十七歳で典薬寮に入り、医生として『本草経』を学ぶうちに、枸杞(くこ)には「駐老延齢」の効果がある、という一節に興味をもった。そこで、土地を求めて枸杞を栽培し、春秋にはその実を、秋冬にはその根を食し、常に茎根を煮て汁を取り酒に醸して飲み、沐浴のたびにも枸杞水を用いること七十余年に及んだ。一度も懈怠を覚えることはなく、血色は良く、髪も黒く、目も歯も健常で少年のようだった。このことを知った文徳天皇は、九十七歳になる千継を典薬允に任じて薬園での枸杞栽培を奨励したが、職務に精励したため、百一歳で亡くなったという。三善清行は四十五歳にして「白髪頭に満」ちたこともあってか、枸杞の効能にはとくに注目したらしい。次の春海貞吉の場合も枸杞を長年服用していた。唐儛師から雅楽助を歴任した貞吉とは日頃から親しく接していたが、九〇年来枸杞を栽培し、毎日欠かさず摂取していた貞吉も、やはり少年のような若々しさを保ち、日頃実践しているさまざまな「養生之法」を清行に語ったが、疫病に罹った知人を見舞って感染し、百十九歳で急逝した。

その後には、ともに八十歳を越えて壮者を凌ぐほどであった三名の話が続く。大納言を歴任した藤原冬緒は、日頃から「露蜂房（蜂の巣）」と「槐子」を服用していたため、八十歳を過ぎてなお「頭髪に白きもの無く、房室を断たず」という壮健ぶりだった。また桓武天皇の孫で宮内卿の十世王は老いて歯がなく、蔬菜を啖めなかったので、漿を飲み、乾した「石決明（鮑）」の粉末を摂ったところ、鬢髪は黒く強健で、八十五歳まで生きたという。

東宮学士の大蔵善行は「鍾乳丸（鍾乳石の丸薬で炭酸カルシウム）」を毎日一錠ずつ服用したため、九十歳を迎えて「なほ壮容あり。耳目聡明にして、行歩軽健なり。家に多婦を蓄え、房室を断たず」、八十七歳で男児をもうけ、皇太子に毎朝『漢書』を進講したため、世間では「地仙」と呼ばれた。

三善清行が記録したこれらの事例は、いずれも不老不死というよりは延年益寿を目指すものであり、諸種の養生法の中でも、本草学の知見に基づいて主に草木性か動物性の薬種を長期間服用するのが効果的だと考えられていた様子を看取できるが、こうした認識は、十一世紀末に大江匡房が撰録した『本朝神仙伝』にも通じる。

本書には院政期までに神仙と目された三七名の略伝（目録による。本文は一部欠佚）を載せるが、倭武命や武内宿禰・浦島子のような伝説上の人物や、売白箸翁、美濃国の河辺の人、伊予国の長生翁など諸国の庶民のほか、都良香や橘正通あるいは上宮太子などの文人貴族も含まれる。大半は役行者（小角）や空海、徳一、円仁、都藍尼、窺仙、泰澄、行叡らをはじめとする僧尼で、俗聖とも呼ばれた在俗の修行者も少なくない。(11)

このうち、死去したことが明記されているのは浦島子と東寺僧の二人だけで、倭武命や上宮太子（聖徳太子）、陽勝のように昇仙の様子が記される例もあるが、多くは「その終を知らず」と結ばれており、誰も行方と生死を知る者がなく、昇仙したと信じられた神秘的存在を〈神仙〉と理解していたことがわかる。本書の登場人物に共通するのは、数百歳という長寿と若々しい身体を保ち、天空を飛行したり、鬼神をも駆使する呪力を体得していることなどだが、主に山中で続けられた修行の模様については、さほど具体的な記述はみられない。

その修行に関して目立つのは「辟穀」に関するもので、例えば清水寺の行叡は「一生精進して妻を蓄へず、ただ粒(いなつび)を絶ちて穀(もみ)を避(さ)れり」とあり、叡山から金峯山を経て吉野で修行した陽勝は「三年苦行して、毎日(ひごと)に粟一粒のみ服(つか)ふ。行歩勁捷にして、翼なくして飛べり。冬の月を歴(ふ)といへども、衣裘を着ず」と伝えられる。同じく吉野に住む藤太主と源太主の二人も「穀を避け、粒を絶ちて、翅(つばさ)なくして飛べり」とされ、河内国の樹下僧の場合は「全く炊爨(すいさん)の器なし。ただ坐禅念仏して、常に目を閉ぢて坐りぬ」という日々を送ったという。また出羽国の石窟の仙(ひじり)も「身を石窟に留めて数百歳を経たり。粒を絶ち食を罷(しりぞ)けて、寒暑を屑(もののかず)にせず」とあるように、辟穀による長生はかなり広く認知されていたことがわかるが、その他の長生法に関しては服餌や調息、導引に関するものはほとんどない。わずかに大和国の竿打仙について「薬餌の力にて地を離れ飛べども、その高さは七、八尺に過ぎず」とある程度であり、房中術に関しても、近江国の僧教待が「数百年に及ぶといへども、容顔元のごとし。ただ少年の女子のみを愛し、兼て魚の肉を食ふ。口の中より吐けば、変じて蓮の葉と成る」といい、その実践を示唆するのにとどまる。

『本朝神仙伝』に描かれた人々は、本来の意味での神仙とは言い難く、むしろ道俗を問わず大半が仏教者でありながら、それぞれの所伝や修行について、神仙もしくは道教的見地から解釈を試みた[12]、一種の往生伝ともいうべき性格をもつものといえるだろう[13]。平安時代におけるこのような動向のなかで、淳和・仁明天皇や藤原氏は金液丹と呼ばれる錬丹薬に強い関心をもち、実際に服用を試みたが、彼らはどのような認識に基づいて実践したのだろうか。

三　仁明天皇の〈金液丹〉服用

『続日本後紀』嘉祥三年（八五〇）三月二十五日条に載る仁明天皇の薨伝には、

帝は叡哲聡明にして、衆芸を苞綜す。最も経史に耽り、講誦して倦まず。能く漢音を練り、其の清濁を弁ぜり。柱下漆園の説、群書治要の流、凡そ厥の百家を通覧せざること莫し。兼ねて文藻を愛し、書法を善くす。

とあり、中国の学芸に造詣が深く、老荘学や帝王学をはじめとする諸説に通じ、書芸にも秀いで、とくに叔父の淳和上皇に学んだ草書は筆蹟の見分けがつかぬほどであったという。また、

医術に留意し、尽く方経を諳んず。当時の名医、敢て抗論せず。

というほどで、侍臣には次のように語っている。

七歳で「腹結病」、八歳で「臍下絞痛」、次いで「頭風」を患い、さらに元服後三年目に始めて「胸病」を得た。はじめは「心痛」に似て錐で刺すような痛みだったが、ついには力で割くような激痛になった。そこで「七気丸」や「紫苑生薑湯」を服用したところ、初めは効いたものの、しだいに効果がなくなった。このことを憂慮した淳和上皇は、

予も昔亦た此病を得たり。衆方効かず、金液丹幷びに白石英を服さむとす。衆医これを禁じて許さざりき。予なほ強いて服し、遂に疾愈を得たり。

と自己の経験をのべたうえで、次のように指示した。

今患う所を聞くに、草薬の治すべくに非ず、金液丹を服すべし。もし諸の俗医らに詢らば、必ずや駮論して肯ぜ

ず。宜しく淡海海子を喚びて細かく論じ問い、其の言説に随いて之を服すべし。

これを受けて仁明は「丹薬」を服したところ、効験を得たが、「石発」を救解するために「自治之法」を設ける必要があったという。薬性による発熱を除くために、解毒剤も用いたことがわかる。そして生来多病であった仁明が四十一歳で没するまで、在位十八年にも及んだのは「服食補養之力」によるところが大きいか、と結ぶ。「七気丸」や「紫苑生薑湯」などの「草薬」では効果が期待できないと判断した淳和上皇が、「金液丹」や「白石英」の服用を試みようとしたところ、こぞって反対したという「衆医」は、宮中の医療を担当した内薬司の医官をさすとみてよい。彼らは「丹薬」の危険性を熟知していたために強く禁じたものと思われるが、仁明にも服用を勧めた際、処方や製剤等に関する相談者として名前の挙がる淡海海子は他の史料にみえず、出自や経歴等は不詳だが、近江国に多い百済系渡来氏族の出身で、道教的な医方術に通じた人物かもしれない。[14]

淳和や仁明が服用したという金液丹が、どのような製剤であったのかは不明だが、前述の『抱朴子』巻四・金丹篇には〈金液丹〉の製法や処方、効能などをめぐる詳細な記述がある。それによると、これは万神の宗主としての太乙（たいいつ）が昇仙する時に飲んだ丹薬で、九丹にも劣らぬ薬効があり、老子は元君からその処方を受けた。

金液を調合する方法は「古秤の黄金一斤を用ゐ、幷せて元明（玄明、芒硝で含水硫酸ナトリウム）、竜膏（炭酸銅をさす青竜のような銅化合物か）、太乙（太一禹余糧、酸化鉄の一種）、旬首（不詳）、中石（不詳）、氷石（岩塩、塩化ナトリウム）、紫遊女（紫石英の一種か）、玄水液（磁石の一種）、金化石（硝石）、丹砂（硫化水銀）を用ゐて之を封じ、百日にして水となる」が、それをさらに丹と化すための調合に際しては「皆斎戒すること百日、俗人と相往来することを得ず、名山の側、東流の水（かわ）の上（ほとり）に於いて、別に精舎を立てて、百日にして成すべし」という条件もあった。

金液を服用すると不変の金の性が身体に満ちて身体が金色となり、一両を服するだけで仙となるが、五穀を断ったうえで服用するとさらに効果は絶大だといい、服用法も詳記する。[15]

『日本国見在書目録』三十七「医方家」には、『太清金液丹経』一巻をはじめとして、

『太清神丹経上篇』一巻　『太清神丹経』一巻
『仙薬方』一巻　『仙薬合方』一巻
『神仙服薬食方経』一巻　『五岳仙薬方』一巻
『神楽方』一巻　『神仙入山服薬方』一巻
『神仙服薬経』一巻　『老子神仙服薬経』一巻
『太一神丹精治方』一巻　『延年秘録方』四巻
『練石方』一巻　『丹決』一巻

など、諸種の丹薬関係書が著録されているが、[16]『抱朴子』の所論を継承すると考えられるこれらの多くは佚書で内容は不明ながら、淳和と仁明両天皇の金液丹服用に際して参看されたものが含まれていると思われる。

莫大な費用と時間と技術を要する金液丹の服用を試みることができたのは、天皇などごく限られた階層であった。[17]藤原忠平の『貞信公記』には、金液丹をはじめ、鍾乳丸や朴硝を含む紅雪などの服用記事が散見するほか、藤原師輔の『九暦』、藤原資房の『春記』、藤原行成の『権記』、藤原実資の『小右記』、藤原道長の『御堂関白記』その他の古記録にも随所に関係記事を見いだすことができる。[18]その中には『小右記』長元四年（一〇三一）八月に、当時名医とされた丹波忠明が、藤原頼宗の室に金液丹を処方した例もあるが、内薬司や典薬寮の医官たちの多くは、丹薬の服用に対して終始、否定的な姿勢を持ち続けていた。となるとその服用にあたって処方や調剤にあたったのは、どのような人々だろうか。

四　禅師と道教的医方術

平安時代において、宮中や摂関家に近く、丹薬の服用に関与した可能性をもつと考えられるのは、禅師と呼ばれた山林修行僧であろう。彼らは山中での修行を通して丹薬に関する知見も深めていたと思われる。九世紀初期に薬師寺の景戒が撰録した『日本霊異記』には、各地の山中で修行を積み、治病や呪願に験力を発揮した禅師が二〇名近く登場する。そのうち治病に関わる記事としては、次のような事例がみられる。

・上巻第八縁
　突然重病に罹り両耳が聴こえず、全身に瘡が広がった衣縫伴造義通に屈請された義禅師が、『方広経』の呪願により治病した。

・上巻第二十六縁
　大和国高市郡の法器山寺で、多羅常という百済の禅師が浄行し、多くの人々の看病にあたり、天皇も帰依した。

・上巻第三十一縁
　吉野の山中で修行する御手代東人という禅師が、重病に苦しむ粟田朝臣の女（むすめ）を呪護し、病を癒した。

・下巻第二縁
　興福寺の禅師永興は、呪願による治病に秀れ、看病禅師として著聞した。

・下巻第三十六縁
　藤原永手の長男が父をめぐる悪夢を見た後、父が死に自身も久しく病んだので、禅師や優婆塞に呪護を需めた。

下巻第三十六縁では、看病禅師が「今し我が寿を病者に施し身に代らむ。仏法実に有らば、病人の命を活けよ」と誓願した後に、「命を棄てて睠みず、手の於に燭を置き、香を焼きて行道し、陀羅尼を読みて、忽に走り転ぶ」といい、養老僧尼令第二十七の〈焚身捨身条〉や、『続日本紀』養老元年（七一七）四月二十三日条の行基とその弟子たちに対する統制令などで禁じられた「指臂を焚き剥ぐ」行為も行ったことがわかる。

禅師によるこうした行為は、奈良時代後期以降、徐々に容認されるようになり、天平勝宝八歳（七五六）四月に聖武太上天皇が不予に陥ると、娘の孝謙天皇は「災を銷し福を致すこと、仁風に如くは莫く、病を救ひ年を延ぶること、実に徳政に資れり」という考えから、犯罪者への大赦や窮乏者への賑恤、河内智識寺とその南の行宮への行幸、伊勢神宮への奉幣とともに、「医師・禅師・官人各一人を左右京と四畿内に遣して、疹疾の徒を救療せし」めた（『続日本紀』四月十四日・二十九日条）。

その翌月、聖武が五十六歳で没すると、佐保山陵への葬送を終えた後に、看病禅師として筑前から招請され、聖武が絶対的な信頼を寄せた禅師法栄の名を後世に伝える旨の、孝謙による詔勅が出された。さらに、聖武のために屈請した看病禅師一二六名の出身戸の課役を免除する内容の褒賞も行われている。

山林修行を積んだ禅師に対する律令国家の期待は大きく、孝謙から淳仁に譲位した天平宝字二年（七五八）八月には、「天下の諸国の山林に隠る清行の近士、十年已上は皆得度せしめよ」とする詔も出されたが、同八年九月の恵美押勝（藤原仲麻呂）の乱後、大臣禅師となった弓削道鏡は、自身が山林修行の経験をもつだけに、押勝側の与党が山林に逃れ、修行者や信者に紛れ込むのを警戒して、山岳寺院における読経悔過を禁じた。だが、宝亀元年（七七〇）八月に称徳（孝謙の重祚）天皇が没し、道鏡も下野薬師寺に左遷されると、十月には僧綱から道鏡による禁制の行き過ぎを糾し、乱の逆徒とは無縁な出家者の山中禅行の許可が上奏され、承認された。

こうした経緯をへて、光仁天皇の宝亀三年三月には、十禅師の補任と優待の詔が出された。十禅師は「或は持戒の称むるに足り、或は看病に声を著す」者で、『類聚三代格』巻三の宝亀三年三月二十一日付の太政官符には、十禅師に対する終身供養の規定がある。欠員が生じた場合には、「清行の者」から択んで補充することになっていることから、この十禅師は宮中で御斎会などの仏事にあたりつつ、看病禅師として近侍した内供奉十禅師の先蹤とみられ、道鏡以来の内道場禅師の総入替を目指した光仁朝の仏教政策の一環をなすものであった。(19)

禅師の性格に関しては、看病禅師としての側面も含めて、その系譜を新羅にたどることができる。新川登亀男氏の所説によれば、新羅においては八世紀中期から禅師の呼称が正式に用いられるようになるが、それは太賢を祖とする瑜伽の諸徳の別称であった。瑜伽の諸徳は玄奘以後の新訳瑜伽行派の僧の中から王によって任命され、瑜伽宗・行派を指導・統率する一方で、内殿に招請されて祈雨を行い、王に近侍して国家の保安に関与した。また神印宗祖の明朗とも緊密な関係があり、道教的な神呪や呪禁、看病などに深く関与した形跡が認められるという。(20)

日本の律令制形成期には、本草学や医方術の分野は主として百済を通じて導入されていることからみても、丹薬のような道教的医方に関する知見と実践は、朝鮮半島と密接な関係をもつ禅師らによってもたらされ、平安時代にかけて、天皇や摂関家の要請に応えたものとみてよいのではなかろうか。

おわりに――韓愈による墓碑銘のことなど――

淳和・仁明天皇の治世（八二三～八五〇）は後に〈崇文の治〉と称されたように、儒教を基調とした文治政治が行われた時代ではあったが、承和七年（八四〇）に淳和上皇、翌々年に嵯峨上皇が死去すると、承和の変が起こり、伴氏や橘氏らの後退と藤原良房の台頭が顕著になる。

この時代には、楽制の改編や朝覲行幸の年中行事化、漢詩文に代わる和歌の隆盛など[21]、宮廷文化の基礎が形成されたが[22]、仏教においても、仁明天皇の承和元年に、空海の上奏により唐の内道場に倣った宮中真言院が創設された。翌年から国家安寧と豊穣祈願のための後七日御修法が始まり、従来の『金光明最勝王経』講説を中心とする御斎会と併せて顕密両修となった。

だが、こうした動向に対しては、例えば三善清行が延喜十四年（九一四）二月に醍醐天皇の詔に応じて奏上した「意見封事十二箇条」の一節に、

仁明天皇位に即きて、尤も奢靡（しゃひ）を好みたまふ。雕文刻鏤、錦繡綺組、農事を傷（やぶ）り女功を害するもの、朝に製り夕に改め、日（ひび）に変り、月（つきづき）に悛（あらた）まる。後房内寝の飾、飫宴（よえん）歌楽の儲（まうけ）、麗靡（れいひ）煥爛にして、古今に冠絶せり。府帑これによりて空虚にし、賦斂これがために滋く起る。ここに天下の費、二分にして一。

という、きわめて厳しい評価がある[23]。莫大な経費を要したであろう〈金液丹〉の調剤も、また「奢靡」の極みであった。

「衆医」の反対を退けてまで丹薬の服用を強行した天皇や摂関家の一部には、自己の生命と権力に対する執着と、それを支える財力とがあったが、丹薬そのものを生み出した中国、とくに唐王朝では、憲宗、穆（ぼく）宗、武宗、宣宗らが、いずれも丹薬の服用によって落命しており、遥かに深刻な状況にあった。文人の韓愈（七六八～八二四）は淳和・仁明天皇とほぼ同時代の人物だが、この社会的動揺の中で、兄の孫女婿で太学博士の李于が、柳泌という方士に教えられた丹薬のため長慶三年（八二三）正月に四十八歳で死去したのを悼んで、「故太学博士李君墓誌銘」[24]を書いた。韓愈は悲憤のあまり墓碑銘としては異例の構成をとり、

文章の記する所、及び耳に聞いて相伝ふるに在る者をば説かず、今、直だ親のあたり之と游びて、薬を以て敗るるを目に見る者、六、七公を取って、以て世の誡と為さむ。

とのべて、李于と同じく丹薬で死んだ知友たちの事例も一人一人叙述し、

不死を蘄めて、乃ち速やかに死を得。之れを智と謂はば、可か、不可か。

と問いかける。そして、

常の道を信ずして、鬼怪を務む。死に臨んで乃ち悔ゆ。後の（薬を）好む者又曰はく、彼の死する者、皆其の道を得ざればなり。我れは則ち然らず、といふ。始め病むときは、曰はく、薬動く、故に病む。病い去り薬行れば、乃ち死せじ、といふ。且に死せむとするに及んで、又悔ゆ。嗚呼、哀しむべらくのみ。哀しむべらくのみ。

と結ぶが、不老不死を希求して口にした丹薬のために死に至った人々の心理を鋭く衝いた韓愈の悲痛な言葉を、例えば仁明天皇ならば、どう聴いただろうか。

註

（1） 遊佐昇・野崎充彦・増尾伸一郎編『アジア諸地域と道教』〈講座道教〉第六巻（二〇〇一年、雄山閣）。

（2） 道教の不老不死と養生法に関しては、以下の論著に詳しい。アンリ・マスペロ著、持田季未子訳『道教の養生術』（一九八五年、せりか書房）、石田秀実『気　流れる身体』（一九八七年、平河出版社）、坂出祥伸『道教と養生思想』（一九九二年、ぺりかん社）、大形徹『不老不死』（一九九二年、講談社）、三浦國雄『不老不死という欲望』（二〇〇〇年、人文書院）など。

（3） 宮中の医療を主管した内薬司は、寛平八年（八九六）九月に、五位以上の貴族・官人層の診療を担当する典薬寮に合併された（同年十月五日付太政官符、『類聚三代格』四所収）。

（4） 『抱朴子』の伝本と構成や内容、主な関係文献等については、尾崎正治・平木康平・大形徹〈鑑賞中国の古典〉第九巻『抱朴子・列仙伝』（一九八八年、角川書店）参照。

(5) 増尾伸一郎『万葉歌人と中国思想』第二部二章「「沈痾自哀文」の史的位置」(一九九七年、吉川弘文館)で詳述した。
(6)『馬王堆漢墓帛書〔肆〕』(一九八五年、文物出版社)、李零『中国方術正考』(二〇〇六年、中華書局)、同『中国方術続考』(同)、小曽戸洋・長谷部英一・町泉寿郎〈馬王堆出土文献訳注叢書〉『五十二病方』(二〇〇七年、東方書店)。坂内栄夫・白杉悦雄『却穀食気・導引図他』、大形徹『胎産書・十問他』は続刊予定。
(7) 増尾伸一郎、前掲注(5)第四部一章「〈長生久視〉の方法とその系譜」参照。
(8) 増尾伸一郎、前掲注(5)第三部三章「〈雲に飛ぶ薬〉考」、ならびに小曽戸洋『中国医学古典と日本』(一九九六年、塙書房)参照。
(9) 和田萃「薬猟と『本草集注』」(『日本古代の儀礼と祭祀・信仰』中巻、一九九五年、塙書房)。
(10)『政事要略』巻九十五、至要雑事、学校条所引『善家異記』佚文。大曽根章介「三善清行と養生」(『大曽根章介　日本漢文学論集』第二巻、一九九八年、汲古書院)、今野達「善家秘記と真言伝散佚物語」(『今野達説話文学論集』二〇〇八年、勉誠出版)、怪異史料研究会「三善清行『善家秘記』注解(その三)」(『続日本紀研究』三六九号、二〇〇七年)参照。
(11) 増尾伸一郎「終りのさまを知らず―日本の神仙たち―」(『アジア遊学』二、一九九九年、勉誠出版)。
(12) 東寺観智院本『類聚名義抄』には「神仙ノイキホトケ」という訓注がある(川口久雄〈日本古典全書〉『本朝神仙伝』一九六七年、朝日新聞社)。
(13) その点で〈日本思想大系〉『往生伝　法華験記』(一九七四年、岩波書店)に大曽根章介氏の校注により本書が収録されたのは、適確な選択であった。
(14) 古代学研究所編『平安時代史辞典』(一九九四年、角川書店)では「後宮の薬司に属した女官か」(関口力執筆)とする。
(15) 神楽岡昌俊「金液」(『道教事典』一九九四年、平河出版社)参照。
(16) 矢島玄亮『日本国見在書目録―集証と研究―』(一九八四年、汲古書院)に、中国の経籍芸文志類をはじめとする諸文献との対照注記がある。
(17)〈大日本古記録〉所収。延喜十一年九月〜十月、同二十年五月、延長二年三月、同三年十二月など。
(18) 新村拓『古代医療官人制の研究』(一九八三年、法政大学出版局)、服部敏良『王朝貴族の病状診断』(一九七五年、吉川弘文館)参照。
(19) 禅師をめぐる仏教と政治の動向については、舟ヶ崎正孝『国家仏教変容過程の研究』(一九八五年、雄山閣)、根井浄「日本古代の禅師について」(『仏教史学研究』二二巻二号、一九七六年)、小山田和夫「内供奉十禅師職と円珍」(『智証大師円珍の研究』一九九〇年、吉川弘文館)、本郷真紹「内供奉十禅師の成立と天台宗」(『律令国家仏教の研究』二〇〇五年、法蔵館)などに詳論がある。

(20) 新川登亀男「日朝にみられる禅師」(『史聚』一四・一五合併号、一九八一年)。

(21) こうした傾向は、『続日本後紀』嘉祥二年(八四九)三月二十六日条に、仁明天皇の四十歳の賀を祝って興福寺の大法師等が、『金剛寿命陀羅尼経』を転読し、浦島子と吉野の柘枝伝承の仙女像を人形に作り、あわせて長生を祈り寿ぐ長歌を献じたことにもうかがえる。この作品については、近藤信義「「仁明天皇四十賀の長歌」に関する作業」(『立正大学国語国文』四七号、二〇〇九年)、以下一連の論考(青木周平先生追悼『古代文芸論叢』二〇〇九年、おうふう、『水門　言葉と歴史』二三号、二〇一一年、勉誠出版)に詳しい。

(22) 古代学協会編『仁明朝史の研究』(二〇一一年、思文閣出版)参照。

(23) 大曽根章介校注〈日本思想大系〉『古代政治社会思想』(一九七九年、岩波書店)参照。

(24) 『韓昌黎文集』第三十四巻所収。清水茂〈世界古典文学全集〉『韓愈Ⅱ』(一九八七年、筑摩書房)に訓訳がある。

第二部　古代の典籍と外来文化

第一章　道教・神仙思想と仏教

一　記紀の道教関係記事と『万葉集』

道教の伝播

日本は朝鮮やベトナムなどと同様に、漢字を媒介として仏教や儒教、律令をはじめとする中国文化を受容した（西嶋定生　一九八五、李成市　二〇〇〇）。道教もその中に含まれるが、日本の場合は仏教や儒教とはやや異なり、その受容は体系的であったとはいえない。『日本書紀』斉明元年（六五五）五月一日条の記事にもとづいて、道観（道教の寺院）の建立や道士の活動を想定する説もあるが（黒板勝美　一九二三、福永光司・千田稔・高橋徹　一九八七）、「観」はタカドノと訓んで楼閣か高台をさし、道士の存在も確認できない、とみるのが妥当であろう（那波利貞　一九五二、下出積與　一九七二）。

日本古代においては、神仙説や医方術、天文暦法、風水地理などの道教を構成する諸要素を、必要に応じて別個に受容し、密教とも習合しつつ陰陽道や修験道のような独自の宗教文化を形成したと考えられるが（増尾伸一郎　二〇〇八）、『万葉集』にはどのような形でその反映がみとめられるだろうか。

常世国と橘

関連する記事で早いのは『古事記』上巻（神代紀では第八段一書第六）の大国主神と国作りを終えた少名毘古那神（少彦名命）が常世国に渡ってしまったというもので、常世は本来、常住不変の国を意味した（常夜とは別）が、神仙思想と結びついて不老不死の世界を表すようになった（下出積與　一九六八、谷川健一　一九八三）。

垂仁紀九十年条には三宅連の始祖にあたる田道間守（記では多遅摩毛理）が常世国に行って「非時の香菓」を求めてくるよう天皇に命じられたが、この「非時の香菓」は橘の実をさすという。田道間守が橘の実を得て帰還するまでには十年の歳月を要したが、それは万里の波濤を越え、遥か崑崙の弱水を渡って西域の絶遠の地まで赴いたからで、「常世国は神仙の秘区、俗の臻らむ所に非ず」とされ、『列仙伝』には「謝自然、海に泛びて蓬萊を求む。一道士謂ひて曰く、蓬萊は弱水を隔てること三十万里、飛仙に非ざれば到る可らず」とある。

『万葉集』巻十八の大伴家持の「橘の歌」（四一一一）は、この伝承を題材とした長歌で、

かけまくも　あやに恐し　天皇の　神の大御代に　田道間守　常世に渡り　八竿持ち　参ゐ出来し時　時じくの
香菓を　恐くも　残したまへれ　国も狭に　生ひ立ち栄え　春されば　孫枝萌いつつ　ほととぎす　鳴く五月
には　初花を　枝に手折りて　娘子らに　つとにも遣りみ

（恐れ多くも古えの天皇の時に、田道間守が常世国に渡り、八矛を持ち帰った際、非時の果実としてお残しになったものが国中に広がり、春になると新しい枝がのび、ほととぎすの鳴く五月には、初花を枝ごと折って乙女らに贈ったりする……）

と詠んだ後、その香りや実の美しさを讃え、

み雪降る　冬に至れば　霜置けども　その葉も枯れず　常磐なす　いやさかばえに　然れこそ　神の御代より
宜しなへ　この橘を　時じくの　香菓と　名付けけらしも

（雪が降る冬になって、霜がおりてもその葉は枯れず、変わることなく輝きをます。だからこそ神代の昔に、非時の香実という橘にふさわしい名がつけられたのだ）

と結ぶ。田道間守という名前の表記から『日本書紀』に拠ったとみてよいだろう。家持にはもう一首、

常世物この橘のいや照りにわご大君は今も見るごと（巻十八・四〇六三）

（常世の香果である橘のように、大君は今のまま、さらに輝かしく）

があるが、これは巻六の聖武天皇の歌、

橘は実さへ花さへその葉さへ枝に霜置けどいや常葉の木（一〇〇九）

（橘は実も花も葉もすばらしく、枝に霜がおりても常緑だ）

を踏まえたものと思われる。聖武の一首は天平八年（七三六）十一月に美努王の子である葛城王と佐為王が臣籍に下り、母の県犬養橘宿禰三千代の姓を請い橘宿禰を許されて、葛城王は橘諸兄を名乗ることになった時の賀歌である。『続日本紀』に載るこの時の勅には「橘は菓子の長上にして、人の好む所なり。柯は霜雪を凌ぎて繁茂り、葉は寒暑を経て彫まず。珠玉と共に先に競ひ、金・銀に交りて逾美し」という一節がある。

万葉歌では後期になると家持の「橘の歌」のように橘とほととぎすを対にして歌う例が顕著になる。不老長生の世界としての常世国は、巻一の「藤原宮の役民が作る歌」（五〇）の一節に、

我が造る　日の御門に　知らぬ国　よし巨勢路より　我が国は　常世にならむ　図負へる　奇しき亀も　新た代と

（日の御子の朝廷を造営する、まつろわぬ国も寄りついて来るという巨勢路から、わが国が永遠に栄えるという吉祥の図を背に負う亀も、新たな時代を寿いで現れる）

とも詠まれている。亀の甲羅に文様があると天子受命の兆の河図として尊重されたが（『尚書』洪範九疇）、持統紀の藤原京造営の前後には関係記事はないものの、奈良時代には元正天皇の霊亀（七一五）、聖武天皇の神亀（七二四）、光仁天皇の宝亀（七七〇）がそれぞれ瑞亀にちなむ即位改元である。

不老長生としての常世を詠み込んだ歌としては、巻三の柿本人麻呂が新田部皇子に献じた一首（二六一）や、大宰府で妻を喪った晩年の大伴旅人が、天平二年（七三〇）に帥の任を終えて帰郷する途次に詠んだ一首（四四六）、旅人の伯父御行の子の三(御)依が、旅人の異母妹の大伴坂上郎女に贈ったものと思われる一首（六五〇）、その坂上郎女が娘の坂上大嬢からの消息への返書に認めた一首（七二三）など、大伴氏の人びとの歌にとくに多くみられる。

尸解仙と上宮太子

『日本書紀』推古二十一年（六一三）十二月条には、聖徳太子が大和国葛下郡の片岡に遊行したおりに出会った路傍の飢者とのやりとりを記す。太子は飢者に食物と自らの衣裳を脱いで与え「安に臥せれ」と声をかけて、次のように詠んだ。

しなてる　片岡山に　飯に飢て　臥せる　その旅人あはれ　親無しに　汝生りけめや　さす竹の　君はや無き
飯に飢て　臥せる　その旅人あはれ

（片岡山で飢えて倒れている哀れな旅人よ、親も無くて育ったわけではなかろうが、仕える者もいないのか、行き倒れの不憫な旅人よ）

翌日、太子は使者を遣して飢者の様子を確認させたところ、すでに亡くなっていたという報告があり、その場に埋葬した。数日後、近習の者に、先日の飢者は「凡人に非じ。必ず真人ならむ」と語った太子はふたたび使者を確認に赴かせたところ、墓所に骨はなく、太子が授けた衣裳だけが畳んで棺の上に置いてあり、太子はその衣裳をまた身に付けたという。人びとは「聖の聖を知ること、それ実なるかな」といって畏怖したという。

『万葉集』巻三では、挽歌の冒頭に「上宮聖徳皇子、竹原井に出遊でましし時に、竜田山の死人を見、悲傷して作らす歌一首」（四一五）を載せるが、この歌では妻の手枕と旅先での草枕とを対比的に詠み、行路死人を悼む趣向をとっており、推古紀で強調される尸解仙としての要素は見られない。

一方、薬師寺の景戒による『日本霊異記』上巻第四縁には太子の歌はなく、

鵤の富の小川の絶えばこそわが大君の御名忘られめ
（いかるがの富の小川の絶えることがないように、太子の御名前を忘れることは決してありません）

という飢者の返歌が墓の戸に書かれていたと伝える。東晋の葛洪の『抱朴子』内篇巻二・論仙篇には、

仙経に云く、上士は形を挙げて虚に昇る、これを天仙と謂ひ、中士は名山に遊ぶ、これを地仙と謂ひ、下士は先づ死して後に蛻く、これを尸解仙といふと。

とのべ、漢の董仲舒『李少君家録』とその起居注を引いて、武帝と不死の法を得て昇仙する李少君の尸解仙をめぐる伝承を記し、「仙を求めんと欲する者は、要するにまさに忠孝和順に信を以て本と為すべし。もし徳行修まらずして、但方術を務むるも、皆長生を得ざるなり」とのべるように、尸解仙となるためには道術の修行だけでなく儒教的な徳行も不可欠の条件とされた。尸解仙の事例は葛洪の『神仙伝』や沈汾『続仙伝』などの仙伝類や、梁の慧皎『高僧伝』巻九の竺仏図澄伝、巻十の渉公伝、邵碩伝、釈慧通伝などの僧伝、あるいは六朝時代に志怪小説や仙伝類を素材に構成された『漢武帝内伝』などに多彩な記事がみられる（宮川尚志　一九八三、伊藤丈　一九八四、吉川忠夫　一九九二など）。

こうした尸解仙の概念にもとづく伝承が太子伝に摂取された経緯は明らかではないが、法隆寺系の太子伝である『上宮聖徳法王帝説』にはこの伝承をふくまず、それぞれ推古紀と『日本霊異記』に載る太子の歌と飢者の歌が揃うのは『上宮聖徳太子伝補闕記』がもっとも早いことから、同書の序にいう「調使家記」が『日本書紀』の編纂に際して用

いられたもので、渡来系の調使氏によって構成されたとみる説がある（高壮至　一九六四、飯田瑞穂　一九七二など）。太子伝承の大和国片岡（現在の北葛城郡王子町）には、百済系渡来氏族の大原史氏の本拠があって、七世紀中期に西安寺と久度社を創建したが、法隆寺に西接する平群郡坂門郷にも一族が居住し、法隆寺とも関係を有したことが、法隆寺所蔵の金銅（観世音菩薩像）僧徳聡等造像記（甲午年＝六九四）の銘文などからわかるので、尸解仙の伝承と太子伝との結びつきは大原史氏による可能性もある（増尾伸一郎　二〇〇四）。

いずれにしても太子伝承に尸解仙の要素が組み込まれた思想的背景には、中国で早くから尸解仙になるためには儒教的な徳行が必須とされ、『高僧伝』にも僧侶の得仙を列挙するような、道儒仏三教の習合があり、推古紀にみられる伝承と歌謡が語り継がれるなかで、挽歌としての体裁を整えた一首が『万葉集』に収載されたものと思われる。

青雲と白朮

天武紀に道教や陰陽道に関係する記事が多いことは、文学研究の立場からも注目されてきた（吉井巌　一九五七、阪下圭八　一九七八、矢作武　一九八六、江口洌　一九九九など）。まず即位前紀に天武の人となりを叙述した一節に「天文・遁甲に能し」とあり、壬申の乱を起した元年（六七二）六月には伊賀国横河に進もうとした時、黒雲が長くたなびくのを見て奇異に思い、燭（ひ）を挙（ささ）げて自ら式（ちく）を用いて占い、天下を二分する前兆だという結果を得たという。四年（六七五）正月には占星台も築かれた。

天武が通暁していたという天文と遁甲は、推古十年（六〇二）十月に百済僧の観勒が暦本と天文地理書、遁甲方術の書を伝えたとあるのに始まる。天文は天体の動きを観測し、占定の結果にもとづいて具注暦を作成することで、令制では陰陽寮の職務となった。遁甲は『漢書』方術伝の序に「遁甲は六甲の陰を推して隠遁す」ることをいうとあり、六甲は六十干支の別称だが、『抱朴子』巻十七の登渉篇で入山修行の方途を説くなかで、入山の日は干支癸未が六甲の陰にあたる六癸の日に行うべきことを『遁甲中経』などを引用しつつ力説しているが、飛鳥の嶋宮を経て天武が吉野に入った天智十年（六七一）十月二十日も癸未に当っていた（阪下圭八　一九七八）。

天武が横河で黒雲を占うのに用いたという式は、『史記』巻百二十七の日者伝の注によると栻とも書き、「上の円は天を象り、下の方は地を法る」とあるので、陰陽師が用いた式盤と同様の占術具であろう。『万葉集』巻二には天武の死に際して持統が詠んだという次の二首がある。

燃ゆる火も取りて包みて袋には入るといはずやも智男雲（一六〇）

北山にたなびく雲の青雲の星離れ行き月を離れて（一六一）

一首めの末尾三文字は定訓がない。燃えさかる火を手に取り包んで袋に入れるというではないか、というのは天武が関心を示した道教的方術に関わることを意味するのかも知れない。また北山にたなびいている雲は、青雲の中の星からも、月からも離れていった、という二首めの初句は「北山に」もしくは「神山に」と訓むが、原文は「向南山」とあり、中国の天子南面の思想や、作詩法において上句には陽（東・南）の丹（赤）や青を用い、陰（西・北）の白や黒は下の句に用いるとされる（小島憲之　一九六四、江口洌　一九九九）のにもとづくと考えられる。また二首めの「青雲」は祈年祭祝詞の一節に「青雲の靄く極み　白雲の堕り坐向伏す限り」とあり、これを踏まえた表現が巻十三の挽歌（三三二九）や巻五の山上憶良「惑へる情を反さしむる歌」（八〇〇）などにもみえるが、憶良がその序で妻子を顧みずに倍俗先生と自称して神仙気取りでいる人物に対して「意気は青雲の上に揚がれども、身体は猶し塵俗の中に在り」と揶揄するように、中国では本来、神仙境や隠逸の志操をさす用語であった（吉井巌　一九五七）。

天武十四年（六八五）九月に天皇が不予となった際には、大官大寺と川原寺と飛鳥寺で読経を行い、翌十月には百済の僧法蔵と優婆塞の益田直金鍾を美濃に遣して白朮を求めさせた。次いで宮中で『金剛般若経』を読誦し、十一月になって法蔵と益田金鍾が美濃から白朮を持ち帰ると、これを煎じて服用し、同じ日に招魂も実施している。白朮はキク科の多年草でオケラともウケラとも呼ばれ、山野に自生して秋に白色もしくは紅色の花をつけ、根を薬用とする。法蔵は持統六年（六九二）二月に陰陽博士として銀二十両を賜与されているが、百済の僧には医薬の知識をもつ者も多く、法蔵もそうした一人であったと思われる。法蔵らに白朮の採取を指示したのは、天武紀四年（六七五）元日条に大学寮の諸学生と陰陽寮、外薬寮および舎衛（インド）と堕羅（タイ）の女性、百済王善光、新羅の仕丁らが薬と珍宝を献上したとあるので、外薬寮（令制の典薬寮にあたるか）であろう。

藤原宮跡から発掘された七世紀末期の医薬関係木簡の中に「白朮四斗」と記したものがあることから、天武の服用が裏付けられたが、『本草集注』と記した木簡も出土しているので、その処方には梁の陶弘景による『神農本草経』の注釈書が用いられたとみてよい。『神農本草経』では仙薬としての効能を基準にして上中下薬の三品分類がとられ、『本草集注』でも便宜上、玉石・草木・虫獣などの薬種の同一部内に三品分類は残したものの、より重視しているのは薬性による自然分類である。薬種別の記載でも、医薬的効能や主産地、形状や異名などに重点が置かれ、仙薬としての効能よりも治病のための医薬学への志向が明瞭に看て取れる（赤堀昭　一九七八、渡辺幸三　一九八七、増尾伸一郎　一九九七）。

白朮は巻三の草木上品に載るが、味や治病の効能、異名、産地、採根の時期などが詳記され、元の『神農本草経』が記す「久服すれば軽身、延年、不飢」といった仙薬関係の内容が占める割合は、ごく少ない。『抱朴子』巻十一の仙薬篇には『神薬経』を引きつつ仙薬としての効能が説かれ、『列仙伝』にも好んで朮を服用し、その精を摂取したという涓子の話などがあることから、天武の場合もこうした効能を期待した可能性もあるが（和田萃　一九七八、新川登亀男　一九九九）、治病薬としての効能が著しい点が注目されたのであろう。『万葉集』には巻十四に白朮を詠んだ歌が三首ある。

恋しけば袖も振らむを武蔵野のうけらが花の色に出なゆめ（三三七六）

（恋しさが募ったら袖を振りますのに、武蔵野のうけらの花のように人目に立つようなそぶりはしないでください）

他二首（三三七九、三五〇三）も白朮の花が目立つことと花期が長いことが、相聞歌のなかで強調されており、仙薬とは直接には結びつかない。「軽身、延年」といった効能は、むしろ大伴旅人が筑紫で詠み、在京の知友で医家の吉田宜に贈った、

我が盛りいたくたちぬ雲に飛ぶ薬食むともまた変若めやも（八四七）

（とうに盛りをすぎた私が、雲の上をも飛べるという仙薬をのんでも若返ることはあるまい）

雲に飛ぶ薬食むよは都見ば賤しき我が身また変若ぬべし（八四八）

（雲の上をも飛べるという仙薬をのむよりも、一目でも都を見たらこんな私でも若返るにちがいない）

という二首の「雲に飛ぶ薬」の方に、より直接反映しているが、ここでは仙薬を飲むよりも帰京する方が若がえりには効くのだ、という望郷の念の強さがにじんでいる。

大君は神にしばせば

天武紀十年（六八一）二月条に飛鳥浄御原令の編纂に着手、翌三月条に「帝紀及び上古の諸事」の記定を命じた記事がある。『古事記』の撰録の始まりとみる説もあるが、国家的な修史事業としての『日本書紀』編纂に着手したとみるべきであろう。

これらのことと密接に関係するのが天皇号の始用である。それまでの治天下大王に代る統治者の称号として新たに採用された「天皇」は、中国の占星術の世界では北極星が大帝の精として神格化された天皇大帝をさし、神仙説を包

摂した道教の世界においても、太初に元始天王（盤古真人）と太元聖母があらわれて天皇（扶桑大帝東王公）と九光玄女（太真西王母）とを生み、その後に地皇、人皇が順に生まれたとされ、天皇は古帝王の性格を保持しつつ東王公という神仙として仙界に存在すると考えられた。本来、天帝を意味した天皇は、北極星の名称となり、いっぽうでは神仙とも目されて宗教的信仰の対象となって天帝の観念に結合されたとみられるが（津田左右吉　一九二〇）、こうした概念をもつ天皇が新たな君主号として日本で採用された時期については、「天皇」を銘文中にふくむ金石文で確実に天智期以前の遺文と認められるものはないうえに、唐の高宗が東岳泰山に行幸して昊天上帝を祀り、亳州の老君廟で老子に太上玄元皇帝という尊号を奉ったのち、咸亨五年（六七四）に皇帝を天皇、皇后を天后に改称したことが前提になったとすれば、天武朝末年ごろに採用が決まり、飛鳥浄御原令で明文化されたとみてよいだろう（渡辺茂　一九六七、東野治之　一九七七）。

天武の「天渟中原瀛真人」という和風諡号の「渟中原」は水沼を拓いて造営した飛鳥浄御原宮を、また「瀛真人」の「瀛」は瀛海と同義で大海を意味し、道教にいう東方三神山のなかの瀛州山にゆかりをもち、「真人」も道教にいう奥義を悟った真人と同じく、八色の姓の真人や道師に通じるという指摘があることや（上田正昭　一九八九）、天武持統期には遣唐使は途絶えていたものの、新羅への遣使は七回におよび、唐から新羅経由で帰国した留学僧や学生らも少なくなかったが、唐との緊密な関係のもとで三国統一を進めた新羅の文武王と金仁問兄弟の碑文に、それぞれ「天皇大帝」「高宗天皇大帝」の文字が刻まれていることなども、その裏付けとなる（増尾伸一郎　二〇〇三）。

『万葉集』では巻三の冒頭に「天皇、雷の岳に出でませる時に、柿本朝臣人麻呂が作る歌一首」という題詞につづいて、

大君は神にしませば天雲の雷の上に廬りせるかも（二三五）

（大君は神でいらっしゃるから、天雲の雷の上に仮宮を造っておられる）があり、巻十九には「壬申の乱の平定まりにし以後の歌二首」として大伴御行と作者未詳の二首（四二六〇、四二六一）もある。それまでの治天下大王に代って、現人神としての天皇を讃える「大君は神にしませば」という成句は、『万葉集』では天武・持統とその皇子の霊威を讃える場合に限定して用いられており（佐竹昭広　一九八〇）、天武朝から持統期にかけての天皇号始用を意味する表現とみてよいだろう。

天武紀に道教や陰陽道に関する記事が集中するのは、白村江の敗戦（六六三年）以後の緊迫した東アジア世界において律令制という法体系を導入し、強固な中央集権体制の確立をめざすなかで、畿内政権を二分した壬申の乱（六七二年）で天智の後継者大友皇子を斥けて即位した天武自身の正統性を強調するためにも、中国の天命思想を祥瑞を中心に継受して天帝の意志を把握し、皇権を強化するための論拠と技法を道教や陰陽道に求める必要があったからにほかならない。

二　仙女をめぐる伝承

浦島子の行方

日本古代における神仙世界への関心の広がりを物語るのは、浦島子をめぐる伝承であり、そのもっとも早い記事は、雄略紀二十二年七月条にみえる。

丹波国余社郡管川の人瑞江浦島子、舟に乗りて釣し、遂に大亀を得たり。便ち女と化為る。是に浦島子、感でて婦にし、相逐ひて海に入り、蓬萊山に到り、仙衆を歴り観る。語は別巻に在り。

末尾の「別巻」が何をさすのかは不明だが、これと前後して成立したと考えられる『釈日本紀』所引の『丹後国風土記』に「旧宰の伊預部馬養の連の記せるに相乖くことなし」とあるので、風土記も参看した伊預部馬養による浦島子伝をさすものと考えられる。その内容は現在では不明だが、馬養は持統三年（六八九）に施基（志貴）皇子らとともに、軽皇子の教育のため古今の典籍から名言名文を集めた文例集を作る「撰善言司」の一員に任じられたほか、文武朝には大宝律令の編纂に参画するなど中国の学芸に通暁し、『懐風藻』に載る「駕に従ふ、応詔」詩では、天皇の行幸を神仙的な遊覧に譬えているので、その浦島子伝も神仙的な彩りを備えていたと思われる。

『丹後国風土記』逸文では浦島子は「姿容秀美れ風流なること類なし」とされる。独り小舟で釣に出たが三日三晩経っても魚は一匹もとれず、代りに五色の亀を得る。その亀が美女に変じ、天上の仙界から風と雲に乗ってやって来たといい、「蓬山に赴かむ」と誘う。勧められるままに「海中なる博大之嶋」に行くと、宝玉を敷きつめた光り輝く楼閣に案内され、出迎えた昴七星と畢八星の化身した童子たちの話から仙女が「亀比売」だと知る。仙女の家族に紹介され、「人間と仙都の別」を教えられたのち、「群の仙侶」が参席して豪華な宴が繰り広げられ、宴が果てると仙女と結ばれた。「旧俗を遺れ仙都に遊んで」三年が経ち、望郷の念を募らせた浦島子はしばらく帰郷することを望む。別れに際して玉匣を差し出した仙女は「君終に賤妾を遺てず、眷り尋ねむと思はば、匣を堅握めて、慎な開き見そ」と言って渡す。

帰郷した浦島子は故郷の変貌ぶりに驚き、三〇〇年の月日が流れたことを知り、茫然としたままさらに一ヵ月が過ぎた。玉匣を撫でて仙女への思慕を募らせた浦島子は、思わず約束を忘れて玉匣を開けてしまう。すると突然芳香が辺りに漂い、風雲とともに蒼天に立ち昇っていった。ふたたび仙女に会うことは叶わないと知った浦島子は「首を廻らして踟蹰み、涙に咽ひて徘徊りき」という。

この『丹後国風土記』逸文では浦島子が仙女（亀比売）に誘われて赴いた世界を海中の仙界として詳述し、結末では禁忌を犯した浦島がそのことを後悔する姿が描かれる。仙界の描写には、とくに唐の張文成『遊仙窟』の影響が指摘されているが、これは大宝二年（七〇二）に三十二年ぶりに入唐した遣唐使（とくに山上憶良）によって将来された可能性が高く、伊預部馬養はこのころ四十五歳で亡くなっているので、『丹後国風土記』逸文は馬養の浦島子伝をもとに『遊仙窟』などを用いて、神仙譚としての潤色を加えたものと考えられる（小島憲之　一九六四）。

これに対して『万葉集』巻九の高橋虫麻呂による「水江の浦島子を詠む一首并せて短歌」（一七四〇）は、いくつかの点で重要な差異をふくむ。『風土記』では浦島子は丹後国筒（筒）川の人だが、『万葉集』では摂津国墨吉（住吉）であり、出漁してから三日間不漁だったという『風土記』に対して、『万葉集』では鰹や鯛が豊漁で七日間家に帰るのも忘れて漁を続けていたという。また『万葉集』には五色の亀は現れず、最初から「海神の神の娘子」に出会い、「常世に至り　海神の　神の宮の　内の重（え）の　妙なる殿」に導かれて「老いもせず　死にもせずして　永き世」を送っていられたのに、帰郷したいと告げた浦島子は「世の中の　愚か人」だという。帰郷後は「この箱を　開きて見てばもとのごと　家はあらむと　玉櫛笥　少し開くに」とのべ、その結末は、

白雲の　箱より出でて　常世辺に　たなびきぬれば　立ち走り　叫び袖振り　臥いまろび　足ずりしつつ　たちまちに　心消失せぬ　若かりし　肌も皺みぬ　黒かりし　髪も白けぬ　ゆなゆなは　息さへ絶えて　後遂に　命死にける

というように、玉櫛笥を開いたとたん浦島子は七転八倒し、失神して肉体は急激に老衰し、死ぬまでの様子が、順を追って畳みかけるように微細に描かれている。反歌でも、

常世辺に住むべきものを剣大刀汝が心からおそやこの君（一七四一）

（常世の国に住んでいればよかったものを、自身の心のために愚かなことをしたものだ）

と詠んで、取り返しのつかない行為の愚かさを再説する。

『万葉集』と『風土記』の描写の差異が意味するものは何だろうか。理想郷としての仙界を描くことに力を注ぐ『風土記』に対して、「海神の神の宮」での生活は「老いもせず　死にもせず」という抽象的な表現で済ませ、禁忌を破って急激に老い、死にいたる様子を詳述する『万葉集』では、神仙思想による修飾を取り除き、記紀神話の世界に立脚しながら、人間であるかぎり老いと死を避けることは誰にもできないことを、あらためて確認しているかのようである（多田一臣　一九九九）。両者の懸隔は和歌と散文という表現方法の違いにも増して大きい。

柘枝の仙媛

『万葉集』巻三には吉野を舞台とした「仙(やまびと)柘枝(つみのえ)の歌」三首が載る。

あられ降り吉志美が岳を険(さが)しみと草取りかなわ妹が手を取る（三八五）

（霰が降る吉志美の山が険しくて、草を把みそこねて妻の手を取る）

この夕(ゆうべ)柘のさ枝(えだ)の流れ来(こ)ば梁(やな)は打たずて取らずかもあらむ（三八六）

（この夕暮れにもし柘の枝が流れてきたら、梁をしかけていないので枝は手にできないだろう）

古に梁打つ人のなかりせばここにもあらまし柘の枝はも（三八七）

（昔ここに梁をしかけた人がいなければ、今でもここに柘の枝があったのに）

第一首には「右の一首、あるいは云はく、吉野人味稲(うましね)、柘枝(つみのえ)の仙媛(やまびめ)に与ふる歌なり、といふ。ただし、柘枝伝(しゃしでん)を見るに、この歌あることなし」という左注があり、第三首は若宮年魚麻呂の作とされる。

これらの歌の素材となった「柘枝伝」は漢文の仙女譚とみられるが、今は伝わらない。三首を合せると、吉野に住む味稲という男が川に梁を仕掛けたところ、山柘（ツミは山野に自生する山桑）の枝がかかり、美女に姿を変えて味稲と歌を交わし、夫婦になったというような内容であったことが窺える。このうち、第一首は仙覚『万葉集註釈』所引の『肥前国風土記』逸文の杵嶋郡条にみえる、

霰降る杵嶋の岳をさがしみと草取りかねて妹が手を取る

との類似が指摘されており、『古事記』下巻にも速総別王が恋人の女鳥王と大和の倉椅山に登った時に詠んだという、

椅立の倉椅山を嶮しみと岩かきかねてわが手取らすも

椅立の倉椅山は嶮しけど妹と登れば嶮しくもあらず

という類想の相聞歌があるので、おそらく第一首は杵島岳の歌垣で謡われた杵島曲（ぶり）と呼ばれたような歌が、吉野にも伝わり、土地の歌として歌い継がれてきたのだろう。柘枝の仙媛と美稲の伝承は吉野と分ちがたく結びついて、広く知られていたらしく、『懐風藻』の吉野詩にはこの伝承を詠んだものが八首ある。

吉野は近江から隠退した天武が壬申の乱を企図した場所であり、持統朝をはじめとして頻繁に行幸が行われ、宮滝には離宮が営まれたこともあって『懐風藻』には吉野を仙境として詠む詩が多いが、この柘枝の仙媛を詠んだ詩の内容は万葉歌三首と大差ないことから、その元になった「柘枝伝」は中国から将来された漢文作品ではなく、この地域の伝承を神仙譚として整えたものと思われる（小島憲之　一九六四）。

琴娘子と松浦の仙媛

『万葉集』巻五には大伴旅人の仙女への詩情を込めた作品が載る。天平元年（七二九）秋に、筑紫の大宰府から京の藤原房前に対馬の結石山の梧桐で製作した日本琴を贈ったおりに添えた書状と二首の歌につづいて、房前からの礼状と返歌も併せ収められている。

旅人の送り状では、「この琴、夢に娘子に化りて曰く」と書き起し、対馬の高山に根を下して光を受け、風や波に晞さらされながら生長してきたものの、一〇〇年の後には空しく谷底に朽ち果てるのではないかと危惧していたところ、運よく良匠に出会って、小さな琴に生まれ変ることができたので、末長く「君子の左琴」として傍らに置いていただきたい、と語る。

いかにあらむ日の時にかも音こゑ知らむ人の膝の上へ我が枕かむ（八一〇）

（いつの日にか私の音色をわかって下さる方の膝の上に置かれるだろうか）

と歌って知音の貴人に弾奏されることを望むので、旅人は、

言問はぬ木にはありとも愛しき君が手馴れの琴にしあるらし（八一一）

（もの言わぬ木ではあっても、すぐれた方に愛用される琴であるにちがいない）

と応じ、物言わぬ木ではあっても、いずれ貴顕の愛用する琴となるだろう、と励ましたところ、琴の娘子が礼をのべた。しばらくして目覚めたので、心動かされた琴の娘子とのやりとりを手紙に認めて房前に贈るという趣向をこらしたものであった。これを受け取った房前は意を尽した返書とともに返歌（八一二）を旅人に贈った。両者のやりとりについては、長屋王の変から半年ほど後のことであることから、とくに旅人の真意をめぐって、九州からの帰京と昇格を期待しての贈答ではないかとみる説も少なくないが（胡志昂　二〇〇〇）、それぞれの書状が、竹林の七賢の中心人物で琴の名手として知られた嵆康の「琴賦」をはじめとする『文選』所載の詩賦や、『遊仙窟』『荘子』『史記』『穆天子伝』その他の漢籍を典拠としており、世俗的な関心にもまして、文字通り「知音の人」同志の面目が躍如としている（増尾伸一郎　一九九一）。

その翌年、天平二年の暮春ころに、旅人は何人かの下僚とともに肥前国松浦郡に遊覧した。そのおりの感興を詠ん

だ「松浦河に遊ぶ序」と一連の歌群（巻五、八五三〜八六三）は、同年正月の連作「梅花宴歌」とともに、在京の医家で後に典薬頭となった吉田宜に贈られた。その序では、松浦の玉島川に出かけたところ、魚を釣る乙女たちに遭遇した。その艶麗さは類なく、「意気雲を凌ぎ、風流は世に絶え」るほどだったので、「誰が郷、誰が家の児らそ、けだし神仙ならむか」と問いかけると、乙女らは微笑しつつ答えた。「児らは漁夫の舎の児、草庵の微しき者にして、郷も無く家も無し。何ぞ称を云ふに足らむ」と。

つづいて乙女たちがその心情を語る条りでは、『論語』雍也篇の「知者は水を楽しび、仁者は山を楽しぶ」や『文選』の「洛神賦」の「洛水」や同「高唐賦」の「巫山」などの表現を踏まえながら、次のように叙述する。

ただ性　水に便ひ、また心山を楽しぶ。あるときには洛浦に臨みて徒らに玉魚を羨しび、あるときには巫峡に臥して空しく煙霞を望む。今、邂逅に貴客に相遇ひぬ。感応に勝へず、輒ち欵曲を陳ぶ。今より後に、豈偕老にあらざるべけむ。

「欵曲を陳ぶ」は真情を細やかに伝えること。夫婦としてともに白髪となるまで連れ添うことをさす「偕老」は『詩経』邶風にみえる語句である。乙女から思いがけない申し出を受けて感激の気持ちを込めて乙女に贈った、

あさりする漁夫の子どもと人は言へど見るに知らえぬうまひとの子と（八五三）

（川で魚をとる漁師の子だとあなたがたは言うが、一目でしかるべき家の娘さんだとわかりましたよ）

以下、乙女との贈答歌八首と、「後の追和歌」三首がつづく。これらの作者については単独か複数かをふくめて旅人、山上憶良、麻田陽春など諸説に分れるが、序とそれにつづく乙女との贈答歌については旅人説が多い（辰巳正明　二〇〇〇）。

この連作と旅人の書状を受け取った吉田宜は、返書の一節で、

兼に垂示を奉はるに、梅苑の芳席に、群英藻を摛べ、松浦の玉潭に、仙媛と贈答したるは、杏壇各言の作に類ひし、衡皐税駕の篇に似たり。耽読吟諷し、戚謝歓怡す。

と評し、旅人が下僚とともに玉島川に清遊したことを、『文選』の曹植「洛神賦」に香草が生える沢に馬を車から放して休むことを「駕を蘅皐に税く」というのに譬えてみせた。そして追和歌を四首添え、「松浦の仙媛の歌に和ふる一首」（八六五）では、

君を待つ松浦の浦の娘子らは常世の国の海人娘子かも

（あなたを待つという松浦川の娘たちは、常世の国の仙女たちですね）

と詠んで旅人の意を汲んだ。玉島川は記紀や『肥前国風土記』に、新羅征討を前にした神功皇后が年魚を釣って勝利を占ったと伝えられ、風土記には「この国の婦女、孟夏四月には、常に鈎以て年魚を釣る」というような伝承もあり、こうした下地に『遊仙窟』のような神仙譚を加味して、新たな仙女譚を構成した点において、吉野の「柘枝伝」にも通じるものがある。

三　仏教思想と『万葉集』

葬送・法会と僧侶の歌

『万葉集』に仏教関係の歌は少なくない。巻二の挽歌には天智天皇の葬送をめぐる一連の九首（一四七～一五五）があるのをはじめ、巻三の挽歌には火葬に際しての四首（四二八～四二九、四四四～四四五）があるほか、巻七の挽歌には散骨に関する五首（一四〇四～〇六、一四一五～一六）などもある。

法会における作歌としては、天武没後八年目の持統七年（六九三）九月九日の御斎会の夜に持統が夢の中で詠んだという一首（一六二）があり、持統紀には翌十日に無遮大会を設けたと伝える。巻八には天平十一年（七三九）十月に光明皇后が、祖父の中臣鎌足が始めたという興福寺の維摩会とは別に、皇后宮で催した維摩講の時に、「終日(ひねもす)に大唐(もろこし)・高麗(こま)等の種々の音楽を供養し」つつ唱った次のような「仏前の唱歌」一首（一五九四）がある。

しぐれの雨間なくな降りそ紅ににほへる山の散らまく惜しも
（時雨よ絶え間なく降らないでくれ、紅に色づいた山もみぢの散るのが惜しいから）

また巻二十の大伴家持の一首（四四九四）は、その左注によれば正月七日の白馬節会の侍宴のためにあらかじめ作っておいたものだが、この日に仁王会が行われることになったため、披露される機会を失なったものだという。

さらに、久米禅師、弁基（春日蔵首老）、博通、通観、満誓、三方沙弥、元興寺僧、碁（基）師、恵行、縁達師などの出家者による作歌も二〇首を超えるが（佐伯恵達　一九九二）、五戒の一つである飲酒など、戒律に対しては総じて寛容な態度を示すことが指摘されている（田村円澄　一九七三）。だが、これらにも増して顕著なのは、仏典を踏まえた無常観に根差す歌が多数見られることである。

水沫なすもろき命

『万葉集』における仏教的無常観は、自己の生命のはかなさに関するものと、世の移り変りに即して歌うものとに大別されるが、情緒的で詠嘆的な傾向が強く、無常感と呼ぶ方がふさわしいとされる（小林智昭　一九六五、石田瑞麿　一九八五）。

巻向の山辺とよみて行く水の水沫(みなわ)のごとし世人我等は（巻七―一二六九）
（巻向の山辺を響かせて流れゆく川の水沫のようなものだ、生きてある私たちは）

という柿本人麻呂の歌や、山上憶良の、

水沫なすもろき命も栲縄の千尋にもがと願ひ暮らしつ（巻五―九〇二）

（水沫のようにはかない命も、栲縄の千尋ほども長くありたいと願い暮した）

は、生命のはかなさを川瀬に浮かぶ水泡にたとえる。憶良はまた、相撲使の従者として肥後国から上京する途次に病を得て十八歳で亡くなった「大伴君熊凝のためにその志を述ぶる歌」（巻五―八八六～八九一）の序でも熊凝に代って「伝へ聞く、仮合の身は滅易く、泡沫の命は駐め難しと。所以に、千聖も已に去り、百賢も留まらず。況や凡愚の微しき者、いかにしてか能く逃れ避らむ」とのべ、たとえ聖賢であっても死を免れることはできないという。巻十一の、

水の上に数書くごとき我が命妹に逢はむとうけひつるかも（二四三三）

は、水の上に書いた数がすぐ消えてしまうようにはかない生命ではあっても、あの娘に逢おうと「うけひ（神への祈誓）」したという決意を示す点において、詠嘆に終ってはいない。

また大伴家持は「病に臥して無常を悲しび、道を修めむと欲ひて作る歌」（巻二〇―四四六八）として、

うつせみは数なき身なり山川のさやけき見つつ道を尋ねな

（人の生命ははかないものだ。山川の静けさを見ながら仏の道を求めたい）

と詠み、「寿けむことを願ひて作る歌」（四四七〇）として、

水泡なす仮れる身そとは知れれどもなほし願ひつ千年の命を

（水泡のようにはかない仮の身だとは知っているが、それでも千歳の命を願うことだ）

とも詠んでいるが、この二首は天平勝宝八歳（七五六）五月に大伴古慈斐が淡海三船と争って出雲守を解任されたおりに、一門の結束を促すために詠んだ「族を喩せる歌」（四四六五～六七）と同じ日に作られたという。政治的対立を

めぐる混迷のなかで厭世的気分を深め、あるいは出家を願望することがあったのかも知れない。

「水沫なす」「水泡のごとし」という表現が仏典に依拠することは、山上憶良の「熊凝の歌」に序に「伝へ聞く」とあることからも明らかだが、より具体的には、『涅槃経』序品の「是の身堅からざること、猶し蘆葦、伊蘭、水沫、芭蕉の樹の如し」や、『維摩経』方便品の「是の身は聚沫（じゅまつ）の如し。撮摩（さつま）すべからず。是の身は泡の如し、久しく立つを得ず」、あるいは『法華経』随喜功徳品の「世は皆、牢固ならざること、水の沫・泡・焔の如し」のほか、『金光明経』捨身品、『六度集経』巻八、『大智度論』巻五十一、『賓頭盧突羅闍為優陀延王説法経』『続高僧法』巻十八などに類句がみえることが明らかにされている（栗原俊夫　二〇〇四・〇五）。また巻三の沙弥満誓の一首（三五一）、

　世の中を何に譬へむ朝開き漕ぎ去にし船の跡なきがごと

（この世を何にたとえようか、朝港を漕ぎ出た舟の航跡がすぐになくなるようなものだ）

は類想歌の一つであり、これは『古今和歌六帖』巻三や『拾遺集』巻二十（一三二七）にも収められたほか、『源順集』にはこの歌をもとにして、幼い愛児二人を相次いで喪った悲しみを詠んだ連作十首が載るなど、人口に膾炙した。この歌では世のはかなさを詠むが、『万葉集』にはそうした歌も少なくない。

常無き世の中

巻六の「奈良の京の荒墟を傷み惜しみて作る歌」三首の内の一首（一〇四五）、

　世の中を常なきものと今そ知る奈良の都のうつろふ見れば

（世の無常を今こそ知った、奈良の都がさびれてゆくのを見て）

は、漢訳仏典語としての「世間」を「世の中」と訓み、「無常」も「常なきもの」と和訳したもので、巻七の古歌集に載るという「物に寄せて思ひを発（おこ）す」一首（一二七〇）や、巻八の久米女郎が厚見王に報えた一首（一四五九）など

も同じである。それに対して巻十六の「世間の無常を厭ふ歌」二首は、

　生死の二つの海を厭はしみ潮干の山を偲ひつるかも（三八四九）
　（生と死の二つの海がいとわしいので、潮の引かない山に惹かれる）
　世の中の繁き仮廬に住み住みて至らむ国のたづき知らずも（三八五〇）
　（世間という煩わしい仮りの宿りに住んで来て、いずれ赴く国への手がかりがない）

と詠み、人間の生死の苦しみを海と潮の干満にたとえ、現世を超越して彼岸の浄土に赴くことを希求する。この二首は左注に「河原寺の仏堂の裏に、倭琴の面に在り」とあるので僧侶による作歌と思われる。契沖[11]『万葉代匠記』では「生死の海」について、『華厳経』に「云何んか能く生死海を度して、仏智海に入らん」とあるのを引き、「海ハ深クシテ底ナク、広クシテ限リナキ物ノ、能人ヲ溺ラスコト、無辺ノ生死ノ衆生ヲ沈没セシムルニ相似タレバ喩フルナリ」と注記している。

　また大伴家持は越中国守として赴任した翌春、天平十九年（七四七）三月三日に掾の大伴池主に贈った長歌の冒頭で病床の思いを、

　大君の　任けのまにまに　しなざかる　越を治めに　出でて来し　ますら我すら　世の中の　常しなければ　うちなびき　床に臥い伏し　痛けくの　日に異に増せば　悲しけく　ここに思ひ出　いらけなく　そこの思ひ出　嘆くそら　安けなくに　思ふそら　苦しきものを……　（巻十七―三九六九）

と詠み、天平勝宝二年（七五〇）三月に出挙のために旧江村（氷見市辺りか）に赴いたおりの「興中に作る所の歌」六首の内の長歌「世間の無常を悲しぶる歌」（巻十九―四一六〇）を、

　天地の　遠き初めよ　世の中は　常なきものと　語り継ぎ　流らへ来れ……

と語り起して世間の無常を動かぬ真実と捉え、天地自然の移りゆくさまを叙述した後に、

　行く水の　止まらぬごとく　常もなく　うつろふ見れば　にはたづみ　流るる涙　留めかねつも

と結ぶ。「行く水の」以下は『論語』子罕篇の「子川上に在りて曰く、逝く者はかくの如きか、昼夜を舎かずと」に拠り、「にはたづみ」は「流る」の枕詞である。この歌は諸注の指摘するように、巻五の冒頭に収められた大宰帥の大伴旅人の「凶問に報ふる歌」一首（七九三）、

　世の中は空しきものと知る時しいよよますます悲しかりけり

や、筑前国守であった山上憶良が神亀五年（七二八）七月、部内巡行の途次に嘉摩郡で詠んだという三部作のうちの「世間の住み難きことを哀しぶる歌」（巻五―八〇四）の序で、

　集まるること易く排ふこと難きは、八大の辛苦、遂ぐること難く尽くること易きは、百年の賞楽なり。古人の嘆くところ、今もまたこれに及ぶ。……

といい、長歌の冒頭を、

　世の中の　すべなきものは　年月は　流るるごとし　取り続き　追ひ来るものは　百種に　迫め寄り来る……

と始めるのを踏まえる。だが家持が天地自然の移ろいと響きを合わせて、世の一切がはかない同一の運命を担うと感受して嗟嘆するのに対して、憶良はもっぱら人間にのみ目を向け、自身の老いを「すべなし」と歌う思想詩としての違いが認められる（青木生子　一九九七）。中宮寺の『天寿国繡帳』銘文にみえる「世間虚仮」は聖徳太子の言説ではないとしても、奈良時代の知識層にこうした仏教的無常観が徐々に浸透するなかで、最も深く理会し、作品に盛り込んだのは山上憶良である。

存亡の大期

憶良は壮年時に遣唐使の一員として渡唐したのち、伯耆国守や東宮侍講、筑前国守などを歴任したが、その最晩年にあたる天平五年（七三三）にまとめた「沈痾自哀文」（巻五）には、自らの生活を振り返って、

> 我は胎生より今日に至るまでに、自ら修善の志あり、曾て作悪の心なし。〈諸悪莫作、諸善奉行の教へを聞くことを謂ふ〉所以に三宝を礼拝し、日として勤めざることなし。〈毎日誦経し、発露懺悔す〉百神を敬重し、夜として欠くることありといふこと鮮し。〈天地の諸神等を敬拝することを謂ふ〉

とのべる。晩年宿痾に苦しんだ憶良は道教的な医方術にも関心を寄せているが、七十歳で退任するまで律令官人でありつづけた憶良は、仏道儒三教と神祇の調和の上に立った精神生活を保持した。とくに「諸悪莫作、諸善奉行」という『法句経』述仏品や『涅槃経』梵行品、『増一阿含経』序品などにみえ、聖徳太子の遺誡としても著名な過去七仏通誡偈を引くように、仏教が最も大きな比重を占めた。

「沈痾自哀文」につづいて成った「俗道の仮合即離し、去り易く留み難きことを悲歎する詩」（巻五）の長文の序では、

> 竊かに以みれば、釈慈の示教は、〈釈氏・慈氏を謂ふ〉先に三帰〈仏法僧に帰依することを謂ふ〉五戒を開きて、法界を化け、〈一に不殺生、二に不偸盗、三に不邪婬、四に不妄語、五に不飲酒を謂ふ〉周孔の垂訓は、前に三綱〈君臣・父子・夫婦を謂ふ〉五教を張りて、邦国を済ふ。〈父は義、母は慈、兄は友、弟は順、子は孝なることを謂ふ〉、故に知りぬ、引導は二つなれども、得悟は惟一つのみなることを。

と書き起こす（〈　〉は憶良の自注）。釈迦如来と弥勒菩薩の教えは三帰五戒を説いて仏教の世界に人びとを導き、周公と孔子の訓えは三綱五教を世に広めて衆庶を救済した。したがって仏教と儒教は教導の方法は異なるものの、世間の救済と悟りをひらく点においては同一だという認識を示す。だが後段では、先聖も後賢も皆死を免れず、釈迦も維摩

も死んだことにふれたのち、

故に知りぬ、生るれば必ず死ありといふことを。死ぬること若し欲はずは、生れぬに如かず。況や、縦ひ始終の恒数を覚るとも、何にぞ存亡の大期を慮らむ。

と結ぶ。末尾の「存亡の大期」の解釈には諸説あり、「生死の重大な時期、死の時期」とみるのが通説だが、「過去・現在・未来の三世にわたり、欲界・色界・無色界の三界を歴廻る、輪廻転生のさだめ」とする新見（井村哲夫　二〇〇〇）に従いたい。つづく詩は、

俗道変化猶撃目　　俗道の変化は撃目（けきもく）のごとく
人事経紀如申臂　　人事の経紀（けいき）は申臂（しんぴ）のごとし
空与浮雲行大虚　　空しきこと浮雲と大虚を行き
心力共尽無所寄　　心力共に尽きて寄る所もなし

という七言絶句で、世の中の変転は瞬きをするほど短かく、人の世の常道も肘を伸ばすほどの短い時間で、空しさは浮き雲と一緒に大空を行くようであり、心力ともに尽き果てて身を寄せるべき所もないといい、晩年の思想的到達点を示す。この時を含めて憶良の作品はさまざまな仏典や漢籍を典拠とするが（栗原俊夫　二〇〇四・〇五）、とくに『涅槃経』に依拠する点が大きいとされる（井村哲夫　一九八四）。人間の生老病死を凝視した独自の世界を創造した憶良にとって、釈迦の入滅を叙述し、その意義と悟りの境地を説く『涅槃経』を選択することは、必然的なことであったといえよう。

〔参考文献〕

青木生子『万葉集全注』巻第一九、一九九七年、有斐閣
赤堀　昭「陶弘景と『集注本草』」（山田慶児編『中国の科学と科学者』一九七八年、京都大学人文科学研究所）
飯田瑞穂「聖徳太子片岡飢者説話について」（初出一九七二年、『飯田瑞穂著作集』一、二〇〇〇年、吉川弘文館）
石田瑞麿『日本古典文学と仏教』一九八五年、筑摩書房
伊藤　丈「尸解仙について」（牧尾良海博士頌寿記念論集『中国の宗教・思想と科学』一九八四年、国書刊行会）
井村哲夫『万葉集全注』巻第五、一九八四年、有斐閣
井村哲夫「俗道は仮に合ひ即ち離れて去り易く留まり難しといふことを悲しび嘆く詩一首并せて序」（『セミナー万葉の歌人と作品』五、二〇〇〇年、和泉書院）
上田正昭「和風諡号と神代史」（初出一九七二年、『古代の道教と朝鮮文化』一九八九年、人文書院）
江口　洌『古代天皇と陰陽寮の思想』一九九九年、河出書房新社
栗原俊夫「万葉集憶良歌引用漢籍・仏典集成」一・二（『論輯』三二・三三、二〇〇四・〇五年、駒澤大学大学院国文学会）
黒板勝美「我が上代に於ける道家思想及び道教について」（初出一九二三年、『選集道教と日本』一、一九九六年、雄山閣出版）
高　壮至「上代伝承試論―聖徳太子片岡説話をめぐって―」（『万葉』五三、一九六四年）
胡　志昂「日本琴の歌」（『セミナー万葉の歌人と作品』四、二〇〇〇年、和泉書院）
小島憲之「山上憶良の述作」（『上代日本文学と中国文学』中、一九六四年、塙書房）
小林智昭『無常感の文学』一九六五年、弘文堂
佐伯恵達『万葉集と仏教思想』一九九二年、鉱脈社
阪下圭八「天武天皇伝一斑」（『初期万葉』一九七八年、平凡社）
佐竹昭広「人麻呂の反歌一首」（『万葉集抜書』一九八〇年、岩波書店）
佐竹昭広「無常―『万葉集』再読―」（『講座日本文学と仏教』四、一九九七年、岩波書店）
下出積與『神仙思想』一九六八年、吉川弘文館
下出積與「斉明紀の両槻宮について」（初出一九七二年、『日本古代の道教・陰陽道と神祇』一九九七年、吉川弘文館）

新川登亀男『道教をめぐる攻防』一九九九年、大修館書店
多田一臣「水江浦島子を詠める歌」（『伝承の万葉集』高岡万葉歴史館論集二、一九九九年、笠間書院）
辰巳正明「松浦河に遊ぶ序と歌」（『セミナー万葉の歌人と作品』四、二〇〇〇年、和泉書院）
谷川健一『常世論』一九八三年、平凡社
田村円澄「万葉集と仏教」（『万葉集講座』二、一九七三年、有精堂）
津田左右吉「天皇考」（初出一九二〇年、『津田左右吉全集』三、一九六三年、岩波書店）
東野治之「天皇号の成立年代について」（『正倉院文書と木簡の研究』一九七七年、塙書房）
那波利貞「道教の日本への流伝に就きて」（初出一九五二〜四年、『選集道教と日本』一、一九九六年、雄山閣出版）
西嶋定生『日本歴史の国際環境』一九八五年、東京大学出版会
福永光司・千田稔・高橋徹『日本の道教遺跡』一九八七年、朝日新聞社
増尾伸一郎「「沈痾自哀文」の史的位置」（初出一九八四年、『万葉歌人と中国思想』一九九七年、吉川弘文館）
増尾伸一郎「〈君が手馴れの琴〉考」（初出一九九一年、同前書）
増尾伸一郎「〈雲に飛ぶ薬〉考」（初出一九八五年、同前書）
増尾伸一郎「天皇号の成立と東アジア」（大山誠一編『聖徳太子の真実』二〇〇三年、平凡社、本書第一部第一章所収）
増尾伸一郎「今の時の深く智れる人」（小峯和明・篠川賢編『日本霊異記を読む』二〇〇四年、吉川弘文館、本書第二部第三章所収）
増尾伸一郎「東アジアにおける道教の伝播」（鈴木靖民編『古代日本の異文化交流』二〇〇八年、勉誠出版）
宮川尚志「道教の神観念の一考察—尸解仙について—」（『中国宗教史研究』一、一九八三年、同朋舎出版）
矢作　武「天武紀とその周辺」（『上代文学と漢文学』和漢比較文学叢書二、一九八六年、汲古書院）
吉井　巖「青雲攷」（『万葉』五、一九五七年）
吉川忠夫「日中無影—尸解仙考—」（吉川忠夫編『中国古道教史研究』一九九二年、同朋舎出版）
李　成　市『東アジア文化圏の形成』二〇〇〇年、山川出版社
和田　萃「薬猟と『本草集注』」（『日本古代の儀礼と祭祀・信仰』中巻、一九九五年、塙書房、初出一九七八年）
渡辺幸三『本草書の研究』一九八七年、武田科学財団・杏雨書屋

渡辺　茂「古代君主の称号に関する二、三の試論」（北海道教育大学史学会『史流』八、一九六七年）

第二章　『藤氏家伝』の成立と『懐風藻』

はじめに

『家伝』には上巻に「鎌足伝」（「大織冠伝」）と「貞恵伝」、下巻に「武智麻呂伝」を収める。上巻の冒頭には「大師」（「太師」とも書く）とあるが、仲麻呂の奏言によって太政大臣を唐風の官号である大師に改めたのは、天平宝字二年（七五八）八月のことであり、仲麻呂自身が大師となったのは同四年（七六〇）正月のことなので、その後、ほどなく成立したものと考えられている。(1)

「鎌足伝」の末尾には百済の貴族（少紫）沙吒昭明が書いた鎌足の墓碑の銘文が別巻として付載され、鎌足の長子・貞恵と次子・史（不比等）の伝も別に存在したというが、「不比等伝」は現在では伝わらない。

上巻所収の「貞恵伝」では初めに、学問僧として入唐した貞恵は、帰国後も研鑽を積んだものの、二十三歳で不慮の死を遂げたことをのべ、続いて高句麗僧・道賢（顕）による誄を載せる。現存の「貞恵伝」と「鎌足伝」の末尾にいう「貞恵伝」との関係については諸説あるが、「鎌足伝」「貞恵伝」ともに白鳳の私年号を用い、道賢の資料を引用することなどから、一連のものとして撰述されたとみられる。(2)

また下巻の「武智麻呂伝」の冒頭には、表題に続いて「僧延慶」とあるが、延慶は天平勝宝五年（七五三）十二月に鑑真が薩摩国に到着したさい、大宰府に導き、入京時には通訳をつとめた入唐僧である。(3)『続日本紀』天平宝字二年(七五八)八月二日条には、

外従五位下僧延慶、形俗に異なるを以て、その爵位を辞す。詔して、これを許したまふ。その位禄・位田は勅有りて収めず。

とあり、僧侶としては異例の位階を帯び、爵位は辞退したものの、位禄と位田はそのまま賜与されていることなどから、仲麻呂の庇護をうける家僧的な立場にあったとみられる。(4)

仲麻呂と延慶によって天平宝字四年(七六〇)前後に撰録された『家伝』が、鎌足をはじめとする藤原氏の祖先顕彰を目的とすることは明らかだが、不比等の四子が分立した四家全体を対象とするわけではなく、南家武智麻呂の系譜のなかでも仲麻呂の恵美家をことさらに宣揚しようとする意図を看取できる。

本稿では、この時期に仲麻呂が『家伝』の撰録を企てたことの契機を、天平勝宝三年(七五一)十一月の序をもつ『懐風藻』との関係を中心に検討し、その史料性を再考したいと思う。

一 『家伝』の内容と史書

1 「鎌足伝」と『日本書紀』

「鎌足伝」の叙述は、おおよそ次のように概括できる。(5)

第一段 鎌足の生誕地と出生、生い立ち。

第二段　中大兄との出会いと乙巳の変での功績、中大兄の立太子。
第三段　内臣任命と封戸一万五千戸の賜与。
第四段　百済救援のための西征、斉明天皇の死去と殯葬。
第五段　皇太子の摂政、鎌足による礼儀の撰述と律令の刊定。
第六段　鎌足の病気と死、殯葬。
第七段　山階精舎での埋葬と鎌足の仏教信仰。

このうち分量が最も多いのは第二段で、全体の三分の一に及ぶ。鎌足の前半生における最大の功績として、中大兄とともに蘇我入鹿を討伐した乙巳の変について多くの筆を費やしたのは、容易に首肯できることである。

正史としての『日本書紀』と「鎌足伝」とを逐字的に対照した横田健一氏の所見によれば[6]、共通する部分が多いのは第二・四・六段で、第四段に共通の文章や語句が最も多く、第六段は「鎌足伝」の方が詳細であるという。一方、『日本書紀』には当該記事がなく、「鎌足伝」にのみみられるのは第一・三・五・七段だが、誕生をめぐる第一と死去に関する第七段は、個人の伝記ならば不可欠の部分であり、正史に詳記されることは少ないので、当然のことだろう。これ以外の、封戸一万五千戸の賜与などに関する第三段と、鎌足後半生の功業をのべた第五段とが『日本書紀』にみえない記事を含むのは、「鎌足伝」独自の記事であるとはいえ、その多くは『家伝』編纂時における潤色の可能性が高い。

両者の関係については、これまで『日本書紀』に基づいて「鎌足伝」が書かれたとみる親子説と、両者が共通の原史料によって別々に書かれたとする兄弟説、さらにその双方が混在するとみる説など諸説に分れるが[7]、両者の異同については、「鎌足伝」独自の記事に史実としての裏付けがあると考えられる出生や葬送に関する部分を除いた、治政や功績をめぐる部分については、『家伝』の構想に沿って『日本書紀』の記事や史実を改変もしくは潤色した箇所が少なくないと思われる。

2 「武智麻呂伝」と『続日本紀』

下巻の「武智麻呂伝」は、次のような内容と構成をもつ。

第一段　生い立ちと幼少期の性行や英才ぶり。
第二段　大宝二年の中判事補任以下の官歴。
第三段　近江守補任と仏法尊重。
第四段　伊福(吹)山登頂、滋賀山寺への霊剣奉納、比叡登山、気比神宮寺の縁起。
第五段　霊亀二年の式部大輔補任以下、中央での高官歴任、周囲・配下の諸氏。
第六段　死去と葬送、遺族。

このうち第一段では不比等の長子として生まれたが、幼少時に母を喪ったこともあって蒲柳の質であったことや、「百家の旨帰、三玄の意趣を究めて、尤も釈教を重みし、兼ねて服餌を好めり」ということなどが、やや過剰な修飾をもって叙述される。「百家の旨帰」は諸種の学説の趣旨をいい、「三玄の意趣」は『老子』『荘子』『周易』をさす。これらを深く理解したほか、仏法を最も重んじ、道教的な養生法としての「服餌」も実践したという。

これは「鎌足伝」の一節に「幼年にして学を好み、博く書伝に渉りき。毎に太公の六韜を読みて、嘗て反覆して誦せぬはあらず」といい、太公望の兵書とされる『六韜』を修めたほか、国博士の旻法師に就いて『周易』を学んだとあるのに呼応するもので、神祇祭官としての中臣氏から、律令官制を主導する藤原氏への、いわば転身を印象づける。

第二段では大宝二年（七〇二）に刑部省に属して訴訟を司る中判事に任じられたのを皮切りに、同四年（七〇四）三月に大学助、さらに慶雲二年（七〇五、前年五月に改元）には大学頭、和銅元年（七〇八）には図書頭、兼侍従になったというが、いずれも『続日本紀』に任官記事は見えない。

「武智麻呂伝」では、天武朝に始まる藤原京造営が世間の疲弊を招き、大学も荒廃していたため、再興に努めたことや、二月と八月の上丁の日に孔子と孔門十哲を祭る儒教儀礼の釈奠を励行したことを強調し[8]、大学博士の刀利康嗣による釈奠文も載せるが、これは初唐の類書『初学記』所引の文や祭文の章句を取捨しつつ構成した可能性が高く、冒頭の年月日に歳次を欠くことなどから、信憑性を疑問視する説もある[9]。

第三段と四段は近江国との由縁の深さと神仏との関わりを詳述する点において一連の内容をもち、「武智麻呂伝」の中核をなす。近江守の任官記事も『続日本紀』には見えないが、肥沃で温潤な土地柄について、

　近江国は宇宙に名有る地なり。地広く人衆くして、国富み家給はる。（中略）水海清くして広く、山の木繁くして長し。その壌は黒壚にして、その田は上の上なり。水旱の災有りと雖も、曽より穫れぬ恤無し。

と讃え、

　故、昔聖主・賢臣、都を此地に遷したまひき。郷童・野老、共に无為を称へ、手を携へて巡り行き、大路に遊び歌ひき。時の人咸太平なる代と曰ひき。

とのべる。具体的な名前こそ出さないものの、近江に遷都した「聖主」は中大兄（天智）であり、それを支えた「賢臣」の筆頭が中臣鎌足であった。近江遷都については「鎌足伝」にも、

　朝廷事無く、遊覧是れ好む。人に菜色無く、家に余蓄有り。民咸太平なる代を称ふ。

とあり、末尾の表現も類似する。文中の「菜色」は食糧が乏しく菜食ばかりで血色の悪いことをいい、そのような者

が見当らぬほどの豊かな生活ぶりをさす。だが『日本書紀』天智六年（六六七）三月十九日条に、

都を近江に遷す。是の時に天下の百姓、都遷すことを願はずして、諷へ諫く者多し。童謡亦衆し。日日夜夜、失火の処多し。

とあるように、遷都には反対する声が多く、世相を諷刺し、政変や天変の予兆をあらわす童謡が流行し、火災も相次いだというのとは対照的な記述である。なお「鎌足伝」には天智が両親（父の舒明と母の皇極〈斉明〉）の思い出と重ねて近江への熱烈な想いを吐露する一節もある。

天平宝字四年（七六〇）八月に、仲麻呂が近江国の十二郡を祖父不比等のために追封し、「淡海公」という爵号を追贈したのも、このような藤原氏と近江との深い結びつきを前提とするものと考えられる。(10)

第三・四段で次に目を引くのは、仏教への親炙である。「公少き時より三宝を貴重び、妙法を貪り聴き、仏果を願ひ求めつ」というだけに、寺院の荒廃対策として併合策の提起をはじめ、滋賀山寺（崇福寺）(11)への霊剣の奉納や、越前の気比神宮寺の創建などが記されるが、こうした仏教信仰への傾斜もまた、鎌足や貞恵以来のものである。(12)

仲麻呂自身も天平宝字元年（七五七）閏八月に、鎌足が創始し、不比等が再興したという興福寺維摩会(13)のために、父祖伝来の功田を興福寺に施入したほか、天平勝宝年間（七四九〜七五六）を通じて、造東大寺司写経所から諸種の仏典を借用し、継続的に写経を行なっており、(14)やはり熱心な仏教者であったことがわかる。

第五段の冒頭の、霊亀二年（七一六）十月に式部大輔に補任されたことも『続日本紀』には見えない。以下、最後の左大臣に至るまでの後半生の記述は、官歴を順に追うような簡略な内容だが、神亀六年（七二九、八月に天平と改元）三月に大納言となり、聖武を補佐して政局を安定に導いたことについて、

公、為人温雅にして、諸の事を備へたり。既に喉舌となりて、帝の猷を賛め揚ぐ。出でたまへば乗輿に奉り、入

りたまへば枢機を掌る。朝議あるに至りては、平らかなることを持ちて和ふことを合る。朝廷、上下安静にして、国に怨讟なかりき。

とのべる。この部分は、「鎌足伝」において天智の近江遷都を讃えた前引の記事と類似し、天智朝の鎌足を意識した表現であることが指摘されているが[15]、異彩を放つのは、その後に続けて、当時の公卿・参議以下、風流侍従、宿儒、文雅、方士、陰陽、暦算、呪禁、僧綱の諸氏を列挙することである。

冒頭の公卿は、知太政官事・舎人親王、知惣管事・新田部親王、知機要事・二弟北卿（房前）、参議は中納言・丹治比県守、式部卿・三弟宇合、兵部卿・四弟麻呂、大蔵卿・鈴鹿王、左大弁・葛木王だが、大伴旅人をはじめこの前後に大宰府にいた人々が含まれないことなどから、武智麻呂に対立する立場の人物が意識的に省かれた形跡が認められる[16]。

続く風流侍従以下の人々に関しては、養老五年（七二一）正月に、長屋王が右大臣となった直後の二十三日付で、退朝（朝廷での執務を終えて退出）の後に皇太子・首皇子（のちの聖武）の侍講を務めるよう任命された人々と、同月二十七日付で出された、各分野の学業優長者を褒賞する詔に列挙された人々の中に、重複する氏名が多数見出せることは、すでに指摘されているが、この問題は、続いて記される習宜の文会と併せて考える必要がある（次頁の表、参照）。

第五段の末尾では平城京の都城としての繁栄の様相を叙述した後、平城京の西郊に設けられた武智麻呂の別邸で文会が催されたことについて、

季秋に至れば、毎に文人才子と習宜の別業に集ひて、文の会を申ぬ。時の学者、競ひて坐に預らむと欲ふ。名けて竜門点額と曰ふ。

とのべる。習宜の別業は添下郡菅原郷、西大寺西北方の京極付近に位置したと推定されているが[17]、こうした文人貴族

表 『家伝』の諸氏と『続日本紀』の関連記事の対照

『家伝』「武智麻呂伝」	『続紀』養老五年正月二十三日条	同上、二十七日条
風流侍従 六人部王 長田王 門部王 狭井王 桜井王 石川朝臣君子 阿倍朝臣安麻呂 置始工 等十余人	**令侍東宮** 佐為王 伊部王 紀朝臣男人 日下部宿禰老 山上臣憶良 朝来直賀須夜 船連大魚 楽浪河内 大宅朝臣兼麻呂 土師宿禰百村 刀利宣令	
宿儒 守部連大隅 越智直広江 肖奈行文 箭集宿禰虫麻呂 塩屋連吉麻呂 樽原造東人等	越智直広江 塩家連吉麻呂	**明経第一博士** 鍛冶造大隅 越智直広江 **第二博士** 背奈公行文 調忌寸古麻呂 額田首千足 **明法** 箭集宿禰虫万呂 塩屋連吉麻呂
文雅 紀朝臣清人 山田史御方 葛井連広成 高丘連河内 百済公倭麻呂 大倭忌寸小東人等	山田史三方 紀朝臣清人	**文章** 山田史御方 紀朝臣清人 下毛野朝臣虫麻呂 楽浪河内
方士 吉田連宜 御立連呉明 城上連真立 張福子等		**医術** 吉宜 呉粛胡明 秦朝元 太羊甲許母
陰陽 津守連通 余真人 王仲文 大津連首 谷那康受等		**陰陽** 大津連首 津守連通 王仲文 角兄麻呂 余秦勝 志我閇連阿弥陀
暦算 山口忌寸田主 志紀連大道 私石村 志斐連三田次等	山口忌寸田主	**算術** 山口忌寸田主 志紀連大道 悉斐連三田次 私部首石村
咒禁 余仁軍 韓国連広足等		
僧綱 少僧都神叡 律師道慈		
		解工 恵我宿禰国成 河内忌寸人足 堅部使主石前 賈受君 胸形朝臣赤麻呂 **和琴師** 文忌寸広田 **唱歌師** 大窪史五百足 記多真玉 螺江臣夜気女 茨田連刀自女 置始連志祁志女 **武芸** 佐伯宿禰式麻呂 凡海連興志 板安忌寸犬養 置始連首麻呂

註 中川久仁子氏の研究会配布資料を一部改めた。

による詩歌の宴といえば、長屋王の自邸である作宝（佐保）楼がまず想起されるものの、長屋王邸での詩宴とは異なって、習宜の文会の実態が窺える史料はほとんど伝わらない。

それだけでなく、「武智麻呂伝」では、当然記されるべき重要な記事を、しばしば欠く。たとえば養老四年（七二〇）八月の父不比等の死、神亀六年（天平元年〈七二九〉）二月の長屋王の変と八月の光明子の立后、天平九年（七三七）に武智麻呂以下の四兄弟をはじめ多数の犠牲者を出した疫病の大流行などについて、まったく言及しないのはなぜか。

『日本書紀』に次ぐ正史としての『続日本紀』は、桓武天皇の延暦十三年（七九四）から同十六年にかけて、三次に分けて撰進された。第三次撰進のさいに菅野真道らが出した上表文[18]によると、文武天皇元年（六九七）から天平宝字元年（七五七）に至る六一年分は「曹案卅巻」にまとめられたものの「語、米塩多く、事また疎漏なり」という理由から光仁朝に修訂を行なったが十分ではなく、一部亡失したので、真道らが再度編纂したという。

この「曹案卅巻」は、天平宝字元年からさほど降らぬ時期（淳仁朝）に藤原仲麻呂によって推進されたと考えられ[19]、弘仁五年（八一四）に成立した『新撰姓氏録』の序文などによれば、淳仁朝には「氏族志」の編纂も企てられ、諸氏から本系帳が勘進されたが、天平宝字八年（七六四）の恵美押勝の乱での押勝（仲麻呂）の敗死と淳仁の廃位によって、修史事業も中絶したものとみられる。

仲麻呂が主導した「曹案卅巻」は記事に精疎の差が著しかったとはいえ、『日本書紀』と同じ三〇巻という数字から考えても、『書紀』に次ぐ史書として計画されたことが窺える。となると「武智麻呂伝」に前述のような重要事項の記事を欠くことは、資料の不足や手違いなどによるのではなく、意図的な削除の結果とみるべきだろう。次節では、この点をめぐって、『懐風藻』を主な手掛かりとしながら検討したい。

二　『家伝』と『懐風藻』

1　『懐風藻』序文と『家伝』

現存する最古の漢詩集である『懐風藻』[20]の序には天平勝宝三年（七五一）十一月の紀年はあるものの、編者の氏名は記されていない。目録と本文の間での相違点は三〇ヵ所にものぼる他、伝写の過程で生じたとみられる欠佚や加筆などもあって、原態を知ることは難しいが、現存本についていえば、群書類従系統本にのみ載る最後の亡名氏（一首）を除くと六四名の作者の一一六首（釈道融の欠佚四首を加えると一二〇首）を収め、時代は壬申の乱以後、八〇余年に亘る。

序文は『日本書紀』を踏まえ、梁の昭明太子撰『文選』序に多くの類似表現を見出すことができる。日本に典籍の学としての「人文」が興ったのは「百済入朝して、竜編を馬厩に啓き、高麗上表して、烏冊を鳥文に図く」ことを嚆矢とするが、応神紀十五年八月条や敏達紀元年五月条等にみえる一連の記事は「遂に俗を洙泗の風に漸め、人を斉魯の学に趨かしむ」すなわち儒学の伝来を物語るものであり、続く聖徳太子の時代には「専らに釈教を崇み、未だ篇章に遑も無かりき」という。

詩文の興隆は「近江先帝」の天智朝に始まる。「風を調へ俗を化むることは、文より尚きことは莫く、徳を潤らし身を光らすことは、孰れか学より先ならむと」という学芸尊重に則って、「庠序（学校）を建て、茂才を徴し、五礼を定め、百度を興したまふ」たのをはじめとして、「旋、文学の士を招き、時に置醴の遊を開きたまふ。此の際に当りて、宸翰文を垂らし、賢臣頌を献る」。その結果、一〇〇篇を超える詩文の秀作が集積されたものの、壬申の乱によって残念ながらすべて湮滅してしまった。ここまでを前史とし、以下『懐風藻』とその時代を叙述する。

茲(こ)れ自(よ)り以降に、詞人間出す。竜潜の王子、雲鶴を風筆に翔(かけ)らせ、鳳翥(ほうしよ)の天皇、月舟を霧渚(むしよ)に泛かべたまひ、神納言が白鬢を悲しび、藤太政が玄造を詠める、茂実を前朝に騰(あ)げ、英声を後代に飛ばす。

とのべて、とくに卓越した詩才をもつ作者として大津皇子と文武天皇、大神高市麻呂と藤原不比等の四名を、それぞれの作詩の文言を織り込みながら挙げる。

最後に編纂の動機と意図や、書名の由来について「縟藻(じよくそう)を攀(よ)ぢて遐(はるか)に尋ね、風声の空しく堕ちなむことを惜しむ。遂に乃ち魯壁の余蠹(よと)を収め、秦恢(しんかい)の逸文を綜(す)べたり」とのべ、故人の優れた詩文が散逸するのを惜しんで博捜したのは「将に先哲の遺風を忘れずあらむが為なり。故(かれ)、懐風を以ちて名づくる云爾(ぞ)」と結ぶ。

序の前段では、近江朝における庠序の創設と詩文の興隆を特筆し、天智についても「道は乾坤に格(いた)り、功は宇宙に光(て)れり」と讃える。「武智麻呂伝」に「近江国は宇宙に名あるの地なり」というのとも通じるが、大学助となった武智麻呂が衰退した学校の復興に尽力したことを詳述した箇所では、天智による創設には言及していない。次いで大学頭に就いてからは「公屢(しばしば)学官に入り、儒生を聚集めて詩書を吟詠し、礼易を披玩す。学校を揄揚し、子衿を訓導す。文学の徒おのもおのもその業(わざ)に勤めつ」というように、自ら指導にあたったことを強調する。さらに図書頭と侍従を兼任した時期には、焼亡した図書の復旧にあたった様子を、

ここにもてその間に図書経籍を検校し、先に壬申の年の乱離より已来(このかた)、官の書は或は巻軸零落(お)ち或は部帙欠少(か)けつ。公ここに奏し請ひて、民の間を尋ね訪ひ、写し取りて満て足らす。これによりて官の書髣髴(ほのか)に備ふることを得たり。

と叙述するが、この部分は『懐風藻』編纂の経緯と軌を一にするものであり、詳細な表現が目立つ「武智麻呂伝」の

前半でも、とくに際立った一節である。

2　作宝楼の詩宴と習宜の文会

『懐風藻』を通覧すると、まず目を惹くのは長屋王邸（作宝楼）で詠まれた作品が多数を占めることだろう。詩題に作宝楼の詩宴での詠作であることを明記するものだけで一九首を数え、全体の六分の一近くに上る。これらはさらに春秋を中心とした恒例の詩宴と、新羅からの賓客を迎接する詩宴とに区分できるが、前者に属するのは（以下、数字は日本古典文学大系版の通し番号を示す）、50境部王、66田中浄足、69長屋王、75百済和麻呂、82箭集虫麻呂、84大津首、90藤原宇合、104釈道慈、106塩屋古麻呂の九首だが、これらの他に集中の七夕の宴（33藤原不比等、53山田三方、56吉智首、74紀男人、76百済和麻呂、85藤原房前）や曲水宴（28調老人、56山田三方、61背奈行文）での何首かも、やはり作宝楼で詠まれた可能性がある。

一方、新羅使を饗応する宴席での作詩は、52山田三方、60背奈行文、62調古麻呂、63刀利宣令、65下野虫麻呂、68長屋王、71安倍広庭、77百済倭麻呂、79吉田宜、86藤原房前の一〇首を数えるが、52山田三方と65下野虫麻呂の詩序や季節表現の分析によって、

(1)　52の詩序と同席＝62

(2)　65の詩序と同席＝63・77・79・86

(3)　どちらにも属さない＝60・68・71

に区分できるが、これらは長屋王が台閣にあった時期に来日した新羅使の記録と対照すると、

(1)＝養老三年（七一九）五月七日来日、同年閏七月十七日帰国。

(2)＝神亀三年（七二六）五月二十四日来日、同年七月十三日帰国。
(3)＝養老七年（七二三）八月八日来日、同年八月二十五日帰国。

にそれぞれ対応するとみてよいようである。[21]これらの中には藤原房前や宇合の名前も見え、とくに房前と長屋王の親近が窺えるが、[22]藤原氏で『懐風藻』に作詩が載るのは、史（不比等、五首）、総前（房前、三首）、宇合（六首）、万里（麻呂、五首）の四名で、鎌足と武智麻呂はない。[23]大半の作者が一首ないし二首の掲載であるのに較べて、これらの四名は数が多いだけでなく、とくに内容も多彩な宇合と万里の詩想と表現は、集中随一といえるだろう。[24]

また『万葉集』においても、その名前が見えないのは武智麻呂一人であることなどを考えると、武智麻呂の詩歌の才には疑問が残るばかりか、「武智麻呂伝」の習宜の文会自体が、本来ならば長屋王の変について記すべき箇所に挿入されており、作宝楼の詩宴をいわば引き写しにしたような、虚構性が感じられる。

ちなみに『続日本紀』天平十年（七三八）七月十日条には、左兵庫少属の大伴子虫が囲碁の相手をしていた右兵庫頭の中臣宮処連東人を斬殺した記事がある。中臣宮処連東人は長屋王の謀叛を密告した功によって、漆部君足とともに長屋王の変後に無位から外従五位下に昇叙し、食封等を賜与された人物であり、一方の大伴子虫はかつて長屋王に仕えて恩顧を蒙った人物であったため、会話が長屋王の事に及ぶと、義憤にかられた子虫が東人を罵倒して剣を抜いたのだという。これは当時から長屋王の変が光明子立后を目論んだ武智麻呂の謀略によることが知られていた様子を示すものであり、『懐風藻』や『万葉集』における武智麻呂の扱いには、こうした点も作用しているのではないかと思われる。

3　比叡山の旧禅処の柳樹

『懐風藻』における武智麻呂に関しては、石見守の麻田連陽春の一首も示唆を与えてくれる。「藤江守の「裨叡山の先考が旧禅処の柳樹を詠む」の作に和す」と題する次のような五言詩である。

近江惟帝里　裨叡寔神山
山静俗塵寂　谷間真理専
於穆我先考　独悟闡芳縁
宝殿臨空構　梵鐘入風伝
烟雲万古色　松柏九冬堅
日月荏苒去　慈範独依依
寂寞精禅処　俄為積草墀
古樹三秋落　寒花九月衰
唯余両楊樹　孝鳥朝夕悲

近江は惟れ帝里、裨叡は寔に神山、
山静けくして俗塵寂み、谷間けくして真理専にあり。
於穆しき我が先考、独り悟りて芳縁を闡く。
宝殿空に臨みて構へ、梵鐘風に入りて伝ふ。
烟雲万古の色、松柏九冬に堅し。
日月荏苒去れど、慈範独り依々なり。
寂寞なる精禅の処、俄かに積草の墀に為る。
古樹三秋に落ち、寒花九月に衰ふ。
唯余す両楊樹、孝鳥朝夕に悲しぶのみ。

詩題の藤江守は藤原近江守の約言で仲麻呂をさし、先考（父の武智麻呂）がかつて比叡山に構えた修行のための禅処にあった柳の樹を詠んだ詩に、麻田陽春が唱和したという体裁をとる。内容は十句目の「松柏九冬堅」で前後に区切られる。前半の五句目の「於穆我先考」と結句の「孝鳥朝夕悲」が呼応するが、五句目の「先考」が仲麻呂の父武智麻呂をさす直接的な表現であるのに対して、結句の「孝鳥」は亡父武智麻呂の心境に想いを馳せる仲麻呂の姿を、麻田陽春が孝鳥に擬えて詠むことや、前後で押韻に差異が認められることなどから、十句目までを仲麻呂の作詩、後半の「日月荏苒去」以下八句を麻田陽春の唱和と、二首に分ける説もある(25)。

だが天和・宝永・寛政板本などの通行本では、目録と題詞は一首としながら、本文は二首に分ち書きをするが、群書類従本では本文も一首として扱っており、判断が分かれる。いずれにせよ『懐風藻』の撰者は仲麻呂の作詩は採らずに、麻田陽春の唱和詩のみを掲載したとみられるが、仲麻呂はこのことをどう受け止めたのだろうか。「武智麻呂伝」では滋賀山寺への霊剣奉納の記事に続けて、和銅八年（七一五）正月に従四位上に昇叙したことと併せ、この比叡の柳樹について次のように記す。

是に国の中、事省かれて百姓多きに閑かなり。公、無為の道を欽び仰ぎて、虚玄の味を咀み嚼ふ。優遊自足して心を物の外に託く。遂に比叡山に登り、淹留りて日を弥る。爰に、柳樹一株を栽ゑ、従者に謂りて曰はく、嗟乎君ら、後の人をして吾が遊び息ふ処を知らしめむ、といふ。

「武智麻呂伝」の前半部では、その人柄を過剰な形容をもって讃える箇所が目立つが、傍線部のような独白めいた心境を描写するのは、この部分だけである。そうした点からみても、これは『懐風藻』の麻田陽春の詩を前提とした挿話であり、あえていえば『懐風藻』の扱いに異議を唱えたものと考えられる(26)。

4　積善の余慶、積不善の余殃

武智麻呂と仲麻呂に対して厳しい姿勢を取る『懐風藻』に接した仲麻呂の感懐は、「武智麻呂伝」の末尾で子孫の隆盛に言及する一節に、端的に表現されている。

積善の後、余慶鬱郁なり。冠蓋相尋ぎて、輦轂を翼賛け、孫々子々、恒に耳目となる。

とのべて、代々にわたって高位高官を輩出し、天皇を輔佐してきた藤原氏の矜持を示す。「積善の余慶」は「貞恵伝」

の高句麗僧道賢による誄にもみえるが、これらは『日本書紀』天智八年（六六九）十月十日条の、病床に鎌足を見舞った天智がその功績を讃えた詔の一節に「善(ほまれ)を積みて余の慶(あまりよろこび)あること、猶是徴(しるし)無からむや」とあるのに基づく。この文言が大織冠と大臣の位に藤原という氏姓を賜与された鎌足を始祖とする一族の誇りを象徴するものとなったのは、鎌足の臨終のときからなのか、あるいは『日本書紀』編纂の段階における不比等の潤色によるものなのかは明らかではないにせよ、奈良時代の藤原氏にとっては格別に重い意味をもつ言葉となったに違いない。

　正倉院に伝来する光明皇后の書写という『杜家立成雑書要略』には「積善藤家」の朱文方印が捺されているが、これは藤原氏の家印とみるべきものであり、藤原氏の出身であることに対する光明皇后の強い自負を看取できる(27)。

　この文言は『文選』の曹子建「贈丁翼」や、『芸文類聚』后妃部・后妃の「崔瑗竇貴人誄」、同書・儲宮部・公主の「潘岳南陽公主誄」、「左九嬪万年公主誄」など諸書に見えるが、これらの基となった『易経』坤卦には「文言伝」を引いて、次のようにのべる。

　　善を積むの家には、必ず余慶有り。不善を積むの家には、必ず余殃有り。臣其の君を弑(しい)し、子其の父を弑するは、一朝一夕の故に非ず。其の由って来る所の者漸なり。之(これ)を弁ずるに早く弁ぜざるに由るなり。

「余殃」は大きな災厄、とくに子孫にまで残る災いをいう。それは臣下が主君を弑するような行為によってもたらされるが、「弑」は上六積陰の象、にあたる(28)。

　武智麻呂を筆頭とする不比等の四子は新羅から帰国した使節一行によってもたらされた疫病によって全員が相次いで斃れたが、後継者としての仲麻呂にとっては、武智麻呂が長屋王を謀殺したのも、鎌足が中大兄とともに蘇我入鹿を討ったのと同じく政治的必然であり、「積善藤家」を改めて強調することによって、武智麻呂による「積不善の余殃」を払拭する必要があったのではないか。そう決意させる大きな契機となったのが、『懐風藻』の出現であり、さらには天平宝字四年（七六〇）一月と六月に相次いだ藤原夫人（房前の息女で聖武夫人）と光明皇太后の死であったと思われる。その結果出来上がった『家伝』は、こうした仲麻呂の意向を如実に反映するものとなったのである。

三　『懐風藻』の撰者について

『懐風藻』の序文には署名がなく、他の文献にも関係記事が残らないことから、撰者についてはさまざまな推測が重ねられてきた。[29]最も多くが支持するのは淡海三船であり、他に石上宅嗣、藤原刷雄、葛井広成らの名前も挙がる。

淡海三船は『続日本紀』延暦四年（七八五）七月十七日条の卒伝によると、大友皇子の曽孫、葛野王の孫にあたり、「性聡敏にして群書を渉覧し、尤も筆札を好む」と評されている。天平宝字八年の恵美押勝（仲麻呂）の乱のさいには、造池使として近江国に在任していたため、勢多橋を焼いて押勝の進路を塞いだ功により正五位上に昇叙している。のちに大宰少弐、大学頭兼文章博士等を歴任した。享年六十四とあるので、生年は養老六年（七二二）となる。『日本高僧伝要文抄』所引『延暦僧録』によると、天平年中に唐僧の道璿に従って出家し、僧名を元開といったが、天平勝宝三年（七五一）に、勅命により還俗し淡海真人の氏姓を賜与された。[30]

『唐大和上東征伝』の撰述をはじめとして著作も多く、『大乗起信論注』や「北山賦」は唐にもたらされ、彼の地で賞讃されたことが金剛寺蔵『龍論抄』所引「淡海居士伝」佚文によって知られる。[31]また『経国集』に詩五首が載り、歴代天皇の漢風諡号も撰ぶなど、[32]文人官僚としての活躍は目ざましく、『続日本紀』天応元年（七八一）六月二十四日条の石上宅嗣の卒伝に「宝字より後、宅嗣と淡海真人三船とを文人の首（かしら）とす」とあるのにふさわしい。[33]「宝字より後」というのは両者ともに「武智麻呂伝」の文雅の士に名前が見えないことをさすのかも知れないが、たしかに三船は『懐風藻』の巻頭を飾る大友皇子の曽孫にあたり、仲麻呂との関係も『懐風藻』の編集方針と齟齬するところはない。道融や道慈についての略伝も載せており、仏教界に由縁がある点でも有力である。しかし『懐風藻』撰述時に年齢が三十歳というのは、やはり若過ぎるように思われる。

その点を考慮に入れると、より妥当なのは葛井連広成ではなかろうか。後補とみられる亡名氏の一首「老いを歎く」を除くと、集中の最後は葛井広成の二首「藤太政の「佳野の作」に和し奉る」と「月夜河浜に坐す」になる。前者は藤原史（不比等）の「吉野に遊ぶ」に唱和したものだが、史の作詩も載せている。自ら「遺風を忘れずあらむが為」に編纂した詩集の末尾に自作を載せることなどありえないとする見方もあるが[34]、その編纂は晩年のことに属すると考えられるうえに、作者の略伝の有無や精疎の状態などをみると、序文こそ書かれてはいるものの、まだ未完成の段階であった可能性もある。

それは措くとしても、葛井広成の経歴をみると、はじめは白猪史であり、養老四年（七二〇）に改賜姓して葛井連となったが、まず注目すべきは、その前年の閏七月に遣新羅使に任じられたことである。このときは大外記で従六位下であった。『万葉集』巻六には、

天平二年（七三〇）庚午、勅して擢駿（てきしゅんめし）馬使大伴道足宿禰を遣はす時の歌一首

奥山の　岩に苔生し　恐（かしこ）くも　問ひたまふも　思ひあへなくに　（九六二）

の左注に「右、勅使大伴道足宿禰を帥の家に饗す。この日に、会ひ集ふ衆諸（もろもろ）、駅使（はゆまづかい）葛井連広成を相誘ひて、歌詞を作るべし、と言ふ。登時（すなはち）広成声に応へて、即ちこの歌を吟ふ」とある。大宰帥大伴旅人邸で、諸国から駿馬を選抜するために派遣された大伴道足らを労うために催された宴席で、随行した葛井広成が会衆の需めに応じて即興で詠んだ歌であるといい、広成の歌才がすでに周知のものであったことが窺える。翌三年正月には外従五位上に昇叙した。『万

葉集』巻六には、また天平八年（七三六）十二月十二日に「歌儛所の諸王・臣子等、葛井連広成の家に集ひて宴する歌二首」として、次の序と歌を載せる。

比来、古儛盛りに興り、古歳漸に晩れぬ。理に、共に古情を尽くし、同じく古歌を唱ふべし。故に、この趣に擬へて、輙ち古典二節を献る。風流意気の士、儻にこの集へるが中にあらば、争ひて念心を発し、各古体に和せよ。

我がやどの　梅咲きたりと　告げ遣らば　来と言ふに似たり　散りぬともよし　（一〇一一）

春されば　をを りにををり　うぐひすの　鳴く我が山斎そ　止まず通はせ　（一〇一二）

葛井広成の家に参集した諸王や臣子らが属したという歌儛所については、雅楽寮や内教坊、大歌所などとの関係をめぐって諸説ある。第一節で引いた『続日本紀』養老五年正月二十七日条で賞揚された人々の中に見える和琴師や唱歌師は、女歌や踏歌を伝承した内教坊に所属し、雅楽寮とは別に古歌や古舞を教習したが、彼らに就いて教習した諸王や臣子らが歌儛所を構成する主体であったと考えられる。(35)そうした人々との日頃の親交を物語る記事であり、『懐風藻』の遺風を尊ぶ志向にも連なる要素を感じさせる。

天平十五年（七四三）三月には、新羅使が筑前に来航したさい、派遣されて供客のことを検校しているが、これは渡来系氏族という出自に加えて、自身が遣新羅使に任じられた経験をもつことが考慮されたものであろう。『懐風藻』に新羅からの使節や遣新羅使関係の詩が多数載ることは前述した通りだが、それらを入手し、採録することにおいて、広成は最もふさわしい立場にあったと考えられる。

ちなみに序文に登場する百済から渡来した王辰爾は船氏の祖とされるが、『続日本紀』延暦九年（七九〇）七月十七日条に載る木工頭の百済王仁貞らの上表文によると、葛井（白猪）氏の祖とされる王味沙は王辰爾と兄弟であり、船氏と葛井氏は南河内の大和川と石川の合流地点の周辺地域に近接して居住していたので、強い同族意識で結ばれていたと思われる。

さらに天平二十年（七四八）八月二十一日には、広成の自邸に聖武天皇の行幸が行なわれた。『続日本紀』には、

車駕、散位従五位上葛井連広成の宅に幸したまふ。群臣を延きて宴飲し、日暮れて留り宿りたまふ。明くる日、広成とその室従五位下県犬養宿禰八重とに並に正五位上を授けたまふ。この日、宮に還りたまふ。

という異例の記事が載る。妻の八重は命婦で光明皇后の生母である県犬養橘三千代の親族とみられることから、この行幸が実現し、聖武も寛いだ一夜を過ごしたものと思われる。

天平勝宝元年（七四九）八月に中宮少輔に任じられたのが史料に見える葛井広成の最後の記事であり、『懐風藻』では広成の前に配列される石上乙麻呂（四首掲載）が、天平勝宝二年（七五〇）九月一日に死去しているので、神亀・天平年間に活躍した詩友は、いずれも先立っていることなどを考えれば、編者としてふさわしいのは文壇の耆宿ともいうべき存在であった広成を措いて、他には見当らない[36]。

『経国集』巻二十には、まだ白猪史を名乗っていた養老三年以前の対策文二篇[37]を載せるが、李耳（老子）の「虚玄の理」と宣尼（孔子）の「仁義の教」の精麁を判断せよ、という問いと、王者が世を治めるうえで利用する「礼」と「楽」との区別を詳らかにせよ、という二つの問いに対する葛井広成の答案は、『懐風藻』の全体を貫く時代思潮を集約する内容と表現をもつのである[38]。

むすびにかえて

これまでみてきたように、『藤氏家伝』の、とくに「武智麻呂伝」は史実を踏まえつつも、それを大きく逸脱する部分を含むことを考えると、反武智麻呂ないしは仲麻呂勢力への反論を展開するという要素をもちながら、恵美家の子孫に向けて氏族的矜持を伝えるために撰述されたのではないかと考えられるのである。その意味では後に続く『古語拾遺』や『高橋氏文』などの氏族志の先駆けとしての位置を占めるものといえるだろう。

註

（1）遠藤慶太「『大織冠伝』の研究（下）」（『皇學館論叢』三〇巻五号、一九九八年）では、先行学説を整理したうえで、『家伝』上下は同時に成立した可能性が高く、「大倭国」「大中臣」や避諱・謚号などの内部徴証から、天平宝字年間（七五七～七六四）の成立とみるが、さらに溯りうることも示唆する。

（2）沖森卓也・佐藤信・矢嶋泉『藤氏家伝 鎌足・貞慧・武智麻呂伝 注釈と研究』（一九九九年、吉川弘文館）二六一頁。

（3）『唐大和上東征伝』ならびに、『東大寺要録』巻四所引、思託『大和尚伝』による。

（4）竹内理三『寧楽遺文』（一九四四年初版）解説ほか。

（5）横田健一「大織冠伝と日本書紀」（『続日本紀研究』五巻九・一〇号、一九五八年。『白鳳天平の世界』一九七三年、創元社）、矢嶋泉「『家伝』の資料性」（前掲註（2）所収）、佐藤信「『家伝』と藤原仲麻呂」（前掲註（2）所収）など参照。

（6）横田健一、前掲註（5）。

（7）諸説の概要に関しては、矢嶋泉、前掲註（5）参照。

（8）「学令」の釈奠条に規定があり、『続日本紀』宝亀六年（七七五）十月二日条の吉備真備卒伝でも「改定」に努めたことが記されている。

(9) 高橋重敏「藤氏家伝下の出典攷」(『芸林』二〇巻四号、一九六九年、芸林会)。

(10) 佐藤信、前掲註(5)参照。

(11) 小笠原好彦他『近江の古代寺院』の「崇福寺跡」(一九八九年、同刊行会)参照。

(12) 横田健一「藤原鎌足と仏教」(前掲註(5)所収)。

(13) 源為憲『三宝絵』下巻、二八「山階寺維摩会」。

(14) 岸俊男『藤原仲麻呂』一三四〜一三九頁(一九六九年、吉川弘文館)。

(15) 前掲註(2)、三六三頁。

(16) 川崎庸之「「武智麻呂伝」についての一つの疑問」(初出一九五九年、『記紀万葉の世界』川崎庸之歴史著作選集一、一九八二年、東京大学出版会)、横田健一「家伝、武智麻呂伝研究序説」(前掲註(5)所収)。

(17) 岸俊男「習宜の別業」(『日本古代政治史研究』一九六六年、塙書房)。

(18) 『日本後紀』延暦十六年二月己巳条、『類聚国史』巻百四十七。

(19) 岸俊男、前掲註(14)の一六「家伝・続紀・氏族志」、笹山晴生「続日本紀と古代の史書」(新日本古典文学大系『続日本紀』一、解説、一九八九年、岩波書店)。

(20) 『懐風藻』の石上乙麻呂の略伝に『銜悲藻』二巻があったことを記すが、現存しない。『懐風藻』という書名は『銜悲藻』に倣ったのではないかとみる説が、小島憲之校注・日本古典文学大系『懐風藻』(一九六四年、岩波書店)にある。また『尊卑分脈』によると藤原宇合にも佚名の詩集二巻があったという。

(21) 村田正博「上代の詩宴」(大阪市立大学『人文研究(国語・国文学)』三六巻八号、一九八四年)。増尾伸一郎「清風、阮嘯に入る―『懐風藻』の詩宴における阮籍の位相―」(辰巳正明編『懐風藻　漢字文化圏の中の日本古代漢詩』二〇〇〇年、笠間書院)でも言及した。

(22) 長屋王と房前については大伴旅人も含めた関係を、増尾伸一郎「〈君が手馴れの琴〉考」(『万葉歌人と中国思想』一九九七年、吉川弘文館)で考察した。

(23) 鎌足については、作品の掲載はないものの、冒頭の大友皇子の略伝の中で、不吉な夢告について内大臣の鎌足に具さに語ったところ、鎌足の息女を後宮に入れて姻戚関係を結び、親愛を深めたという記事がある。

（24）岡田正之『近江奈良朝の漢文学』（一九二九年、東洋文庫）など。

（25）林古溪「懐風藻　陽春の作・作者と撰者」（『国語と国文学』二九〇号、一九四八年）、ならびに同『懐風藻新註』（一九五八年、明治書院）。

（26）『家伝』が『日本書紀』に較べると漢籍に依拠するところが大きく、『芸文類聚』や『初学記』のような類書も用いて述作した（高橋重敏、前掲註（9））のは、撰録にあたったのが僧侶の延慶であることのほかに、『懐風藻』を意識した結果ともみられるのではなかろうか。

（27）『書の日本史』第一巻・解説（柳雄太郎執筆、一九七五年、平凡社）。〈積善藤家〉の史的意義については、清水章雄「家伝―「積善藤家」の漢文伝―」（古代文学講座第一巻『霊異記　氏文　縁起』一九九五年、勉誠社）、北條勝貴「〈積善藤家〉の歴史叙述」（上智大学文学部史学科編『歴史家の散歩道』二〇〇八年、上智大学出版）参照。

（28）鈴木由次郎校注〈全釈漢文体系〉『易経』（一九七四年、集英社）による。

（29）小島憲之、前掲註（20）に諸説が整理されている。

（30）蔵中しのぶ『『延暦僧録』注釈』の巻五「淡海居士淡海三船伝」（二〇〇八年、大東文化大学東洋研究所）。

（31）後藤昭雄「『延暦僧録』「淡海居士伝」佚文考」（『日本歴史』五一〇号、一九九〇年）参照。

（32）坂本太郎「列聖漢風諡号の撰進について」（『史学雑誌』四三巻七号、一九三二年。『日本古代史の基礎的研究』下、一九六四年、東京大学出版会。『坂本太郎著作集』第七巻、一九八九年、吉川弘文館）。

（33）両者の経歴と作品については蔵中進「文人之首（その一）―淡海三船の生涯と文学―」、同「文人之首（その二）―石上宅嗣の生涯と文学―」（『日本文学』二〇巻一〇号、二一巻一号、一九七一・七二年、日本文学協会）に詳しいが、蔵中氏も淡海三船を『懐風藻』の撰者に擬している。

（34）前掲註（25）に同じ。

（35）井村哲夫「「歌儛所」私見」、同「天平歌壇事情と歌儛所　覚書」（『憶良・虫麻呂と天平歌壇』一九九七年、翰林書房）、阿久沢武史「「歌儛所」の時代」（『三田国文』二二号、一九九七年）など。

（36）この点に注目する先論に武田祐吉『上代日本文学史』（一九三〇年初版、『武田祐吉著作集』第八巻、一九七三年、角川書店）がある。

（37）『群書類従』巻百二十五には、異文を含めて三編を収める。

（38）増尾伸一郎「歌儛所・風流侍従と和琴師——古代音楽思想史の一面——」（『アジア遊学』一二六号〈特集「〈琴〉の文化史」〉、二〇〇九年、勉誠出版）参照。

第三章　今の時の深く智れる人

——景戒の三教観をめぐって——

はじめに

景戒は『日本霊異記』（以下、『霊異記』と略記）下巻の序で、

日本に仏法の伝り適めてより以還、延暦六年[1]に迄るまでに、二百三十六歳を逕るなり。[2]

とのべ、上巻の序でこの間の史的展開を概観する。

原夫、内経外書の日本に伝りて興り始れる代におほよそ二時有り。みな百済国より将ち来る。

と書き起こし、応神朝に「外書」が、次いで欽明朝に「内典」が伝えられたが、

然れどもすなはち外を学ぶる者は仏法を誹り、内を読む者は外典を軽みす。愚癡なる類は迷執を懐き罪福を信はず。深く智れる儔は内外を覩て因果を信ひ恐る。

という。

仏家が仏典以外の主に儒教の経籍等をさしていう「外書」の伝来については、『日本書紀』応神十五年八月条に百済王が派遣した阿直伎に太子の菟道稚郎子が師事し、翌年二月には王仁が来日して、やはり「諸の典籍」を教授したとあり、書首（河内書＝西文）氏の始祖伝承をなす。

継体紀七年条には五経博士の段楊爾が来日し、同十年九月には段楊爾に代って漢高安茂が来日したが、欽明紀十四年（五五三）六月条には、天皇が百済に使者を送って、医・易・暦博士の派遣と卜書・暦本、種々の薬物などの送付を要請したとあり、翌年二月に五経博士王柳貴以下、易や暦の専家が来日した記録が残る。さらに推古紀十年（六〇二）十月条には百済僧観勒が「暦本及び天文地理書、幷て遁甲方術書」を伝え、書生が選抜されて教習を受けたという。

一方の「内典」の伝来については、百済聖明王から欽明天皇への仏教公伝の年代を壬申年（五五二）とする『日本書紀』と、戊午年（五三八）とする『元興寺縁起』や『上宮聖徳法王帝説』との間に異同があるものの、『霊異記』では初伝年代は書紀に依拠し、上巻第五縁において大部屋栖野古連公という他の文献には見えない人物を登場させて、蘇我氏と物部氏のいわゆる崇仏排仏の争いや、推古朝の僧綱制導入などに言及するほか、とくに上巻には百済からの僧侶の来日や文物の伝来に関する多くの記事がみえる。

「内典」と「外書」については下巻の序の冒頭でも、

夫れ善悪の因果は内経に著れ、吉凶の得失は諸の外典に載せり。

とのべて、どちらか一方ではなく、両者への関心を促す。さらに中巻の序の冒頭では、

竊に上代を観れば、宣化天皇より以往は外道に随ひ卜者を憑む。欽明天皇より後は三宝を敬ひ、正しき教を信ふ。

とものべるが、上巻の序では、内典外書とも伝わった欽明朝以後を三期に区分し、第一期（上巻に対応）は聖徳太子、第二期（中巻に対応）は「弘き誓願を発して敬ひて仏の像を造」った聖武天皇をはじめとして、仏教の普及に貢献した高僧らが代表するという。

また大僧等、徳は十地に侔しく道は二乗に超えたり。智の燭を乗りて昏き岐を照らし、慈しびの舟を運びて溺る類を済ふ。難行し苦行し、名は遠き国に流る。

というような大僧としてまず名が挙がるのは行基であり、上巻第二十八縁で勅命を受けて求法のために唐に赴く途中、新羅で『法華経』を講じるよう要請されたという道照も、その中に含まれるだろう。[3]

最後に第三期（下巻に対応）として景戒の同時代について、

今の時の深く智（さと）れる人は、神（たふと）き功（おこなひ）また測ること罕（かた）し。

と評するが、「神功亦罕測」霊妙な功徳は測り知れない、という末尾の表現は、空海の「金光明最勝王経開題」にも同文がある。[4]

景戒はこの後、現今の世相を慨歎し、「悪心を改めて善道を修め」るために善悪の因果と応報を示す必要を説き、その先蹤として唐の唐臨『冥報記』三巻と、唐の孟献忠『金剛般若経集験記』三巻を挙げたうえで、「自土の奇事」を著録することにしたという。

このように内典だけでなく外典にも旺盛な関心を示して世俗の現実をも見据えた景戒は、『霊異記』に、いわゆる仏教説話の範疇には収まりきらない儒教や道教的要素に富んだ説話も多数織り込みながら、構成した。

本章では、そうした景戒の仏道儒三教への視点とその思想史的意義について、景戒よりは一世代早い万葉歌人の山上憶良と、景戒よりはやや若い空海とも対比しながら、若干の考察を試みたい。[5]

一　『霊異記』にみる景戒の三教観

1　尸解仙

『霊異記』では上巻に道教と儒教に関する説話が、集中的に載せられている。「聖徳皇太子異しき表を示す縁」と題する第四縁では、遊観に出かけた太子が大和国片岡の路傍で病気の乞匃と出会う。声をかけた太子は自ら衣を脱いで着せ与え、帰途に再び立ち寄ったところ、衣だけが木の枝に揺れていたので、従者が止めるのを制してまた身に着けた。後日、その乞匃が他所で死亡したという報を受けた太子は、使者を遣って殯葬したが、のちに使者が墓を訪れたところ遺体はすでになく、ただ一首歌が書き残されていたという。「誠に知る、聖人は聖を知り凡夫は知らず、凡夫の肉眼には賤しき人を見、聖人の通眼には隠れたる身を見る」と讃え、太子のような聖人と、この乞匃のような隠身の聖とによって日本の仏教が弘通してきたとみる。

乞匃の遺体がなかったことについては、「墓の口開かずして、入りたる人無し」と記すが、推古紀二十一年（六一三）十二月条の所伝では、「墓所に到りて視れば、封め埋みしところ動かず。乃ち開きて見れば、屍骨既に空しくなりたり。唯し衣服のみ畳みて棺の上に置けり」とされ、太子は近習の者に「先の日に、道に臥せし飢者、其れ凡人に非じ。必ず真人ならむ」と語っている。

景行紀四十年是歳条の日本武尊の場合も、伊勢国能褒野陵に埋葬されたのち、白鳥と化して大和国の方向に飛び去ったので、群臣等がその棺を開いたところ「明衣のみ空しく留りて、屍骨無し」と伝えられる。

これらは、道教の〈尸解仙〉に関わる伝承である。晋の葛洪は『抱朴子』内篇に三国から西晋ごろにかけての道教思想を大成し、同書の外篇では儒家の立場から人間の得失や世事の善悪を論述したが、内篇の巻二・論仙篇では董仲舒『李少君家録』を引いて「少君は不死の方有りしも、家貧しくして以てその薬物を市ふこと無かりき。故に漢に出でて以て塗を仮り、その財を求め、道成りて去れり」という[6]。また『起居注』の一節から「少君の将に去らんとするや、武帝夢に之と共に崇高山に登れり。半道にして使者有り。龍に乗りて節を持し、雲中より下りて云ふ。太乙、少君を謂ふと。帝覚めて以て左右に語りて曰く、我夢の如くんば、少君は将に我を舎てて去らんとすと。数日にして少君病と称して死す。久しくして、帝、人をしてその棺を発かしむるに、尸無くして唯衣冠のみ在りきと」という伝承を引くが、これは太子の伝承と共通点が多い。さらに「仙経に云く、上士は形を挙げて虚に昇る、これを天仙と謂ひ、中士は名山に遊ぶ、これを地仙と謂ひ、下士は先づ死して後に蛻く。これを尸解仙と謂ふと。今、少君は必ず尸解せる者ならん」とものべて、尸解仙を天仙、地仙に次ぐ存在として位置づける。

この点については、梁の陶弘景が茅山派道教の教理を大成した『真誥』[7]巻十三・闡幽微篇で、「白日去るを上尸解といひ、夜半に去るを下尸解といひ、暁、暮に向う際のものは地下主者といふ」という『剣経』の一節を引いたうえで、尸解仙の中でも下位に属する地下主者には三階級があり、資格を有するのは「至忠至高の人」「上聖の徳ある人」「蕭望の才あり、絶衆の望ありて、それを浩然と養い、栄貴を営まざる者」「至貞至廉の才ある者」「先世に功ありて三官（天地水の三神）に在る者」たちだが、それも皆、学道だけではなく、善行を積むことによってはじめて登仙でき、それぞれ数百年から二四〇〇年を要するという。

やはり『抱朴子』巻三・論仙篇でも「或ひと問ふて曰く、道を為むる者は、当に先づ功徳を立つべしと。審に然るや否や」という問いかけに対して『玉鈐経』中篇を引きながら「功を立つるを上と為し、過を除くこと之に次ぐ。道を為むる者は、以て人の危きを救ひて禍を免れしめ、人の疾病を譲りて枉死せざらしむるを上功と為す。仙を求めんと欲する者は、要するに当に忠孝和順仁信を以て本と為すべし。若し徳行修まらずして、但方術を務むるも、皆長生を得ざるなり」と答えるように、尸解仙となるためには儒教的な徳行が必須の条件とされ、すでに道儒二教の習合が窺える。

尸解仙の事例は、葛洪『神仙伝』[8]巻二の王遠伝、巻五の薊子訓伝、巻六の董奉伝、巻七の葛玄伝、巻九の介象伝、成仙公伝、郭璞伝をはじめ、南唐の沈汾『続仙伝』[9]巻下の閭丘方遠伝、その他の仙伝類や[10]、梁の慧皎『高僧伝』[11]巻九の竺仏図澄伝、巻十の渉公伝、邵碩伝、釈慧通伝などの僧伝、あるいは六朝時代に志怪小説や仙伝類を素材に構成された『漢武帝内伝』[12]などに多彩な記事がみられる[13]。

こうした尸解仙の概念に基づく伝承が太子伝に摂取された経緯は明らかではないが、法隆寺系の太子伝である『上宮聖徳法王帝説』にはこの伝承を含まず、『日本書紀』と『霊異記』に載る太子の歌と乞匃の歌とが揃う現存の史料としては『上宮聖徳太子伝補闕記』が最も早いことから、同書の序にいう「調使家記」が書紀編纂に際して用いられたもので、渡来系の調使氏によって構成されたと考える説がある[14]。

これに対して四天王寺の教（敬）明による『七代記』（『太子伝古今目録抄』によれば宝亀二年〈七七一〉成立[15]）とほぼ同文の片岡山伝承の記事が、叡山の光定の『伝述一心戒文』（承和元年〈八三四〉成立[16]）に引く「上宮廐戸豊聡耳皇太子伝」にみえ、これが『七代記』以前、奈良時代初期ごろの成立とすれば、平安前期の『補闕記』に初見する「調使家記」よりはさらに早い、という批判もある[17]。

しかし興福寺の実暁の『習見聴諺集』第九に、「上宮廐戸豊聡耳皇太子伝」は東大寺の明一が撰述したとあることから、『伝述一心戒文』所引の太子伝は、『上宮太子拾遺記』や『太子伝玉林抄』など諸種の太子伝に引かれる「明一伝」をさす、という指摘があり、[18]明一は延暦十七年（七九八）に没しているので、七二〇年の書紀編纂以前までは遡らないことになる。

太子伝承の大和国片岡（現在の北葛飾郡王子町）には、百済系渡来氏族の大原史氏の本拠があって、七世紀中期に西安寺と久度社を創建したが、法隆寺に西接する平群郡坂門郷にも一族が居住し、法隆寺とも関係を有したことが、法隆寺所蔵の金銅（観世音菩薩像）僧徳聡等造像記（甲午年＝六九四）の銘文などからわかるので、[19]尸解仙の伝承と太子伝との結びつきは大原史氏によるものかも知れない。いずれにしても太子伝承に尸解仙の要素が組み込まれた思想的背景には、中国で早くから尸解仙になるために儒教的な徳行が必須とされ、『高僧伝』にも僧侶の得仙を列挙するように、道儒仏三教の習合が著しいことが作用しているとみてよいだろう。

2　仙薬と昇仙

続く上巻第五縁では「三宝を信敬ひて現報を得る縁」と題して、仏教を篤く崇敬し、聖徳太子の〈肺脯の侍者〉として活躍したという大部屋栖野古の事績を顕彰するが、推古三十三年（六二五）に急死した屋栖野古は、

屍に異しき香有りて馚馥る。天皇勅して七日留めしめ、彼の忠を詠ばしめたまふ。三日を逕てすなはち蘇甦る。

とされ、妻子に冥界での出来事を次のように語った。「五色の雲」がたなびき、「霓の如く北に度」っていた。そこを行くと「黄色の山」があり、三年前に亡くなった「聖徳皇太子」が出迎えてくれた。一緒に山頂に登ると一人の比丘がおり、太子が敬礼して「是れ東宮の童なり。今より已後八日を逕て銛き鋒に逢ふべし。願はくは仙薬を服ましめたまへ」というと、その比丘は手に巻いた飾りの玉の環から一つの玉を解いて授け、これを呑ませた。太子は「南無妙徳菩薩」と三唱しながら礼拝するよう教えられ、その通りにして比丘の前を退去した。太子は「速やかに家に還り、

仏を作る処を除へ。我れ悔過すること畢らば、宮に還りて仏を作らむ」といい、来た時の道を通って生還したのだ、と。

大部屋栖野古は時の人に「還活連公」と称され、九十余歳で亡くなったという。

善きかな大部氏、仏を貴び法を儻ひ、情を澄し忠を効し、命と福を共に存ち、世を逕て夭になること無し。武は万機に振ひ、孝は子孫に継ぐ。

というように、仏道儒三教のそれぞれの観点から讃えられている。さらに続けて、

「八日を逕て銛き鋒に逢はむ」といふは宗我入鹿の乱に当る。「八日」といふは、八年なり。「妙徳菩薩」といふは文殊師利菩薩なり。「一の玉を服ましむ」といふは、難を免れしむる薬なり。「黄金の山」といふは、五台山なり。

といい、最後に聖徳太子が聖武天皇に転生して大仏を造立し、文殊菩薩が行基に化身したことをのべる。

山西省の東北部に位置する五台山は、『華厳経』にみえる清涼山にあたり、文殊菩薩の住地と考えられたことから、唐代以後広く信仰され[20]、日本からも円仁や成尋らが赴いた[21]。そこで授けられた「仙薬」を服用したことによって屋栖野古は甦り、長命を保ちえたというのである。

「女人風声なる行を好み仙草を食ひて現の身に天に飛ぶ縁」と題する上巻の第十三縁は、「仙草」を食べて昇仙した女性の伝承である。大和国宇多郡漆部里に漆部造麿の妾で「風流なる女」がいた。清廉な人柄で、貧しいながら七人の子を一心に育てていた。簡素で和やかな暮らしぶりは「恰も天上の客の如し」であったという。孝徳天皇の白雉五年（六五四）のこと、

其の風流なる事に神仙感応し、春の野に菜を採り、仙草を食ひて天に飛ぶ。

と記され、末尾の賛では、『精進女問経』を一部改変して、出家せずに在俗のままであっても、廉直な生活を送れば功徳が得られると説くが、伝承自体には神仙的要素が色濃い[22]。

『懐風藻』の藤原不比等（七二〇年没）の詩、「吉野に遊ぶ」には、

漆姫控鶴挙　漆姫鶴を控きて挙り
柘媛接魚通　柘媛魚に接づきて通ふ

という一節があり、同書の葛野王の詩「龍門山に遊ぶ」の、

安得王喬道　安にか王喬が道を得て
控鶴入蓬瀛　鶴を控きて蓬瀛に入らむ

と同様に、『文選』巻十一の孫興公（綽）「天台山に遊ぶの賦」に「王喬は鶴を控いて以て天に沖し」というような、『列仙伝』などに語られる神仙の王子喬の故事を踏まえながら「漆部造麿の妾」を「漆姫」と表現したもので、[23]『万葉集』巻三の「仙柘枝歌」（三八五〜三八七番歌）の伝承とともに、仙境視された吉野とその周辺にまつわる仙女譚として、よく知られていた様子が窺える。景戒は「春の野に菜を採り、仙草を食ひて天に飛ぶ」と記しており、至難とされた「白日昇天」を思わせる書きぶりである。

昇仙に関する話としては、上巻第二十八「孔雀王の呪法を修持ちて異しき験力を得て現に仙と作り天に飛ぶ縁」にも、葛木峯の一言主大神の讒言で[24]伊豆嶋に流罪となり、夜は富士山で修行を続けてきた役優婆塞（小角）が、三年を経て赦免されたものの、「遂に仙と作りて天に飛」んだという。役小角の修行と験術の様子は、

毎に庶はくは五色の雲に挂りて沖虚の外に飛び、仙宮の賓と携りて億載の庭に遊び、蕊蓋の苑に臥伏して養性の気を吸噉はむとねがふ。所以に晩年四十余歳を以ちて、また巌窟に居て葛を被、松を餌ひ、清水の泉に沐みて欲界の垢を濯ぎ、孔雀の呪法を修習ひて奇異しき験術を証し得たり、鬼神を駈使ひ、得ること自在なり。

と記されているが、これが中国の仙伝類、とくに葛洪の『神仙伝』や『抱朴子』、干宝の『捜神記』あるいは『後漢書』

方術伝などの神仙関係の表現に基づくことは早くから指摘されている。[25] 高僧伝類には呪術をよくし、鬼神を駆使したことを記す例が少なくないことから、これらは仏徒が神異の術に通暁していると説くことで仏呪の効験を強調し、高僧も仙人化してより尊尚を集めようとした結果と考えられるが[26]、景戒にもまたそうした意識があったとみてよいだろう。

3 不孝の罪

前述の上巻第五縁では賛に「孝は子孫に継ぐ」とあるが、「法花経を憶持ちて現報を得、奇しき表を示す縁」と題する上巻第十八縁では、生来利発で八歳になる前に『法華経』の大半を諳ずることができた大和国に住む篤信の持経者が、二十歳になっても、どうしても一文字憶えられない文字があったので、仏前で懺悔したところ、「前世において『法華経』を読んでいた時に燈火で経文の一文字を焼いたために記憶できないのだ」という夢告があった。伊予国の元の家を捜し訪ねて前世の両親に事情を話し、焼いた経文を直したところようやく完全に暗唱できたので、改めて前世の「父子の義」を結び「孝養を失なはざりき」という。その賛では、前世と現世の二親に孝養を尽したことを「現に二父を孝ひて、美き名、後に伝ふ。これ聖なり。凡にあらず」と讃える。

また上巻の第十七縁でも、白村江の戦に出征した伊予国の大領・越智直が唐の捕虜となり、観音菩薩に誓願したところ、無事に生還できたため、勅許を得て越智郡を分立し、寺を建てて子孫が継承したという話の賛に、『孝子伝』にみえる「丁蘭木母」の伝承を記すように、儒教の徳目としての〈孝〉をめぐる説話がいくつか載るが、より強調されるのは〈不孝〉の罪に関する話である。

中巻の第三縁は「悪逆なる子、妻を愛しび母を殺さむことを謀りて現報に悪しき死を被る縁」と題する通り、防人として筑紫に赴いた武蔵国の吉士火麻呂が、妻に会いたい一心で同道した母の殺害を謀り、悪逆の罪によって地獄に堕ちたという話である。自分を殺そうとした息子をかばい、命掛けで救おうとした母親を慈母と讃える一方で、

　誠に知る、不孝の罪の報はなはだ近し、悪逆の罪はその報無きに非ず、と。

と説く。悪逆の罪については、養老名例律の第一に「八虐」の一つとして「四に曰はく、悪逆。謂はく、祖父母・父母を殴ち、及び殺さむと謀り、伯叔父・姑・兄姉・外祖父母・夫・夫の父母を殺せるをいふ」と規定されている。唐律では「十悪」だが、そのうちの「不睦」と「内乱」を除いて「八虐」とし、笞・杖・徒・流・死の五罪に次いで、律の適用に際しての優遇策である「六議」と併せて名例律の冒頭に挙示し、律令の本旨が儒教的道徳に依拠することを明確にしたものと考えられる(27)。

本話と同様の、裂けた大地に陥る子の髪を把んで助けようとする母親の話は『雑宝蔵経』巻九の第百九「婦女厭欲出家縁」にあり(28)、当時、深刻な悲劇を生んだ防人(29)をめぐる問題をもとに構成されたものであろう。

「凶しき人、嬭房の母に孝養せずして現に悪しき死を得る縁」と題する上巻第二十三縁では、大和国の瞻保という男が「学生に預り」ながら「徒らに書伝を学びて其の母を養はず」とのべた後、友人たちの忠告にも耳をかさずに、実母に貸した出挙稲の返済を厳しく迫った結果、母の激しい憤りと悲歎を目の当りにして気がふれ、屋敷に火を放って狂死したと語る。さらに「経に云はく」として、

　孝せざる衆生はかならず地獄に堕つ。父母に孝養せば浄土に往生す。

という言葉を引くが、これも『雑宝蔵経』巻一の第三、第四などに類句がみえる(30)。

瞻保が学んだという「書伝」は養老令の学令に学生の教科書として列挙される「周易、尚書、周礼、儀礼、礼記、毛詩、春秋左氏伝、孝経、論語」などの経書を主にさすと思われるが(31)、友人たちが瞻保を非難した言葉の始めと終りに「善き人何為れぞ孝に違ふ」「何すれぞ学び履しことに違ひて、親母に孝せざる」と繰り返しており、怒りの深さ

が窺える。こちらは儒教を修めた者が実母に不孝な振舞いをしたために、より厳しく罰せられている。

　次の上巻第二十四縁は「凶しき女、生める母に孝養せずして現に悪しき死の報を得る縁」と題するように、前話と対をなす。斎日にあたって飯を炊かなかった母親が、幼児を連れて近くに嫁いだ娘を訪ねて斎食の飯を乞うたものの、邪険に追い返され、母を蔑ろにした娘はその夜半に突然、悪死したといい、「孝養せずして死ぬる、此れよりは如かず、分を譲りて母に供りて死なむには」と結ぶ。

4　五常と五戒

　こうした二つの不孝譚に続く上巻第二十五縁は、中納言や左京大夫などを歴任した大神高市麻呂が、持統天皇に諫言したという著名な伝承である。(32) 前段では三月三日に伊勢へ行幸することを命じた天皇に対して、播種の時期に当り農事の妨げになることを憂慮した高市麻呂が、行幸を中止するよう奏上したものの容れられず、冠を脱いで天皇に返上し、重ねて諫めたという。後段では旱が続くと高市麻呂は自分の田の取水口を塞いで他の人々の田に水を廻したが、それも尽きるころ、諸天がその善行に感応し、龍神が雨を降らせたといい、「諒に是れ忠信の至にして、仁義の大きなることなり」と讃える。

　高市麻呂が諫言の理由とした「農務を妨げむことを恐り」は、養老令の戸令第三十三条に、国司の部内巡行について「凡そ国守は、年毎に一たび属郡に巡り行いて風俗を観、百年を問ひ、囚徒を録し、冤枉を理め、詳らかに政刑の得失を察、百姓の患へ苦しぶ所を知り、敦くは五教を喩し、農功を勧め務めしめよ。部内に好学、篤道、孝悌、忠信、清白、異行にして、郷閭に発し聞ゆる者有らば、挙して進めよ。不孝悌にして礼を悖り、常を乱り、法令に率はざる者有らば、糺して縄せ。(以下略)」と規定し、続く第三十四条にも「凡そ国郡司、所部に向ひて検校すべくは、百姓の迎へ送るを受け、産業を妨げ廃め、及び供給を受けて、煩擾せしむること致すこと得じ」とあるのに呼応するものであり、六国史の後半に頻出する良吏伝や功臣家伝でも、この点に言及するものが多い(33)。

こうした良吏伝や功臣家伝は中国に先例があり、『史記』や『漢書』以下の正史の循吏伝や良吏伝の形式を踏襲するが、日本の六国史にこうした伝が数多く載るのは、九世紀前半の弘仁年間から延喜年間にかけてのことで、『霊異記』の成立とほぼ同時代にあたる。班田農民の疲弊が深刻化し、律令制の再編期にあった当時、〈功臣〉の典型として高市麻呂の存在が改めて想起されたのだろう。

孝謙天皇の天平宝字元年（七五七）四月四日に、大炊王（のちの淳仁天皇）の立太子に続いて出された勅（『続日本紀』）には「古者(いにしへ)、民を治め国を安みするは、必ず孝を以て理む。百行の本、茲より先なるは莫し」とあって、家ごとに『孝経』を所蔵して精読することや、百姓のうちの孝子を表彰し(34)、不孝・不恭・不友・不順の者は陸奥の桃生柵や出羽の小勝柵へ配流にすること、また、山川に隠棲する高士がいたら養性を勧めることなどが命じられている。これは唐の玄宗が天宝三載（天平十六年＝七四四）十二月二十五日に天下に大赦したときの赦文の内容とほぼ同一であり(35)、実効性には疑問もあるが、とくに『孝経』を軸として儒教的な民衆教化を図ろうとした意向は看て取れる。

次いで淳仁天皇の天平宝字三年（七五九）六月二十二日の勅（『続日本紀』）では、「内外の官人」に対して、唐の則天武后が儒家に命じて編纂させた『維城典訓(36)』や、二年前に初めて施行された『養老律令』と格式を読む者をとくに推挙するとのべ、さらに仁・義・礼・智・信の五常と、貪・嗔・痴・婬・盗の五戒について、儒仏二教にわたる説明を加えている。

こうした儒教の五常と仏教の五戒を融合させる解釈は、中国のさまざまな文献に見られるが(37)、北斉の顔之推の『顔氏家訓』第十六「帰心篇」に「内外の両教は、本(もと)一体為り。漸極は異と為し、深浅は同じからず。内典の初門に五種の禁を設くるは、外典の仁義礼智信、皆これと符す。（以下略）[38]」とあるのを踏まえるものと思われる。[39]

『顔氏家訓』の五戒と五常一致論は、『続日本紀』天応元年（七八一）六月二十四日条の石上宅嗣卒伝や、吉備真備の『私教類聚』にも顕著な影響がみえ、[40]景戒も上巻第十一縁に帰心篇の一節を引用している。

中国仏教のなかで五戒と五常、とくに孝との一致を最も早く説くのは、大乗菩薩戒で十重禁と四十八軽戒を説く『梵網経』[41]とみられ、「釈迦牟尼仏、初めて菩提樹下に坐して、無上正覚を成じ、初めに菩薩の波羅提木叉を結びて、父母と師僧と三宝とに孝順せしめたまふ。孝順は至道の法なり。孝を名づけて戒となし、また制止と名づく」とのべる。[42]『梵網経』は中国において『華厳経』『涅槃経』『仁王般若経』をはじめ『菩薩善戒経』『優婆塞戒経』などに基づいて五世紀ごろに撰述された疑偽経典の一つだが、『霊異記』では中巻第十九縁に経名が見えるほか、下巻第十八縁と下巻第三十三縁を中心に、十ヵ所にわたって新羅の太賢が撰述した注釈書『梵網経古迹記』からの引用が確認されている。[43]

内経だけでなく外書にも深い関心を示した景戒は、仏儒道三教への柔軟な理解に根差した多彩な説話伝承を集録し、「祈（ねが）はくは奇（あや）しき記を覧る者、邪を却けて正に入れ」（上巻序文）と説いたが、「災と善との表相まづ現れて後に、其の災と善との答を被る縁」と題する下巻第三十八縁では、前半で奈良時代末期の政治動向とその予兆をめぐる表相信仰について叙述する。後半では景戒自身の半生を回顧し、かつてみた夢の出来事と、晩年に見舞われた息子の死と馬の死という二つの災厄について語った後、次のように述懐する。

然うして景戒、いまだ軒轅黄帝の陰陽の術を推ねず、いまだ天台智者の甚深の解を得ず。故（このゆえ）に災を免（まぬか）るる由を知らずして、其の災を受く。災を除く術を推ねずして、滅ぶる愁（うれへ）を蒙る。勤めざるべからず。恐（おそ）りざるべからず。

傍線部については下巻の序文にも、ほぼ同じ内容の文があり、羊僧景戒、学ぶる所はいまだ天台智者の問術を得ず。悟る所はいまだ神人弁者の答術を得ず。是れなほ螺(かひ)を以ちて海を酌み、管に因りて天を闚(み)る者のごとし。

と記すが、この部分は新羅の元暁の『涅槃宗要』に基づくことが指摘されている。(44)元暁はこの著作の末尾において、中国北土で流行した地論師の四宗の教判と、南地で行われた成実論師による五時の教判をめぐり、どちらか一方だけに執着せず、それぞれの意義を承知したうえで用いる必要があるという。そのうえで天台智顗と神人が交した問答を紹介し、禅定と知恵で知られた智顗ですら神人にこのように問うているのだとのべ、仏教と中国思想の是非を争うような風潮への批判を込めて、改めて仏教の深遠さを説いている。(45)

景戒はこうした論議を踏まえながら、単に三教一致を説くのではなく、それぞれの教説の差異を見定めたうえで相互に共通する要素に注目することで、内典と外典の融和をはかろうとしたのであり、彼もまた「今の時の深く智れる人」（上巻序文）の一人に他ならない。

二　山上憶良と空海の三教観

日本古代の知識層の間でも、内経と外典の両方に通じることが早くから理想とされたようである。推古紀元年（五九三）四月条の厩戸皇子の立太子の記事に「且(ま)た、内経を高麗の僧慧慈に習ひ、外典を博士覚哿に学びたまふ。並に悉に達(さと)りたまひぬ」とあるが、『太子伝古今目録抄』に引く『七代記』では、さらに敷衍して「三玄五経之理文」を修めたとされ、『上宮聖徳法王帝説』にも太子の仏教教学の説明に続けて「亦た三玄五経の旨を知りて、並びに天文地理の道を照す」とのべる。

天平宝字四年（七六〇）ごろに藤原仲麻呂の指示を受けて僧延慶がまとめた「藤原武智麻呂伝」（『家伝』下）の一節に「百家の旨帰、三玄の意趣を究めて、尤も釈教を重みじ、兼ねて服餌を好めり」とあるのも、書紀の太子伝の中国の高僧伝に倣うものであろう。〈三玄〉は『周易』『老子』『荘子』をさし、〈五経〉は『詩経』『書経』『易経』『礼記』『春秋』の総称であり、〈服餌〉は仙薬の服用による養性をいう。

これらの記述は多分に観念的だが、景戒よりも早く、作品のなかで三教をめぐる思惟を具体的に表現したのは、山上憶良である。

神亀五年（七二八）に筑前国守として嘉摩郡への部分巡業の途次にまとめたという「惑へる情を反さしむる歌」(46)の序では、妻子を顧みず、一人で仙界への憧れを抱きながら、験術を体得するには至らない「畏俗先生」(47)という人物を設定し、その惑いを正すために「三綱五教」を説く。戸令に規定された国守の職務を全うするための作とする説(48)もあるが、「畏俗先生」は、むしろ憶良の観念的分身とみるべきであろう(49)。

官途を退任して帰京した二年後の天平五年（七三三）に、最晩年を迎えた憶良は、老いて病む身の苦悩と生への希求を長大な漢文作品「沈痾自哀文」に結実させたが(50)、ここでは主に『抱朴子』に依拠しながら、その本質は〈生の欲望の浄化〉にあると理会し(51)、より積極的に道人方士への共感を表明している。

「沈痾自哀文」と同時にまとめられた「俗道は仮に合ひ即ち離れて、去り易く留まり難きを悲しび嘆く詩」の序では、「釈慈の示教は先に三帰五戒を聞きて法界を化(おもむ)け、周孔の垂訓は前に三綱五教を張りて邦国を済(すく)ふ。故に知る、引導は二つなれども、得悟は惟一つなることを」とのべて、仏教と儒教とは別々の教えだが、世間の教化救済を目指す点では同一だという認識を示す。

だが後段では、先聖も後賢も皆死を免れず釈迦も維摩も死んだといい、「生けるものは必ず死有り、死を若し欲(ねが)はずは、生まれぬに如かずといふことを。況むや、縦ひ始終の恒数を覚るとも、何にぞ存亡の大期を慮らむ」と結ぶ。憶良の思想的到達点を端的に示す作品である。末尾の「存亡の大期」の解釈には諸説あり、「生死の重大な時期、死の時期」とするのが通説だったが、「過去・現在・未来の三世にわたり、欲界・色界・無色界の三界を歴廻る、輪廻転生のさだめ」とする新見に従いたい。[52]

憶良の作品には仏典に依拠する表現が多く、とくに『涅槃経』の比重が大きいが、[53] この点は景戒の『霊異記』でも同様の指摘がある。[54] 憶良の前半生の経歴は不詳だが、壮年期に遣唐少録として渡唐した経験をもち、首皇子（のちの聖武）の侍講も歴任するなかで、中国の俗書類を含む多彩な書物を手にしたらしく、[55] その成果が作品の骨格を独自のものにしている。

憶良は少なくとも後半生を律令官人として過したが、景戒よりはやや若く、ほぼ同時代を生きた空海も、最初は大学で儒教を学んだ。

延暦十六年（七九七）十二月に、二十四歳の空海が著した『三教指帰』[56]の序によれば、十五歳のとき、母方の叔父で伊予親王の侍講も務めた阿刀大足に入門して研鑽し、十八歳で大学に入ったが、一人の沙門に出会い、虚空蔵求聞持の法を呈（しめ）されて、仏道に志すことになったという。

空海を仏道に導いた「一沙門」は通説では石淵寺の勤操かとされるが、[57] 空海と同じ讃岐国の出身で、大安寺慶俊に華厳を学び、入唐留学した大安寺戒明の可能性が高い。戒明は帰国後間もない宝亀十年（七七九）に『釈摩訶衍論』の偽論説と、『大仏頂経』の焼経問題によって南都仏教界から失脚したらしく、空海もその名を出すことを憚って「一沙門」と記したと考えられる。[58] ちなみに『霊異記』下巻第十九縁には、

大安寺の僧戒明大徳、彼（そ）の筑紫国府の大国師に任（ま）けられたる時に、宝亀七八箇年の比頃（ころほひ）に、肥前国佐賀郡の大領

正七位上・佐賀君の児公、安居会を設け、戒明法師を請へ、八十花厳を講かしめたる時に、（以上略）

とあり、『日本高僧伝要文抄』に引く『延暦僧録』第五の略伝とも[59]、ほぼ符合する。

出家を志し、土佐国室戸の山中で修行する空海に対して親族が挙って翻意を迫ったことを「爰に一多の親識あり、我を縛ふるに五常の索を以てし、我を断るに忠孝に乖けるを以てす」と記し、「我思はく、物の情一つならず、飛沈性異なり。是の故に聖者、人を駆るに教網三種あり。所謂、釈・李・孔なり。浅深隔有りと雖も、並びに聖皆説なり。若し一の羅に入りなば、何ぞ忠孝に乖かむ」とのべ、景戒や憶良と同じく、空海も早くから三教の教相の判釈に強い関心を持っていたことがわかる。

序ではこの後、登場人物の説明に移り、博戯遊俠や酒色に耽る甥の蛭牙公子の改心を願う主人の兎角公が、儒教の亀毛先生と道教の虚亡隠士、仏教の仮名乞児の三人を招いて、それぞれの立場から甥への説諭を求め、結果として三教相互の優劣論が展開される構成をとる。

まず上巻では亀毛先生が蛭牙公子の遊蕩を誡め、忠孝や立身出世の大切さを説いて、蛭牙を改悛させる。

次いで中巻では虚亡隠士が、儒教的な道徳を是認しながらも老荘の教えを説き、長生久存、昇天の妙術を明らかにする。

続いて仮名乞児が登場し、儒教的名利も道徳的脱俗も否定したうえで、三世因果の理法を説く。衆生の救済をはかることこそが肝要だとのべ、最後に三教の趣意を象徴的に表現した「十韻詩二十句」を唱えて、幕を閉じる。その一部を抜粋すれば、

居諸破冥夜　　居諸冥夜を破り
三教褰癡心　　三教癡心を褰ぐ

居諸は日月の光をさし、冥夜は癡心にかかる。三教は蒙昧な心を向上させる。

　綱常因孔述　　綱常は孔に因って述ぶ
　受習入槐林　　受け習って槐林（かいりん）に入る

綱常は三綱五常の道であり、孔子が説いた。槐林は三公九卿に列することをいう。

　変転聃公授　　変転は聃公（たんこう）が授け
　依伝道観臨　　依り伝へて道観に臨む

変転は『老子道徳経』に、「道、一（混沌の気）を生じ、一、二（天地、陰陽の二気）を生じ、二、三（天地人の三才）を生じ、三、万物を生ず」というのをさす。聃公は老子のこと。師に就いて伝授されれば、道士の住む楼観に地歩を得られる。

　金仙一乗法　　金仙一乗の法
　義益最幽深　　義益最も幽深なり

金仙は仏をさし、一乗の法は大乗仏教の教えをいう。仏教の教義と利益は最も深い。

　自他兼利済　　自他利済を兼ね
　誰忘獣与禽　　誰か獣と禽とを忘れむ

自己と他者をすべて利益救済する自利利他の行は仏教の根本であり、禽獣をも忘れはしない。

　空海は、この『三教指帰』と同じ日付けで別に『聾瞽指帰』を著しており、こちらは高野山金剛峯寺に自筆の巻子本が現存する。序文と末尾の十韻詩は全く異なるが、本文にはさほど異同が認められないことから[60]、その先後関係をめぐって諸論がある。後者が初稿本で前者を定本とみる説が多いが、序と十韻詩は相互に補完する内容なので、それぞれ独立した異本とみたい。

『聾瞽指帰』の十韻詩では、次のように詠む。

作心漁孔教　心を作して孔教を漁り
馳憶狩老風　憶ひを馳せて老風を狩る
雙営今生始　雙びに今生の始めを営み
並怠来葉終　並びに来葉の終りを怠る

心を遣い、思いをめぐらせて孔子と老子の教えを探求するが、ともに現世の始めだけを守り、来世の終りの守りを怠っている。

方現種覚尊　方に現ず種覚の尊
円寂一切通　円寂にして一切に通ず

そのときに、すべての存在において円満に覚る一切種智の尊者が現れた。その教えは絶対ですべてに通じる。

誓深梁溺海　誓ひは深くして溺海に梁たり
慈厚灑焚籠　慈しみは厚くして焚籠に灑ぐ
悲普四生類　悲しみは四生の類に普く
恤均一子衆　恤は一子の衆に均し

その誓いは深く、迷いの海に溺れる者の橋梁となり、その慈しみは厚く、煮えたぎる地獄の釜に水を注ぐかのようだ。その慈悲はあらゆる生き物に行きわたり、その恩恵はわが子のように、すべての衆生に等しく施される。

『三教指帰』の十韻詩とは表現が異なるものの、衆生の済度に仏教の本旨があることを強調する点は一致している。

一方その序では『三教指帰』のように自伝を交えながら執筆の動機を語ることはせず、曹植、沈約、孫綽、王粲、木華、郭璞など六朝時代の名だたる文人たちの名を挙げながら文才の乏しいことを謙遜しつつ、執筆の意図を語る。中国の文人のなかには『遊仙窟』の著者である張文成も含まれ、「復た唐国の張文成といふもの有り。散労書を著はす。詞は瓊玉を貫き、筆は鸞鳳を翔らす。但恨むらくは濫りに淫事を縦にして、曾て雅詞無し。巻に面ひて紙を舒ぶれば柳下歎を興し、文に臨んで句を味はへば桑門営動す」と評されている。散労書は『遊仙窟』のような疲れ休めの書物をさす。瓊玉は美しい珠玉。柳下は周代の魯の賢者として知られる柳下恵。桑門は沙門、僧侶のことで、儒者が歎き、仏家が動揺するほどに内容が淫猥だというのだが、この書は日本ではよく読まれ、憶良も「沈痾自哀文」で引用する。(61)

空海が『三教指帰』（『聾瞽指帰』）を執筆するにあたって参看した漢籍は、きわめて多岐にわたっているが、(62)とくに中巻で依拠するところが大きい『抱朴子』をはじめ、憶良や景戒が引用した漢籍と共通するものも少なくない。(63)

むすびにかえて

奈良時代から平安初期を生きた景戒は、憶良や空海のように渡唐の経験をもたず、生涯の大半を畿内で過したと思われるが、稀にみる旺盛な好奇心の持ち主で「自土の奇事」を集め、広く「他国の伝録」を読んで、『霊異記』を編んだ。その視点は仏教に偏することなく、仏教を基軸としながら儒教や道教の教説も柔軟に摂取しようと努めた点において、憶良や空海とも通い合う。中巻の序を、

庶はくは、拾めたる文を覩る者、天に愧ぢ人に慙ぢて事を忍び事を忘れよ。心の師と作りて心を師とすることなかれ、と。此の功徳に藉りて、右の腋に福徳の翮を著けて冲虚の表に翔り、左の脇に智慧の炬を燭して仏性の頂

に登り、普く群生に施して、共に仏の道を成さむ。
と結んだ景戒の意図は、見事に達せられたのではなかろうか。

註

(1) 最後の下巻第三十八縁で嵯峨天皇の事績と弘仁改元(『日本後紀』当該年九月十九日条)に言及するので、延暦六年(七八七)に原撰本ができた後、弘仁年間(八一〇~八二四)に増補された現存本が成立したとみられる。

(2) 以下『霊異記』の訓読文は主に出雲路修校注『日本霊異記』(新日本古典文学大系版、一九九六年、岩波書店)に拠りつつ、適宜、改めた部分がある。

(3) 増尾伸一郎「役小角・道昭をめぐる伝承と老子化胡説」(『和漢比較文学』第二九号、二〇〇二年)でも言及した。

(4) 出雲路修、註(2)三頁の脚注五による。空海にはこのほかにも「最勝王経開題」と「金勝王経秘密伽陀」という『金光明最勝王経』の解題があるが、空海の真作は後の二作だけで、この開題は後人の仮託とされ(長谷宝秀主編『弘法大師全集』第二編一〈第一一巻〉一九一〇年、吉川弘文館。旧版『日本大蔵経』解題、一九二一年、蔵経書院)、『弘法大師全集』初版以外の、『大正新脩大蔵経』などの叢書には収めない。

(5) 増尾伸一郎「深智の儔は内外を覯る—『日本霊異記』と東アジア文化圏—」(『古代文学』第三八号、一九九八年)でも一部論及した。

(6) 『道蔵』太清部・涵芬楼版第八六八~八七〇冊(内篇)、芸文印書館版第四六冊。小柳司気太・飯島忠夫訳『道教聖典』(一九二三年、世界文庫刊行会)、石島快隆訳注『抱朴子』(一九四二年、岩波文庫)ほか。

(7) 『道蔵』太玄部・涵芬楼版第六三七~六四〇冊。石井昌子『稿本真誥』(一九六八年、道教刊行会)、麦谷邦夫編『真誥索引』(一九九一年、京都大学人文科学研究所)、石井昌子『真誥』(一九九一年、明徳出版社)。

(8) 『漢魏叢書』『龍威秘書』『道蔵精華』などに所収。福井康順『神仙伝』(一九八三年、明徳出版社)、澤田瑞穂『神仙伝』(〈中国古典文学大系〉八、一九六九年、平凡社)など。

(9) 『道蔵』洞真部・記伝類第一三八冊。

(10) 土屋昌明「仙伝文学と道教」(〈講座道教〉第四巻『道教と中国思想』二〇〇〇年、雄山閣出版)に最近の研究動向が整理されている。
(11) 『大正新脩大蔵経』第五〇巻、『国訳一切経』和漢撰述部第七五巻などに所収。
(12) 『道蔵』洞真部・記伝類第一三七冊。小南一郎「漢武帝内伝の成立」(『中国の神話と物語り』一九八四年、岩波書店)。
(13) 尸解仙に関しては、宮川尚志「道教の神観念の一考察―尸解仙について―」(『中国宗教史研究』第一、一九八三年、同朋舎出版)、伊藤丈「尸解仙について」(牧尾良海博士頌寿記念論集『中国の宗教・思想と科学』一九八四年、国書刊行会)、吉川忠夫「日中無影―尸解仙考―」(吉川忠夫編『中国古道教史研究』一九九二年、同朋舎出版)などの諸論に詳しい。
(14) 高壮至「上代伝承試論―聖徳太子片岡説話をめぐって―」(『万葉』第五三号、一九六四年)、飯田瑞穂「聖徳太子片岡飢者説話について」(坂本太郎博士古稀記念会編『続日本古代史論集』中巻、一九七二年、吉川弘文館。『飯田瑞穂著作集』第一巻〈聖徳太子伝の研究〉所収)など。
(15) 竹内理三編『寧楽遺文』下巻所収。同書解説、ならびに林幹彌『太子信仰の研究』(一九八〇年、吉川弘文館)参照。
(16) 『伝教大師全集』第一巻(比叡山専修学院編、世界聖典刊行協会)所収。
(17) 蔵中進「聖徳太子片岡説話の形成」(『万葉』六一号、一九六六年)。
(18) 飯田瑞穂、註(15)。
(19) 『新訂　王子町史』資料編(二〇〇〇年、奈良県北葛城郡王子町)、同・本文編(二〇〇〇年)に関連史料の翻刻、紹介と論考がある。『聖徳太子と斑鳩』(一九九八年、橿原考古学研究所附属博物館)参照。
(20) 小野勝年・日比谷丈夫『五台山』(一九四二年、座右宝刊行会。平凡社東洋文庫復刊)。
(21) 円仁『入唐求法巡礼行記』、成尋『参天台五台山記』などに詳しい。
(22) この説話については、増尾伸一郎「『日本霊異記』の女性観にみる『父母恩重経』の投影」(〈日本女性史論集〉第五巻『女性と宗教』一九九八年、吉川弘文館)でも若干言及した。
(23) 小島憲之校注『懐風藻』(日本古典文学大系版、一九六四年、岩波書店)、同『上代日本文学と中国文学』中巻第八章「伝説の表現」(一九六四年、塙書房)。
(24) 『続日本紀』文武天皇三年(六九九)五月二十四日条には、葛木一言主大神ではなく、弟子の韓国連広足が讒言したと伝える。

(25) 津田左右吉「役行者伝説考」（『津田左右吉全集』第九巻、一九六四年、岩波書店。初出は一九三一年）。なお中村宗彦「役行者説話の再検討」（『古代説話の解釈』一九八五年、明治書院）は、唐の杜光庭が三七名の女仙の事績を集録した『墉城集仙録』（『道蔵』洞神部第五六〇～五六一冊所収）巻一の金母元君（西王母）伝から、黄帝との問答の部分を引いて『霊異記』と対比するが（一九四～一九五頁）、杜光庭の生没年（八五〇?～九三三年）から考えると『霊異記』の方が早く、むしろ類似の内容を含む『漢武帝内伝』と比較するのが妥当であろう。

(26) 津田左右吉、註(25)。

(27) 日本思想大系『律令』（一九七六年、岩波書店）補注、四八七頁。

(28) 出雲路修、註(2)六三頁の脚注。『大正新脩大蔵経』第四巻四九二頁。

(29) 吉野裕『防人歌の基礎構造』（一九五六年、御茶の水書房）、岸俊男「防人考」（『日本古代政治史研究』一九六六年、塙書房）など。

(30) 出雲路修、註(2)三七頁の脚注。

(31) 下巻第二縁の末尾にも「所以に書伝に云はく「もし罵を忍びずは、心危くして其の母をすら打殺さむ」といふは、其れ斯れを謂ふなり」とあり、〈孝〉に関わる内容の書物か、と推測される。出雲路修、註(2)一三二頁脚注。

(32) 『日本書紀』持統六年二月、三月条、『万葉集』巻一、四四番歌の左注、『懐風藻』の藤原万里（麻呂）「神の納言が墟を過ぐ」二首など。

(33) 坂本太郎「三代実録と功臣家伝」（『古典と歴史』一九七二年、吉川弘文館）、佐藤宗諄「平安初期の官人と律令政治の変質」（『平安前期政治史序説』一九七七年、東京大学出版会）、亀田隆之「良吏伝の一考察」（『日本古代制度史論』一九八〇年、吉川弘文館）など参照。

(34) 孝子・順孫・義父・節婦の表旌と、その戸の課役免除については賦役令第十七条に規定がある。増尾伸一郎「孝子〈衣縫造金継女〉伝承考」（『史聚』第二四号、一九八九年）でも言及した。

(35) 『唐大詔令集』巻七十四所収。〈新日本古典文学大系〉『続日本紀』三、一八一～一八三頁の脚注参照。

(36) 佚書だが、敦煌文書の残巻や諸書に引かれた佚文から、嫡子の中宗に向けた教訓書とみられる。島善高「『維城典訓』考」（『古代文化』二五八号、一九八〇年）。

(37) 道端良秀『仏教と儒教倫理』の第九章「五戒と五常と孝との一致」(一九六八年、平楽寺書店)。
(38) 宇野精一訳注『顔氏家訓』(一九八二年、明徳出版社)。
(39) 田中徳定「古代文学にみる道徳としての儒教・宗教としての儒教」(『和漢比較文学』二九号、二〇〇二年)。
(40) 佚書だが、『政事要略』に六条、『覚禅抄』に一条、佚文があるほか、『拾芥抄』下巻第十六・諸教誡部に目録があり、『顔氏家訓』の内容や構成に大きく依拠する。西岡虎之助「吉備真備の私教類聚について」(『西岡虎之助著作集』第三巻、一九八四年、三一書房)、瀧川政次郎「私教類聚の構成とその思想」(『日本法制史研究』一九四一年、刀江書院)、目加田さくを「吉備真備私教類聚考」(『物語作家圏の研究』一九八四年、武蔵野書院)のほか、増尾伸一郎「〈長生久視〉の方法とその系譜」(『万葉歌人と中国思想』一九九七年、吉川弘文館)でも言及した。
(41) 『大正新脩大蔵経』第一二巻所収。
(42) 道端良秀、註(37)による。
(43) 原口裕「日本霊異記出典語句管見」(『訓点語と訓点資料』三四号、一九六六年)。『梵網経古迹記』は『大正新脩大蔵経』第四〇巻所収。また近年の研究に増尾聡哉「『霊異記』の「罪」について―『梵網経古迹記』を手掛かりに―」(『駒澤大学大学院国文学会論輯』一七号、一九九〇年)、石井公成「『日本霊異記』における『涅槃経』の意義」(『駒澤短期大学仏教論集』第五号、一九九九年)などがある。
(44) 出雲路修、註(2)一二八頁の脚注。寺川真知夫『日本国現報善悪霊異記の研究』(一九九六年、和泉書院)、石井公成「感応する天―『日本霊異記』の重層信仰―」(『駒澤短期大学研究紀要』二七号、一九九九年)など。『大正新脩大蔵経』第三八巻二五五頁の末尾一一行分に該当する。
(45) 石井公成、註(44)参照。
(46) 中西進「嘉摩三部作」(『山上憶良』一九七三年、河出書房新社)。
(47) 「俗に倍く(そむく)」意から「倍俗先生」とするものが多いが、契沖『万葉代匠記』の「汚俗を怖畏する義」によって「塵俗世間に低迷することを怖れる」の意から「畏俗」とする井村哲夫『万葉集全注』巻第五(一九八四年、有斐閣)に従う。
(48) 井村哲夫、註(47)と『万葉の歌人と作品』第五巻(二〇〇〇年、笠間書院)に、合田時江氏による詳細な「憶良関係文献目録」が載る。

(49) 増尾伸一郎「嘉摩三部作と道仏二教の『父母恩重経』」、註(40)。
(50) 増尾伸一郎「「沈痾自哀文」の史的位置」、註(40)。
(51) 村上嘉実『抱朴子』(一九六七年、明徳出版社)、村山出「『沈痾自哀文』覚書」(『山上憶良の研究』一九七六年、桜楓社)。
(52) 辰巳正明「憶良を読む—六朝士大夫と憶良—」(『上代文学』第六〇号、一九八八年、『万葉集と中国文学』第二、一九九三年、笠間書院)、井村哲夫「憶良の言葉『存亡之大期』又々の説」(『憶良・虫麻呂と天平歌壇』一九九七年、翰林書房)、同「俗道は仮に合ひ即ち離れて去り易く留まり難しといふことを悲しび嘆く詩一首幷せて序」(『万葉の歌人と作品』第五巻、註(48))。
(53) 井村哲夫、註(47)。
(54) 石井公成、註(43)。
(55) 中西進編『山上憶良　人と作品』(一九九一年、桜楓社)。
(56) 渡辺照宏・宮坂宥勝校注『三教指帰・性霊集』(日本古典文学大系版、一九六五年、岩波書店)、福永光司訳注〈日本の名著〉『最澄・空海』(一九七七年、中央公論社)、『弘法大師空海全集』第六巻(一九八四年、筑摩書房)ほか。
(57) 近年の研究書では『南都大安寺論叢』(一九九五年、大安寺)など。
(58) 堀池春峰「弘法大師と南都仏教」(中野義照編『弘法大師研究』一九七八年、吉川弘文館)に詳考がある。
(59) 『新訂増補　国史大系』第三一巻所収。
(60) 渡辺照宏・宮坂宥勝、註(56)に両者の詳細な対照表がある。
(61) 小島憲之「遊仙窟の投げた影」(『上代日本文学と中国文学』中巻、註(23))。
(62) 渡辺照宏・宮坂宥勝「三教指帰引用・関係文献目録」、註(56)。福永光司、註(56)にはとくに詳しい漢籍の出典考証がある。
(63) 小島憲之『上代日本文学と中国文学』下巻、第七篇第一章の「仏家の文学」(一九六五年、塙書房)、福永光司「空海における漢文の学」(註(56))、加地伸行「弘法大師と中国思想と—『指帰』両序に寄せて—」(註(58))、川口久雄「弘法大師の文学について—敦煌資料とのかかわり—」(同前書)など参照。

第四章　源為憲と初期天台浄土教

――慶滋保胤との対比を通じて――

はじめに

永観二年（九八四）十一月に源為憲は『三宝絵』三巻を撰録し、冷泉院の第二皇女である尊子内親王に献じたが、半年後の寛和元年（九八五）五月一日に内親王はわずか二十歳で死去した。[1] 四十九日の法要は母の藤原懐子の曾祖父にあたる忠平が東山に創建した法性寺で催され、大内記の慶滋保胤が供養願文を書いている。[2]

願文によると、釈尊や諸天の五衰の悲しみと同じく、人も生死の苦を免れず、若くして急逝した内親王は、十五歳で円融天皇の女御として入内し美貌を讃えられたものの、道心篤く朝夕に『法華経』提婆達多品を誦し、阿弥陀尊を念じ続け、天台座主良源を戒師として出家したという。[3] 天暦八年（九五四）に内親王の曾祖父藤原師輔が横川楞厳院に法華三昧堂を草創して以来、良源と師輔一門との間には師檀関係が結ばれていた。後に横川僧都とも呼ばれた源信は、良源の弟子である。

保胤は続けて、女性が出家する事情としては老境に至って夫婿を亡くすか、病患多く親の無い場合などが普通だが、出自は高貴で妙齢にもかかわらず発心したのは、妙音菩薩か観音菩薩の化身かとのべる。最後に忌日の法要にあたって白銀の阿弥陀仏と観音・勢至二菩薩の像を鋳造し、金字の『妙法蓮華経』一部八巻、『無量義経』『普賢観経』の開結二経、『阿弥陀経』『転女成仏経』『般若心経』等各一巻を書写し、法性寺で供養したといい、臨終の様子を次のように記す。

公主（内親王）臨終の間、西面して几に憑りて、寸心も乱れず。十念休むこと無し。便ち是れ綺窓に瞑目せし時は、寧ろ蓮台結跏の日に非ずや。定めて知る中有を経ずして直ちに西方に至れるを。公主もし暫く含める花色を住めば、常楽の風吹きて忽ちに開敷せしめん。もし未明の月輪有らば、余習の雲散じて永く円満ならしめん。今日の善業、上は則ち新仏瓔珞の末光を増加し、下は則ち群生輪廻の苦縁を解脱せん。敬みて白す。

これは典型的な浄土信仰の要素を基調としているが、半年前に源為憲が献じた『三宝絵』に浄土教の影がさほど認められないのに較べて隔たりがあるのはなぜか[4]。本稿では源為憲の浄土信仰の性格について、『三宝絵』や「空也誄」「勧学会記」などを中心に、慶滋保胤の『日本往生極楽記』とも対比しながら考察したいと思う。

一　勧学会の結衆と源為憲

源為憲は光孝源氏、筑前守忠幹の子として天慶五年（九四二）に生れた[5]。大学寮で紀伝道を学んで源順に師事し、進士、内記、蔵人、式部丞を経て三河権守のとき、永観二年（九八四）に『三宝絵』を撰録した。その後、遠江・美濃・伊賀の国守などを歴任したが、文人として最初に名前が見えるのは応和三年（九六三）三月に三善道統邸で行われた詩合に参加した時の記録「善秀才宅詩合」[6]である。「紅霞間緑樹」の詩題で七言律詩を作ったが、三善道統の判定は藤原在国の勝ちであった。参加者には賀茂（慶滋）保胤、藤原秀孝、橘正通、高丘重名、三善篤信、高丘相如、橘倚平、賀茂保章、高丘兼弘、文室如正らがおり、判者は三善道統と藤原篤茂、藤原行葛がつとめた。紀伝道を学ぶ学生一二名が参加し、先輩三名が判定にあたった詩合の雰囲気は、天元五年（九八二）に石見守の任を終えて帰洛した藤原在国がこの当時のことを回想して詠んだ「初冬李部橘侍郎の過ぐるを見て感じ、旧を懐ひ飲を命ず」（『本朝麗藻』百四十五）[7]に「于嗟、康保年中、文友廿有余輩、或ひは青雲の上に昇り、交談遠く隔たれり。或ひは黄壌の中に帰し、存没共に離れたり。其の余の多くは台車の繁務を執り、亦た刺史の遠符を割く。居止接近するも、日暇あきつかず」とのべて、大内記慶滋保胤、少外記高丘相如、前日向守橘倚平、宮内丞橘正通らの名前を挙げていることからも、その親密さが窺える。[8]

「善秀才宅詩合」が催された五ヵ月後の八月二十三日に、空也が鴨川の河原で金字大般若経の書写供養を行い、請僧六〇〇人と左大臣藤原実頼以下多数の結縁者が参集した。[9]三善道統が書いた「空也上人の為に金字の大般若経を供養する願文」[10]は、空也の委嘱を受けて執筆されたと思われる。それによると紺紙金泥大般若経の書写は天暦四年（九五〇）九月に発願してから一四年を費やしてようやく成った。洛中の貴賤が空也に帰依した結果であり、供養会は鴨川畔に仮の仏殿を建て、昼は講経、夜は万燈会が行われ、舞楽管弦を盛大に催して弥陀仏を念じ、極楽往生を祈願する。結縁知識の善根功徳をもって聖朝を祈り、百官千僚と道俗尊卑、有縁無縁の群類に及ぼそうというものであり、この紺紙金泥経は勝水寺塔院に納められたという。[11]

還暦を迎えた空也のために三善道統の長文の願文を書いたことが契機となって、詩合に参加した文人たちと僧侶との結びつきが深まり、翌年に勧学会が発足する端緒が拓かれたものと思われる。

『三宝絵』巻下十四の「比叡坂本の勧学会」によると、村上朝の康保元年（九六四）九月に最初の勧学会が開かれた。大学寮の北堂（都堂院）で紀伝道を専攻する学生が同志を募り、三月と九月の十五日に比叡山の僧侶と会集して「経ヲ講ジ、仏ヲ念ズルコトヲ其ノ勤トセム。コノ世、後ノ世ニ、ナガキ友トシテ、法ノ道、文ノ道ヲタガヒニアヒス、メナラハム」ことを願って始められたという。

十四日の夕刻に僧たちは山を下って麓に集まり、学生たちは月の夜道を『白氏文集』巻二十七の「贈僧五首、鉢塔院如大師」詩を詠じながら会場の寺に向った。僧たちも『法華経』方便品の偈「志求仏道者、無量千万億。咸意恭敬心、皆来至仏所」を唱えて、学生たちに応えた。

翌十五日の朝には『法華経』を講じ、夕刻には弥陀仏を念じて後は、翌日の早暁まで仏法を讃え、詩を作って作品を寺に奉納したが、それは白居易が自作の詩文を竜門の香山寺に納めた故事に倣ったもので、そのときの「願ハクハコノ生ノ世俗文字ノ業、狂言綺語ノアヤマリヲモテカヘシテ、当来世々讃仏乗ノ因、転法輪ノ縁トセム」という願文と、『白氏文集』巻二十七の詩「逍遙詠」などを朗詠し、僧たちもまた互いに『法華経』方便品の一切三世の諸仏を供養する偈や、初期大乗仏教の確立者で八宗の祖と仰がれた竜樹菩薩の讃礼阿弥陀仏文十二偈を詠じて夜を明かした。「娑婆世界ハコヱ仏事ヲナシケレバ、僧ノ妙ナル偈頌ヲトナヘ、俗ノタフトキ詩句ヲ誦スルヲキクニ、心オノヅカラウゴキテ、ナミダ袖ヲウルホス」という感慨を記すことは『三宝絵』の中では例外的だが、これは為憲が実際に勧学会に参加した者としての実感を込めたものであろう。

諸種の翻刻の底本に用いられる東京国立博物館本（東寺観智院旧蔵本）[12]では、この項の末尾を「ワガミチ尽ズハ、コノ会モタヘズシテ、竜花三会ニイタラシメム、トイヘリ」と結び、この勧学会が末永く続いて、弥勒菩薩による衆生の救済につながることを祈願している。漢文体の前田尊経閣文庫本には、「ワガミチ尽ズハ」に該当する部分の前に「僧俗共契云、吾山不亡」という文言があり[13]、東博本では当該部を欠佚するものの、勧学会に参加した天台僧と学生たちが、比叡山の法燈と紀伝道の学統と勧学会の永続とを一体のものとして捉えていたことがわかる。

勧学会については『本朝文粋』巻十に四首、『本朝続文粋』巻八に二首の詩序が載るのをはじめ[14]、『朝野群載』巻三には延久三年（一〇七一）の「勧学会之記」があるほか、[15]『扶桑略記』や『本朝麗藻』にも関連記事があり、おおよその消長が知られる。桃裕行氏は康保元年（九六四）の創始から、勧学会仏堂建立計画の挫折と、事業を推進したとみられる慶滋保胤の出家により中絶した寛和二年（九八六）ごろまでを第一期、一八年後の寛弘元年（一〇〇四）前後に左大臣藤原道長によって父兼家の居宅を寺とした法興院で復活した第二期、その二十数年後の長元元年（一〇二八）ごろに叡山の僧侶側の積極的参加によって再度復活し、保安三年（一一二二）ごろまで続いた第三期に区分し、前後約一五〇年にわたって継続された経過を跡づけ、講経と念仏と作詩歌を主な要素とすることを指摘した。[16]

その後、勧学会の性格をめぐっては、弥陀念仏を中心とする念仏結社とみる説[17]や、法華経講説を重視する説[18]、講経念仏よりも釈経詩文を作詠する文会であったという説[19]など、評価が分れていたが、近年新たに紹介された源為憲による康保元年の「勧学会記」[20]によって、初期の勧学会の実態がかなり具体的にわかるようになった。[21]

この新出史料は、東京の西新井大師総持寺から発見された、縦二八・四チセン、全長三三〇・八チセンの巻子本で、八四行にわたって勧学会が始まった康保元年九月[22]の親林寺における会の内容を記録したものだが、欠佚や錯簡がある。賀茂保章の詩序（末尾のみ残存）に続いて保章の詩（韻字は東字）、中臣朝光（侵字）、文室如正（清字）が記され、三一行目から後が源為憲による「記」の部分となる。

従来の研究によって勧学会の結衆とされた慶滋保胤、橘倚平、藤原在（有）国、高階積善、高丘相如、源為憲、橘淑信、菅原資忠、藤原忠輔、藤原惟成、平惟仲、菅原輔昭、源扶義、藤原為時らに加えて、新たに賀茂保章、中臣朝光、文室如正、平慎の四名を加えることになったが、「善秀才宅詩合」の参加者の多くが含まれていることは、改めて両者の近縁を窺わせる。一方の叡山の僧侶については従来まったくわかっていなかったが、慶助、賢寂、能救、法禅、慶雲、勝算、聖感、暦喜、尊延、慶円、性高、明遍、穆算、清義の一四名が新たに判明し、彼らの大半は二十歳前後の青年僧で、後に叡山の中枢を担う高僧になった者も少なくないことが明らかとなった。[23]

さらに会の行事の内容も具体的に記録されており、東舘紹見氏が整理された次第をもとにして示せば、以下のようになる。

a　俗参着
b　僧参着
c　饗饌（三盃）・聯句

Ⅰ
a　点鐘・僧俗入道場
b　礼仏・礼経
c　法華経講説
d　竪義（論義）

Ⅱ
a　弥陀念仏
b　誦経・僧復座
c　誦讃（天台大師等之讃）

Ⅲ　詩作（今回の詩題は『法華経』従地涌出品第十五「志楽於静処」文）

これをみると弥陀念仏よりも、むしろ法華経講説の方が比重が大きく、竪義（論義）も伴うかなり整備されたもので、Ⅱ、Ⅲの部分を除くと当時の法華講会にも比すべき性格をもっていたことがわかる。法華経の講説と論義の聴聞を目的とする結縁法華講会の形態を取りつつ、弥陀念仏と釈経の詩作も併修したところに勧学会の特色があるが、[24]各行事の進行は僧俗が相互に協力し合って行っており、我が党の或るひと、涙を拭ひて曰はく、「得難き人身を得、遭ひ難き善根に遭ふ。縦ひ綺語の罪を把るも、請ふ随喜の詩を作らむ。黙止するに比せず、意に於いて云何」と。結衆饗応す。

という「記」の一節（六八～七三行目）は、参会者の高揚感を伝えて『三宝絵』の「心オノヅカラウゴキテ、ナミダ袖ヲウルホス」という描写に通じる。

為憲は「記」の末尾に「中に凡夫源為憲有り。謬りて二十の列に預り、独り緇素の交りを慙づ」と謙遜しつつ「倩実事を見て筆を走らせ、これを記す」と記しており、二十三歳の為憲にとっては重く晴れがましい出来事であると同時に、本格的に仏教を学ぶ契機を得たことは間違いない。

二　「空也誄」から『三宝絵』へ

「勧学会記」を書いた六年後の天禄元年（九七〇）の暮に、為憲は参議左近衛中将・藤原為光の一男で七歳になった松雄君（誠信）のために『口遊』を編んだ。天文、年代、地理をはじめとする諸分野の基礎知識を節をつけて読誦し暗記できるように構成したもので、その意図をのべた序文の一節「経籍の文、故老の説の、朝家に用いらるべく、閭巷に抛ち難き類、勒して一巻と成す」は、師の源順の『倭名類聚抄』の序を踏まえる。弱冠二十九歳でこうした啓蒙書をまとめた為憲の学識と文才は注目を集めたものと思われ、中世にかけて流布した(25)。

その二年後、天禄三年（九七二）九月に市の聖と呼ばれた空也が西光寺（後の六波羅蜜寺）(26)で死去したのをうけて、為憲は「空也誄」を執筆することになった。その時期については空也の一周忌に際してと推測する説もあるが(27)、冒頭の自署「国子学生」から考えて、天禄三年十月末の四十九日忌とみる説に従いたい(28)。

「空也誄」の執筆が勧学会の結衆を主導したとされる慶滋保胤[29]ではなく、為憲に委嘱されたのは三善道統の推挙によるものと思われる。空也のために大般若経供養願文を書いた三善道統は三善清行の孫で天文暦法にも通じており、自邸で催した「善秀才宅詩合」で判者をつとめた翌年に、蔵人所で慶滋保胤の兄の賀茂保憲と「甲子運数の事」をめぐって論争し、甲子革令改元の初例を開いたことがあった[30]。

慶滋保胤も空也の没後に西光寺を継いで貞元二年（九七七）ごろに六波羅蜜寺と改称したという中信の時代[31]になってからのことだが、六波羅蜜寺で催される供花会に多数の僧俗が参集して講経念仏が盛大に行われているものの、勧学会や極楽会のように講経の後に詩を作って讃仏する習わしがないのを惜しみ、経中の一句を題として詩を詠んだという「暮春、六波羅蜜寺の供花会に於いて法華経を講ずるを聴き、同じく一称南無仏を賦す」七言詩を『本朝文粋』巻十に残しているように、六波羅蜜寺との関係は浅からぬものがあったようだ。ただ、保胤が勧学会の発足当初から主導的役割を果していたかどうかについては、寛和元年（九八五）ごろに成立した『日本往生極楽記』の序に、「予少き日より弥陀仏を念じ、行年四十より以降、その志いよいよ劇し。口に名号を唱へ、心に相好を観ぜり。行住坐臥暫くも忘れず、造次顛沛必ずこれにおいてせり」とのべていることや、勧学会の会所として仏堂を建設する計画を立てたものの、古くからの結衆はさほど多くはなく、財力にも恵まれぬ者が大半なので俸禄の一部を割いて協力して欲しいと、日向守の橘倚平に援助を要請した「勧学会所、日州刺史館下に牒す[32]」を天延二年（九七四）八月十日の日付で書いていることなどから、保胤自身の浄土信仰は天延二年四十歳のころより深まりをみせるようになったと考えられ[33]、空也死去の時期に、道統が為憲を誄の執筆者に推したのは妥当な人選だったといえるだろう。

為憲は「空也誄」を書くにあたって「肆に或ひは遺弟子を本寺に尋ね、又、先後の法会を修する所の願文・善知識を唱ふる所の文数十枚を集め、以て平生の蓄懐を知る。称歎に堪へずして之が誄を為す」とその末尾で述懐しているように、西光寺（六波羅蜜寺）に赴いて関係者から資料の提供や聞書きを得た。それらをもとにまとめられた「空也誄」は、その後のさまざまな空也伝の基礎となった(34)。

「空也誄」の序では冒頭でその出自の問題にふれた後、次のように諸種のエピソードを年代記的に順次描写していく形式をとる。

(1) 空也の身には虱が付かなかった。

(2) 若いころ、優婆塞として五畿七道を巡歴し、名山霊窟で修行した。人馬が険路に難渋していると平らにし、橋を架け、水脈を開き、野原の屍体を廻向した。

(3) 二十余歳のときに尾張国分寺で剃髪した。

(4) 播磨国揖保郡の峯相（みねあい）寺で一切経論を披閲すること数年に及び、難解な箇所は夢に金人が現れて文義を教示してくれた。

(5) 阿波と土佐の境の海中にある湯島に観音菩薩像があり、数ヵ月練行しても拝礼できなかったので、穀粒を断ち、腕上で焼香し七日間不動不眠の行を積んだところ、尊像が光明を放った。

(6) 陸奥と出羽に仏像と経論を背負って赴き布教した結果、多数が帰依した。

(7) 天慶元年（九三八）に入京し、市井で貧者や病者を救済したので「市の聖」と呼ばれ、常に南無阿弥陀仏の名号を唱えたので「阿弥陀聖」とも呼ばれた。

(8) 東西の二京の間を巡行して各所に掘った井戸は「阿弥陀井」と呼ばれている。

(9) 同じ年に東都の獄舎の門に卒塔婆一基を建立し、仏像は光り、廂の宝鐸はよく風に鳴って、囚徒を感涙させた。

(10) 昔、神泉苑の水門外に病気の老女が居たので見舞の品を与えたところ、回復した老女は交接を求め、熟考の末に空也が応諾の返事をすると、老女の正体は狐であると明かして忽然と姿を消した。

(11) 初めて本尊の阿弥陀仏の姿を見、夢に極楽往生できた喜びを和歌に詠んだ。

(12) 天慶七年（九四四）に善知識を勧進して観音像と阿弥陀浄土変を作った。

(13) 西光寺北門の蛇が蛙を呑んだため、錫杖を擎げて誦し、済度した。

(14) 天暦二年（九四八）、叡山に登り座主延昌に師事し、得度して大乗戒を受け、法号光勝を授けられたが、沙弥名空也を改めることはなかった。

(15) 同五年（九五一）、知識を勧進して金色の観音像一体、六尺の梵天王、帝釈、四天王各一体を造り、西光寺に安置した。

(16) 金泥の大般若経一部六百巻を書写し、勝水寺塔院に安置するが、この経の軸は長谷寺の観音に祈願した結果得られたものであり、応和三年（九六三）に鴨川の河原で盛大に供養会が催され、浄蔵（三善清行の第八子）が文殊菩薩の来臨を感得した。

(17) 天禄元年（九七〇）に大納言陸奥按察使の藤原師成が死去すると、閻羅王に通牒を認め、生前、大檀越として深交を結んだ人物なので優恤を加えるよう伝えた。

(18) 西京にある老尼が居り、空也は相互に善友と称するこの老尼に衲衣を一領縫ってもらっていたが、空也の入滅を感知した老尼は婢に届けさせた。帰った婢は空也の示寂を告げたが、格別驚くそぶりも見せなかった。

(19) 空也は得度してから二五年後、七十歳で入寂した。臨終を前に沐浴して浄衣を着、手に香炉を捧げて箕踞し、西に向って瞑目した。そのとき天から音楽が聞こえ、よい香りが立ち登ったので、近隣の人々は住房に参集し、最期の姿を見て悲しんだ。

以上、諸本とも錯簡や異同、欠佚が多く、内容を取り難い箇所も少なくないが梗概をたどってみた。この後に「赫々聖人　其徳無量……」と始まり、「被浄土迎　嗚呼哀哉」と結ぶ四言三四句の誄が続くが、異例に長文の序をもつこの「空也誄」については、大江匡房の『江談抄』巻六第四十四に、大江以言（もちとき）が「為憲は能く文章を知れる者か。ただし、空也聖人の誄は、はなはだ見苦しきものなり。誄にあらず、これ伝なり」と評したというのはよく知られている。以言が指摘するようにこの「空也誄」は伝もしくは墓誌や碑文に類するものであり、誄の本文は序を要約したような形になっているが、この点については、為憲が参着した空也の伝記関係資料の大半が散文体の漢文であり、それらの原史料をあえて韻文に直さず、そのまま活用する形で誄の序に盛り込んだ結果ではないかという福井佳夫氏の推考[35]に従いたい。

為憲は「空也誄」において、空也の人物像を『続日本紀』や『日本霊異記』などに描かれた役小角や行基にきわめて近似した呪術的な民間宗教者として捉えようとしており、役小角や行基の系譜に連なる存在として位置づけようとする姿勢が窺える。

『三宝絵』巻中では上宮太子（聖徳太子）に続いて役行者と行基の項が立てられ、ともに、『続日本紀』『日本霊異記』のほかに佚書の小野仲広撰『日本国名僧伝』などを用いてそれぞれの呪術的な性格や、布教の形態などが活写されているが、たとえば役行者が仙術の会得を求める志が強く、葛木山に住み、三十余年にわたって窟中にいて藤皮の衣を着、松葉を食べ、清泉を浴びて身心の垢を洗い、孔雀王呪を習い行じて、霊験を顕したという条りは、「空也誄」の⑴⑵⑸に通じる要素をもつ。

また行基伝承では、悪路に橋を架け、堤を築き、良い場所を選んで堂を建て、寺を造ること畿内だけで三㈣十九処を数え、広く他国にも及んだという部分は「空也誄」の⑵⑹⑻などに関連するし、行基が故郷の池の畔で人々が集まり魚を獲って食べているところを通りかかったところ、強引に魚の膾を食べさせられたが、行基が口から出したとたんに膾は小魚に生き返って池を泳いだとか、飛鳥元興寺の村人が設けた大法会に参集した人々の中に鹿（猪）の油を髪に塗った女性が一人いるのを、行基はすかさず見破ったといった奇異譚は「空也誄」の⑽や⒀と同類であろう。

さらに行基の名声を妬んだ智光が閻羅王に召喚され、行基を誹謗中傷した罪を償うよう申し渡されて生還し、悔い改めたという話は⒄の閻羅王とのやりとりに通じるものであり、末尾の婆羅門僧正の迎接と行基の文殊菩薩化現伝承は⒃とそのまま結びつく。

こうした点をみても為憲は「空也誄」の執筆を通じて空也の先駆的存在として役行者や行基を再認識し、『三宝絵』中巻の構成にあたっては、上宮太子に続く存在として二人を配置したものと考えられるのである。

なお文中でもっとも多くの筆を費やし、力を込めて書いたと思われる⒃の伝承は、主に三善道統の大般若経供養願文に依拠して書かれており、「空也誄」執筆の経緯をめぐる両者の親近を窺わせる。

三　源為憲と慶滋保胤

尊子内親王のために『三宝絵』を撰進するにあたって、為憲は仏法僧の三宝を各巻に充てた三巻で全体を構成した。上巻の仏宝では仏の教説の基本は六波羅蜜にあると捉え、檀・持戒・忍辱・精進・禅定・般若について、それぞれ巳毘王・須陀摩王・忍辱仙人・大施太子・正闍梨仙人・拘賓大臣を例話として説くとともに、後半には流水長者・堅誓師子・鹿王・雪山童子・薩唾王子・須太那王子・施旡の例話を続けることによって、釈迦が仏陀として悟りを開く道程を本生譚として説明する。

中巻の法宝では聖徳太子・役行者・行基の三名を筆頭に、以下『日本霊異記』に登場する僧俗一五名の略伝を列記する。九世紀までの日本仏教史を担う聖武天皇・鑑真・最澄・空海・円仁・円珍などの主要人物を採り上げない点について、この巻の主旨が奇しく妙なる仏法が東漸する過程を示すことにあり、それに相応しい人物が選ばれたとみる小原仁氏の指摘は正鵠を射ていると思われる[36]。冒頭の三人をはじめ『霊異記』から選ばれた僧俗は、いずれも呪術的な民間信仰や密教的な要素が顕著だが、為憲がこうした人々を法宝の中心に配置したのは、浄土教は天台宗から興ったのではなく、〈天台宗の密教化〉の中から生み出されたという薗田香融氏の指摘[37]するような認識を為憲が有していたことを示すものであろう。

下巻の僧宝では、宮中や各地の寺社で行われる法会や仏教的年中行事を三十一項目選び、日本において展開する仏教文化の多様性と複合性について多角的に論述する。用いられた史料も寺社縁起、資財帳、古記録、官符、格、伝記類、経典など多彩をきわめ[38]、勧学会を通じた比叡山の学僧たちとのネットワークが背景にあるとはいえ、為憲の視野の広さと卓越した情報収集力を目の当りにすることができる。

採り上げられた法会や寺院の多くは比叡山か天台系、もしくは南都仏教系であり、真言系の影は薄いものの、二十六の八幡放生会や二十九の熊野八講会のように神社における儀礼に言及したり、一の修正月や六の修二月はオコナイと、十八の灌仏も卯月八日前後の民俗儀礼と近縁するように、中国から朝鮮を経て伝来した仏教の正統的な要素だけでなく、日本の神祇や民俗信仰のような基層文化との習合あるいは複合性に対する視点を、明確に看て取れる。

『三宝絵』にみられるこのような仏教観は、為憲が青年期から参加した勧学会の結衆の一人として、同世代の比叡山の学僧たちとの交友関係を通じて、法華経講讃と阿弥陀念仏を基軸とする初期の天台浄土教により仏教への理解を深め、呪術的な教説と社会事業的な布教を進めて多数の民衆が帰依した空也の存在に接することで培われたものであろう。

『三宝絵』が尊子内親王に撰進された永観二年(九八四)には、慶滋保胤も『日本往生極楽記』の撰録に着手していた。集中十八の延暦寺の阿闍梨千観が永観元年暮に没しており、寛和元年(九八五)四月に成稿したという源信の『往生要集』に「慶氏日本往生記」とあるので、この間に初稿本が成ったとみられる。(39) その序によれば、唐の弘法寺の釈迦才が凡夫も含め二〇名の往生伝を載せた『浄土論』や、唐の文諗と少康が東晋の慧遠以下、唐代までの僧俗四八名の往生伝を共編した『瑞応伝』に示唆を得て編纂を志したという。「国史及び諸の人の別伝等を検するに、異相往生せる者あり。兼てまた故老に訪ひて都盧(すべて)四十余人を得たり」とその方法をのべ、「後にこの記を見る者、疑惑を生ずることなかれ、願はくは、我一切衆生とともに、安楽国に往生せむ」と結んで、西方極楽浄土への往生を強く希求している。

『日本紀略』によると、保胤は寛和二年(九八六)四月に突然出家した。詔勅等の公文書起草や管理を担当する大内記として花山朝に出仕した保胤にとって、この前後は花山天皇の姉にあたる尊子内親王が前年五月に死去したのをはじめ、同年七月には天皇の寵妃弘徽殿の女御も死去したのに落胆した天皇自身が二年六月に退位出家するという、大きな混迷が続いた時期であった。(40) しかし二の行基菩薩の項の末尾に、「仏子寂心(保胤)在俗の時、この記および序等を草して、既に巻軸を成し了りぬ。出家の後、念仏に暇無くして、すでに翰(ふむて)を染むることを絶てり」と記し、出家後に筆を絶ったことに触れた後、最近往生したとされる五、六名の伝を中書大王に委嘱して追補しえたという。さらに大王に対して聖徳太子と行基菩薩の伝を加えるよう夢告があったものの、折悪しく大王は風痾のために執筆できなくなったので、自ら再び史料にあたってこの二菩薩の伝を書いたという。中書大王は醍醐皇子で前中書王と呼ばれた兼明親王をさすというのが通説であったが、近年の平林盛得氏の考証により、村上天皇の第七子で後中書王と呼ばれた具平親王とみるべきであろう(41)。

行基の伝に付載されたこの記事をみる限り、保胤は当初、往生者の中にこの二人を入れておらず、三の善謝は桓武朝の律師であり、四は円仁なので、『三宝絵』中巻の法宝とは重ならない、平安時代の僧侶を中心に構成しようと考えていたようである。

さらに十七の沙門空也では源為憲の「空也誄」をほぼ踏襲している点も注目される。両者を対照すると、全篇にわたって「空也誄」を抄出した形になっている中で、

一の鍛冶の工(たくみ)、上人を過(よぎ)り、金を懐にして帰る。陳べて曰く、日暮れ路遠くして、怖なきにあらずといふ。上人教へて曰く、弥陀仏を念ずべしといへり。工人中途にして果して盗人に遇ふ。心に窃(ひそか)に仏を念ずること上人の言のごとくせり。盗人来り見て市聖と称(い)ひて去りぬ。

という伝承だけが『日本往生極楽記』独自の部分だが、念仏を唱える鍛冶工を空也と見誤り危害を加えずに立ち去った盗賊の姿は、「空也誄」(9)の東都の獄舎の門に卒塔婆を建て、囚徒を教化したという出来事を前提として初めて理解できることであって、むしろ「空也誄」とのつながりを示すものとされる(42)。

『日本往生極楽記』には「空也誄」に列挙されたさまざまな伝承の中で、言及しない部分もいくつかある。たとえば(10)の神泉苑の老狐とのやりとりや、(13)の蛇の折伏、(14)の叡山での受戒、(15)(16)の造仏写経の供養、(17)の藤原師成との交友と閻羅王への通牒などだが、これらのことは保胤が行基や空也のような民間呪術的世界をさほど評価しておらず、あくまで念仏による極楽往生を志向していたことを物語る。

それに対して為憲は役行者や行基、そして空也の系譜にこそ、天台浄土教形成の基調があると認識していたようであり、両者の懸隔は小さくはなかったといえるだろう。

おわりに

『三宝絵』が成った永観二年（九八四）の十一月に、源信は延暦寺首楞厳院で『往生要集』の撰述に着手し、翌寛和元年四月に脱稿したことを、その末尾に記している。現行の『往生要集』にはこの後に永延二年（九八八）正月に書かれた、いわゆる「遣唐消息」が載る。これは前年秋に宋の商人朱仁聡の船に同乗して博多に来航し、日本に滞在していた中国僧の斉隠に宛てて書かれたもので、日本に東流した仏教、とくに法華経に帰依して極楽往生の結縁を希む者が多いことを唐土に示すために、自著の『往生要集』とともに、師の良源の「観音讃」と慶滋保胤の「十六相讃」、『日本往生伝（往生極楽記）』、さらに源為憲の「法華経賦」を斉隠に託して、中国に持ち伝えて欲しいと要請したものである。[43]

源信が選んだ為憲の「法華経賦」は現存しないが、これは源信が為憲の仏教理解と信心の姿勢、そして文学的素養を高く評価していたことの証しであろう。

為憲は保胤のように出家することはなく、終生官途にありながら勧学会以来の信心を持ち続けたが、それは彼の信心が保胤に較べて弱いことを意味するわけではない。[44]むしろ『三宝絵』巻下の十八「熊野八講会」の末尾で、『大智度論』の仏法僧を等しく尊べという教えを踏まえながら、尊子内親王に向けて「我今アマネクイマシム。キミキキトレ、心ヨヒトシクシテ同ク供養ゼヨ。撰ブ事ナカレ」と説くように、信心と生活の調和をはかることにつとめ、その多彩な著作を通じて天台浄土教形成の基調となった、日本における仏教受容と展開の様相を幅広く柔軟な視点から的確に把握し、記述することに成功した稀有な学才の持ち主であった。

註

（1）『日本紀略』による。『小右記』は二日の暁とする。以下、尊子内親王の生涯については塚田晃信「落飾と受戒の間」（『東洋大学短期大学紀要』七号、一九七六年）、横田隆志「尊子内親王と『三宝絵』序説」（神戸大学『国文論叢』二八号、一九九九年）、速水侑「摂関期文人貴族の時代観―『三宝絵』を中心に―」（『平安仏教と末法思想』吉川弘文館、二〇〇六年）など参照。

（2）『本朝文粋』巻十四「為二品長公主四十九日願文」。柿村重松『本朝文粋註釈』下巻（一九二二年初版、冨山房）参照。

（3）願文には「去にし月十九日」に出家したとあるが、諸家が指摘するように良源は内親王より早く同年一月に入寂しているので、何らかの誤脱があるのだろう。『小右記』天元五年（九八二）四月九日条に尊子の落飾のことが見えるが、そのまま出家したのではなく、後宮で妃の身分のまま生活していた尊子は完全剃髪の前段階として良源を戒師として尼削ぎ受戒をしたと考えられ、速水侑（註(1)）は天元六年（永観元年、九八三）三月の円融寺供養会の折に行われたとみる。

（4）小原仁「摂関時代における「日本仏教」の構想」（〈古代文学論叢〉一五『源氏物語の背景　研究と資料』二〇〇一年、武蔵野書院、『中世貴族社会と仏教』二〇〇七年、吉川弘文館）では、この点について、『三宝絵』に叙述された日本仏教の性格をめぐって考察している。

（5）増田繁夫「花山朝の文人たち」（『甲南大学文学会論集』二一号、一九六三年、『源氏物語と貴族社会』二〇〇二年、吉川弘文館）。源為憲の伝記的研究には岡田希雄「源為憲伝攷」（『国語と国文学』一九巻一号、一九四二年）、同「源順及同為憲年譜」（『立命館大学論叢』八輯三号、一二輯三号、一九四三・四四年）、ともに黒田彰・湯谷祐三編『説話文学研究叢書』第七巻・岡田希雄集（二〇〇四年、クレス出版）所収、速水侑「源為憲の世界―勧学会文人貴族たちの軌跡―」（速水侑編『奈良・平安仏教の展開』二〇〇六年、吉川弘文館）などがある。

（6）『群書類従』文筆部（第九輯）所収。

（7）川口久雄・本朝麗藻を読む会編『本朝麗藻簡注』（一九九三年、勉誠社）、今浜通隆『本朝麗藻全注釈』（一九九三年～、既刊二冊、新典社）、大曽根章介・佐伯雅子『校本本朝麗藻附索引』（一九九二年、汲古書院）。

（8）大曽根章介「康保の青春群像」（『リポート笠間』二七号、一九八六年、『日本漢文学論集』第一巻、一九九八年、汲古書院）。

（9）『日本紀略』応和三年八月二十三日条、『元亨釈書』巻十四―十七「光勝」、同巻十一―十二「浄蔵」参照。

（10）『本朝文粋』巻十三所収。

(11)堀一郎『空也』(一九六三年、吉川弘文館)の「空也誄」に関する記述参照。
(12)『大日本仏教全書』一一一伝記叢書(一九二二年、名著普及会)、吉田幸一・宮田裕行編〈古典文庫〉二一五『三宝絵詞(東寺観智院本)』(一九六五年、古典文庫)、小泉弘・高橋伸幸編『諸本対照三宝絵集成』(一九八〇年、笠間書院)、江口孝夫編〈古典文庫〉六四・六五『三宝絵詞』(一九八二年、現代思潮社)、馬淵和夫・小泉弘・今野達校注〈新日本古典文学大系〉『三宝絵』(一九九七年、岩波書店)など。
(13)〈尊経閣叢刊〉(影印版、池田亀鑑解説、一九三五年)。
(14)『本朝文粋』巻十には慶保胤「勧学会於禅林寺賦聚砂為仏塔詩序」、紀斉名「勧学会賦摂念山林詩序」、高積善「勧学会於法興院賦世尊大恩詩序」、江以言「於予州楠本道場擬勧学会賦寿命不可量詩序」の四首、『本朝続文粋』巻八(新訂増補国史大系第二九下所収)には定義朝臣「勧学会於随願寺賦漸々積功徳詩序」、敦宗朝臣「勧学会於尊重寺賦為衆生説法詩序」の二首。
(15)後藤昭雄「延久三年「勧学会之記」をめぐって―文事としての勧学会―」(大谷大学国文学会『文芸論叢』五六、二〇〇一年)参照。
(16)桃裕行『上代学制の研究』第三章四節「勧学会と清水寺長講会」(一九四七年初版、一九八三年復刊、吉川弘文館)。
(17)井上光貞『日本浄土教成立史の研究』(一九五六年初版、増訂版一九七五年、山川出版社)、小原仁『文人貴族の系譜』(一九八七年、吉川弘文館)など。
(18)堀大慈「二十五三昧会の成立に関する諸問題」(京都女子大学『人文論叢』九号、一九六四年)など。
(19)奈良弘元「勧学会の性格について」(『印度学仏教学研究』二三巻一号、一九七四年)。
(20)小松茂美編・解説『藤原忠通筆「勧学会記」』(一九八四年、講談社)。「勧学会記」という書名は小松氏によるものである。
(21)後藤昭雄「「勧学会記」について」(『国語と国文学』六三巻六号、一九八六年。『平安朝漢文文献の研究』一九九三年、吉川弘文館)、西村冏紹「勧学会と二十五三昧会」(『叡山学院研究紀要』一四号、一九八八年)、東舘紹見「勧学会の性格に関する一考察」(『真宗研究』三八輯、一九九四年)、平林盛得「新出「勧学会記」の発見とその資料性について」(『慶滋保胤と浄土思想』二〇〇一年、吉川弘文館)など。
(22)「勧学会記」六行目には「十一月十五日」とあるが、虫喰などによって「九月」が「十一月」と誤写された可能性が高いとされる。小松茂美、註(20)。

(23) 後藤昭雄、註(21)による。
(24) 東舘紹見、註(21)による。
(25) 幼学の会『口遊注解』(一九九七年、勉誠社)。
(26) 西光寺の創建と六波羅蜜寺への改称については平林盛得「六波羅蜜寺創建考」(『日本歴史』一三三号、一九五九年、『聖と説話の史的研究』一九八一年、吉川弘文館)参照。
(27) 平林盛得「空也と平安知識人」(『書陵部紀要』一〇号、一九五八年、註(26)に同じ)。
(28) 速水侑「源為憲の世界」(註(5))。ならびに石井義長『阿弥陀聖空也』(二〇〇三年、講談社)。
(29) 桃裕行、註(16)による。
(30) 『応和四年革令勘文』、『村上天皇御記』逸文(所功編『三代御記逸文』一九八一年、国書刊行会)、佐藤均『革命・革令勘文と改元の研究』(一九九一年、同刊行会)。
(31) 『伊呂波字類抄』ならびに平林盛得、註(26)参照。
(32) 『本朝文粋』巻十二所収。
(33) 増田繁夫「慶滋保胤伝攷」(『国語国文』三三巻六号、一九六四年)。
(34) 「空也誄」に関する主な研究には、堀一郎『空也』(註(11))をはじめ、近年の専論に三間重敏「「空也上人誄」の校訂及び訓読と校訂に関する私見」(『南都仏教』四二号、一九七九年)、木下文彦「源為憲と『空也誄』」(龍谷大学『仏教史研究』二二・二三号、一九八六年)、浅野日出男・狩野充徳・福井佳夫・山崎誠「『空也誄』校勘並びに訳注」(『山陽女子短期大学研究紀要』一四号、一九八八年)、福井佳夫「源為憲「空也誄」の文章について—中国文学の立場より—」(『中京国文学』一〇号、一九九〇年)、井上和歌子「『空也誄』考—文体・成立の背景・評価—」(『和漢比較文学』二九号、二〇〇二年)、同「『空也誄』から『六波羅蜜寺縁起』へ—勧学会を媒介にした一著作の再生産—」(『名古屋大学国語国文学』九二号、二〇〇三年)、石井義長「『空也上人誄』の校訂と訓読」(『空也上人伝の研究』二〇〇二年、法蔵館)、工藤和興「「空也誄」と平安浄土教」(『仏教論叢』四九号、二〇〇五年、浄土宗教学院)などがある。
(35) 福井佳夫、註(34)。
(36) この『三宝絵』の構成に関しては、小原仁、註(4)に負うところが大きい。

(37) 薗田香融「慶滋保胤とその周辺―浄土教成立に関する一試論―」(『顕真学苑論集』四八号、一九五六年。〈日本名僧論集〉第四巻『源信』一九八三年、吉川弘文館)。

(38) 勝浦令子「源為憲と『三宝絵』の世界―仏法のエクリチュール―」(〈叢書 想像する平安文学〉第二巻『〈平安文化〉のエクリチュール』二〇〇一年、勉誠出版)。

(39) 速水侑『源信』(人物叢書、一九八八年、吉川弘文館)など。

(40) この時期の経緯は『栄花物語』花山の段に記され、今井源衛『花山院の生涯』(一九六八年、桜楓社)に詳考がある。

(41) 平林盛得「中書大王と慶滋保胤―日本往生極楽記の補訂者―」(『慶滋保胤と浄土思想』註(21))。なお具平親王については大曽根章介「具平親王考」、同「具平親王の生涯」(ともに『日本漢文学論集』第二巻、一九九八年、汲古書院)参照。

(42) 平林盛得「空也と平安知識人」(註(27))の指摘による。

(43) 原文には「正月十五日」とあるだけで紀年はなく、寛和二年とする説もあるが、『源信僧都伝』などのように永延二年と見るべきことについては速水侑『源信』(註(39))に詳しい。

(44) 前田雅之「慶滋保胤と勧学会―摂関期知識人の願生極楽―」(『国文学 解釈と鑑賞』五五巻八号、一九九〇年)には勧学会の結衆と保胤の関係をめぐる犀利な分析がある。

第三部　古代東国の信仰と仏教

第一章　神仙の幽り居める境

――常世国としての常陸と藤原宇合――

緒　言

現存する古風土記の中で、『常陸国風土記』は漢籍を典拠とする表現が際立っており、神仙思想の影響が著しいことでも知られる。

本稿では、常陸国が〈常世国〉として描き出されたことの史的背景をめぐって、『常陸国風土記』の撰録と藤原宇合との関係、中臣・藤原氏と常陸、ならびに鹿島・香取の神の春日社への勧請をめぐる諸問題を中心に再考を試みたい。

一　〈常世国〉としての常陸

『常陸国風土記』の総記では、「古老の相伝ふる旧聞」(1)にもとづいて、常陸国の成立と国名の由来をのべた後、地勢に言及して、

夫れ常陸の国は、堺は是れ広大く、地も亦緬邈(はろか)にして、土壌も沃墳(つちこ)え、原野も肥衍えたり。墾発(ひら)きたる処、山海

> の利ありて、人々自得（やすらか）に、家々足饒（にぎは）へり。

と記す。その広大で豊饒な地味に恵まれたことについては、

> 設（も）し、身を耕耘（たつく）るわざに労き、力を紡蚕（いとつむ）ぐわざに竭（つく）すことあらば、立即（たちどころ）に富豊を取るべく、自然に貧窮を免るべし。況むや復、塩を求ぎ魚を味ははむには、左は山にして右は海なり。桑を植ゑ麻を種かむには、後は野にして前は原なり。謂はゆる水陸の府蔵、物産の膏腴（ゆたかなる）くになり。

とものべており、『文選』をはじめとする漢籍に典拠をもつ語句を駆使しながら、(2)

> 古の人、常世の国と云へるは、蓋し疑はくはこの地ならむか。

と結ぶ。「常世国」は、『釈日本紀』巻七所引『伯耆国風土記』逸文の、粟嶋の地名起源を記した一節にも、

> 少日子命、粟を蒔きたまひしとき、莠（ほ）の実離離（さはにほ）ひき。即ち粟に載り弾かえ常世の国に渡りたまひき。故、粟嶋と云ふ。

とあるが、これとほぼ同じ伝承が『日本書紀』神代八〈宝剣出現章〉の第六の一書にもみえる。大己貴命とともに国土を拓き、疾病や病虫害を防除した少彦名命は、

> 行きて熊野の御碕に至りて、遂に常世郷に適（いでま）しぬ。亦曰はく、淡嶋に至りて、粟茎（あはがら）に縁（のぼ）りしかば、弾かれ渡りまして常世郷に至りましきといふ。

と伝えられるが、ここにいう熊野は『出雲国風土記』意宇郡条の熊野山（島根県八束郡八雲村）をさし、粟嶋の遺称地は、鳥取県米子市の粟嶋山にあたる。「常世郷」の位置は必ずしも明確ではないが、弾かれて渡ったというのだから、海を隔てた彼方にあると考えられていたのであろう。垂仁紀九十年条以下に載る田道間守の伝承でも、天皇の命を受けて「非時（ときじく）の香菓（かぐのみ）」を求め、常世国に赴いた際に、

万里浪を踏みて、遙かに弱水を度る。是の常世国は、神仙の秘区にして、俗の臻らむ所に非ず。

とのべており、『列仙伝』に「蓬莱は弱水を隔ること三十万里、飛仙に非ざれば到るべからず」とあるように、遠く遙かに大河（海）を越えて広がる異郷と意識されていたものと思われる。

記紀には常世に関する伝承が随所にみられるが、その概念は一様ではない。神代紀七〈宝鏡開始章〉の天岩戸隠れの段では、天照大神が「磐戸を閉して幽り居しぬ。故、六合の内、常闇にして昼夜の相代るも知らず」という状態になってしまったため、思兼神が「遂に常世の長鳴鳥を聚めて、互に長鳴せし」めたといい、夜の闇が続く状態をさして常世と記す。

本居宣長は、記紀にみえる常世の概念を総合すると、㈠常夜、㈡永遠、㈢「底依国」と同義の遠く隔たった空間、の三種に分類できると指摘したが、(3) 下出積與氏が論じたように、㈠の常夜と㈡の永遠は、ともに一定不変という概念の時間的な展開であり、㈢の常世（底依）国は、同一概念の空間的展開とみることができる。(4) これらの概念が混融して常世国という世界観が形成されたが、その過程で中国の神仙思想との習合も進み、不老長寿の楽土としての側面も顕著になった。

雄略紀二十二年七月条には、浦嶋子の伝承について、

丹波国の餘社郡の管川の人、瑞江浦嶋子、舟に乗りて釣す。遂に大亀を得たり。便に女に化為る。是に浦嶋子、感りて婦にす。相逐ひて海に入る。蓬莱山に到りて、仙衆を歴り観る。語は、別巻に在り。

と記すが、『釈日本紀』巻十二所引『丹後国風土記』逸文には、はるかに詳細な記事があり、「蓬山」「仙都」「神仙之堺」あるいは「仙侶」といった語句を用いている。また『万葉集』巻九の「詠水江浦島子一首并短歌」（一七四〇―四一）は『高橋虫麻呂歌集』所載歌とみられるもので、長歌には「老いもせず　死にもせずして　永き世に　在りけるもの

を」という一節があり、反歌と合せて四回も「常世」の語を繰り返す。(5) 雄略紀の末尾で言及する「別巻」は、『丹後国風土記』逸文の冒頭部に「こは旧宰、伊預部馬養の連の記せるに相乖（そむく）ことなし」という注記から、伊預部馬養が筆録した文章をさすものと思われる。

馬養は持統三年（六八九）六月に撰善言司の一人に選ばれ、大宝律令の撰定にも参加し、皇太子学士を歴任した人物である。『懐風藻』に「従駕応詔」詩一首が載るが、

仙槎泛二栄光一　　仙槎栄光を泛べ
鳳笙帯二祥煙一　　鳳笙祥煙を帯ぶ
豈独瑶池上　　豈に独り瑶池の上のみならめや
方唱白雲天　　方に唱はむ白雲の天

と詠み、穆天子が西王母に逢ったという崑崙山の瑶池と白雲の歌謡をめぐる『穆天子伝』の故事を踏まえながら、天子の遊覧を神仙的な景物のなかに描写している。

トコヨノクニに「蓬萊山」や「蓬山」を充てたのは伊預部馬養の文章か、もしくは、それ以前に溯るものかも知れないが、この表記は、常世国に不老不死の神仙境という要素を付加するうえで、『史記』秦始皇本紀や封禅書、『列子』湯問篇などをはじめとする諸書に詳細な記述がみえる三神山（蓬萊・方丈・瀛州）のなかでも、とくに東方の渤海（黄海）の彼方にあると信じられた蓬萊山の存在が、強く意識されたことを反映するものであろう。垂仁紀二十五年条の伊勢神宮鎮座伝承の一節には、

時に天照大神、倭姫命に誨（をし）へて曰はく、是の神風の伊勢国は、常世の浪の重浪帰（しきなみよ）する国なり。傍国の可怜（うま）し国なり。是の国に居らむと欲ふ、とのたまふ。

とあり、『釈日本紀』巻二十三、仙覚『万葉集註釈』巻一その他に引く『伊勢国風土記』逸文の国号条にも、

　古語に云はく、神風の伊勢国、常世浪寄する国といふは、蓋しこの謂ならむや。

というが、これは伊勢国に打寄せる「重浪」を、蓬萊山の彼方から来ると信じて「常世浪」と呼んだものと思われる。その重浪（黒潮）が浜を洗う常陸国は、東方の〈直道〉の果て、東海道の東端に位置する地域であるがゆえに、常世国に擬せられることになった。[6]

『常陸国風土記』では総記の他に香島郡条にも、次のような描写がある。

　神つ社（鹿島社）の周匝は、卜氏の居所なり。地体高く敞はれ、東と西とは海に臨み、峰谷は犬の牙のごとく、邑里と交錯れり。山の木と野の草とは、内庭の蕃籬と屏し、澗の流れと崖の泉とは、朝夕の汲流を涌かす。嶺の頭に舎を構らば、松と竹とは垣の外を衛り、谿の腰に井を掘らば、薜と蘿とは壁の上を蔭ふ。春にその村を経れば、百の艸に□の花あり、秋にその路を過ぐれば、千の樹に錦の葉あり。神仙の幽り居める境、霊異の化誕る地と謂ふべし。佳麗しきことの豊かなる、悉には記すべからず。

六朝風の四六騈儷体を用いた流麗な文章によって、鹿島社の周辺地域を仙境として描くが、「神仙の幽り居める境」という表現は、前に引いた神代紀の天岩戸隠れの段の、天照大神が天岩窟に入り「磐戸を閉して幽り居しぬ」というのと同じである。

　さらに続けて、

　その社の南に郡家あり。北は沼尾の池なり。古老の曰へらく、神世に天より流れ来し水沼なり。生へる蓮根は、気味太く異にして、甘きこと他所に絶れたり。病める者、この沼の蓮を食らはば、早く差えて験あり。鮒、鯉多に住めり。前に郡の置かれし所にして、多に橘を蒔う。その実味し。

と記すが、鹿島神宮に南接する神野向(かのむかい)遺跡からは、郡衙の政庁部や倉庫群、回廊、厨、大溝などの遺構や、「神宮」「東殿」「鹿厨」「鹿嶋郡厨」「祝屋」「神厨」「鹿嶋郷長」「中臣宅成」などと記されたものを含めて五〇〇点以上の墨書土器が出土している(7)。

また、この一節では蓮根と橘に言及しているのが注目をひく。和銅六年(七一三)五月に出された風土記撰進の詔では、第二項に「その郡内に生れる銀、銅、彩色、草木、禽獣、魚虫等の物は、具さに色目を録」すことを求めているが、その記録方法は国毎でかなり異なっており、『出雲国風土記』が中国本草学の知識にもとづいて、後の『延喜式』典薬寮条の貢進薬物にほぼ該当する草木類を列挙するのに対し(8)、『常陸国風土記』では網羅的な記述はせずに、特色のあるものだけを例示する形式をとる。

〈橘〉は、前引の垂仁紀に、田道間守が常世国から持ち帰ったという「非時の香実」のこととされ、皇極紀三年七月条の、

　東国の不尽河(ふじかは)の辺の人、大生部多(おおふべのおほ)、虫祭ることを村里の人に勧めて曰はく、此は常世の神なり。此の神を祭る者は、富と寿とを致す、といふ。

とある伝承の「常世の虫」は、常に橘の樹、もしくは曼椒(ほそき)(山椒)に生れたという。

さらに『続日本紀』天平八年(七三六)十一月の、葛城王、佐為王らが、生母の県犬養宿禰三千代に和銅元年(七〇八)十一月に賜与された橘宿禰という氏姓を、彼らも名乗ることを願って許された際の記事に引用されている和銅元年秋の詔には、

　橘は菓子の長上にして、人の好む所なり。柯(えだ)は霜雪を凌ぎて繁茂り、葉は寒暑を経て彫(しぼ)まず。珠玉と共に光り競ひ、金、銀に交りて逾(いよいよ)美し。

とあり、『万葉集』巻六には、葛城王らに賜姓がなされた折の宴席で聖武天皇が詠んだという、次の一首を載せる。[9]

橘は　実さへ花さへ　その葉さへ　枝に霜降れど　いや常葉の樹（一〇〇九）

『常陸国風土記』には橘のほかにも、仙薬としての効能が信じられたと思われる薬物への言及が、いくつか見られる。[10]前引の香島郡条の〈蓮根〉や、同郡の〈伏苓〉や〈伏神〉などは、いずれも陶弘景『本草集注』で上薬に分類されるものであり、[11]久慈郡密筑里の海で採れる〈石決明〉はアワビをさすが、木簡や『万葉集』『延喜式』などでは、いずれも〈鰒〉〈鮑〉と書かれているのに対し、〈石決明〉は本草関係書にもとづく表記である。[12]

これらの記事を通して、常陸を「神仙の幽り居める境」である〈常世国〉として叙述しようとする姿勢が明確に窺えるが、次節では、その意図を探るための手懸りとして、撰録の時期と撰者について再考したい。

二　『常陸国風土記』の撰録と藤原宇合

巻首の総記と行方郡の末尾には「之不㆑略」という注記があって、伝写の過程で抄略されなかったことがわかるが、他の郡は、随所に「已下略㆑之」とあるように撰録当初のままではなく、また白壁と河内の二郡は欠佚している。

原撰本の成立年代に関しては、諸説に分れて一致をみないが、はやく伴信友が「里」と「郷」の表記に注目し、『出雲国風土記』意宇郡条に、

右の件の郷の字は、霊亀元年の式に依りて、里を改めて郷と為す。（傍点筆者、以下同じ）

とあるのにもとづいて、霊亀元年（七一五）以前の撰録とする説を出し、[13]大方の支持を得たが、和銅六年（七一三）五月の『風土記』撰進の詔から、わずか二年ほどしか経ていないうえ、『常陸国風土記』の場合、「里」字を用いるのが

二五例に対して、「郷」字を用いるのも二例（行方郡当麻郷、久慈郡太田郷）あること、さらに近年では、平城京東二坊坊間路の西側溝から出土した和銅八年（九月に改元して霊亀元年）の計帳軸や長屋王家木簡の検討を通じて、郷里制の施行は霊亀三年（七一七、十一月に改元して養老元年）からであり、同年五月の大計帳式以下の諸公文の書式頒下と密接に関係するという鎌田元一氏の研究(14)や、平城京跡出土木簡の中に「隠伎国周吉郡上部里」と書かれた霊亀三年（七一七）の木簡があって〈郡里制〉の用例としてはこれが最も新しく、翌年の養老二年（七一八）から「志摩国志摩郡伊雑郷□理里」のような〈郷里制〉による用例がみえはじめることにより、やはりこの間に郷里制への移行を推定する横山妙子氏の指摘もあるので(15)、霊亀元年以前の成立とするのは困難であろう。

一方、多珂郡条には、建御狭日の命が遣された際、久慈との堺の助河を「道の前」とし、陸奥国の石城郡の苦麻村を「道の後」としたのに次いで、孝徳天皇の白雉四年（六五三）には、多珂の国造・石城の直美夜部、石城評の造部の志許赤らが、惣領の高向大夫に郡の分置を申請したといい、

所部遠く隔たり、往来に便よからざるを以ちて、分ちて多珂・石城の二郡を置けり。石城の郡は、今は陸奥国の堺の内に在り。

と記すが、これに関して『続日本紀』養老二年（七一八）五月二日条には、

陸奥国の石城・標葉・行方・宇太・曰理と常陸国の菊多との六郡を割きて石城国を置く。白河・石背・会津・安積・信夫の五郡を割きて石背国を置く。常陸国多珂郡の郷二百一十烟を割きて名けて菊多郡と曰ひて石城国に属く。

とある。この多珂郡条の割注（傍線部）と、石城・石背二国の分置の関係についても喜田貞吉氏以来、諸説があり(16)、『常陸国風土記』の成立を、養老二年の石城国分置以前とする説に対して、石城と石背両国は養老四年（七二〇）九月以

降の蝦夷の反乱と鎮定の過程で陸奥国に統合され、翌五年（七二一）八月に諸国の按察使の管轄が変更された際には「出羽は陸奥按察使に隷く」とあるだけで、石城と石背はとくに問題とはなっておらず、この頃までに廃止されたと考えられることから、それ以後の成立とみる説[18]とに分れる。[17]

これらを総合すると、原撰本は、和銅六年五月の撰進詔を受けて作業に着手、郷里制への移行が図られた養老初年前後に初稿が成った後、養老五年以降もなお修訂が施されたと考えられるのである。

以上のような成立過程を経たとすれば、撰録者についても複数の人物を想定する必要があるであろう。この期間に常陸国守に任じられた記録が『続日本紀』に残るのは、次の三名である。

㈠　和銅元年（七〇八）三月（任命）　従五位下・阿部狛朝臣秋麻呂
㈡　和銅七年（七一四）十月（任命）　従四位下・石川朝臣難波麻呂
㈢　養老三年（七一九）七月（在任）　正五位上・藤原朝臣宇合

この内、㈠の阿部狛朝臣秋麻呂は、慶雲二年（七〇五）十二月に正六位上から昇叙した際には狛朝臣秋麻呂とある。この後、和銅四年（七一一）十二月には、狛朝臣の本姓は阿部氏で、用明朝に祖の比等古臣が高麗国に遣されたのに因んで狛と称したといい、本姓への復帰を願い出て許されている。阿部秋麻呂の場合、和銅六年五月の撰進詔を受けた翌年に退任したとすれば、撰録の準備段階に留まったものとみられる。それを引き継いで作業を推進したのは、㈡の石川朝臣難波麻呂であろう。

石川難波麻呂は和銅四年（七一一）四月に正五位下から正五位上に昇叙し、同七年一月に従四位下、次いで十月に常陸国守となった後も養老元年（七一七）一月に従四位上、同三年一月には正四位下と昇進している。『日本後紀』弘仁二年（八一一）二月条によれば、常陸国は京から遙かに遠く隔たり、調・庸を貢上する運脚夫の路粮の負担も大きかったため、「霊亀年中」に「始めて稲五万束を置き、年毎に出挙して利を以て粮に充て、郡発稲と名づく」とあるように[19]、地方の実状に通じた能吏であった。風土記の撰録を進めるには適しい人物であり、「常陸国の国司の解。古老の相伝ふる旧聞を申す事」と書き起こされる『常陸国風土記』の初稿本は、石川難波麻呂の手によって成ったとみて差しつかえなかろう。

㈢の藤原宇合の場合は、国守任命の記事ではなく、安房、上総、下総の按察使を兼務することを命じられたもので、常陸への赴任はさらに溯る。

宇合は霊亀二年（七一六）八月に正六位下で遣唐副使に任じられた。多治比真人県守を遣唐押使、大伴宿禰山守を大使とするこの一行は、翌年三月に押使の多治比県守が元正天皇から節刀を賜与されたのち入唐し、養老二年（七一八）暮に、道慈らを伴ないほぼ全員無事で帰着した。明けて三年正月十日に天皇に拝謁した入唐使一行は、皆唐から授けられた朝服を着て臨席し、宇合は正五位上に昇叙しているので、常陸守の任命と下向は、この年の上半期のことであろう。在任期間も明らかではないが、神亀元年（七二四）四月の蝦夷の叛乱に際して持節大将軍に任じられた時には、すでに式部卿とあるから、宇合は養老年間の後半を東国で過したとみてよく[20]、石川難波麻呂による風土記初稿本への修訂を加えて、常陸守在任中にほぼ原撰本を撰録した可能性が高い。

撰録者として宇合の名を最初に挙げた菅政友は、その「常陸風土記ノ事」（明治二十六年執筆）の一節で、

> 宇合朝臣（伝記に関する割注省略）ノ常陸ニ在官セラレシ年限ハ明文ナケレド、コノ四五年（前文で養老二、三年より五、六年の間かとする）ノ程ト覚シク、風土記ノ奏上モ、亦其際ノ事ナルベシ、朝臣ハ名ダタル文人ナレバ、懐風藻ニモ其文頗ル駢儷体ヲ得ラレシモノト思ハルレバ、是記モ亦朝臣ノ潤色セシ疑ヒ無キニアラズ、是ハ確証ナケレド、試ニイヘルノミ。

とのべており、[21]この見解はその後、小島憲之、秋本吉郎氏以下の諸研究に継承され、詳細な考察が展開されてきたが、[22]必ずしも明確な論拠が示されたとは言いがたい。

常陸国への下向に先立ち、遣唐副使として入唐した宇合とその一行の唐での動勢は、『旧唐書』巻百九十九上の東夷伝日本条によると、

開元の初め、又、使を遣して来朝せしむ。因りて儒士に経を授けられんことを請ふ。四門助教の趙玄黙に詔して鴻臚寺に就きて之を教へしむ。（中略）得る所の錫賚（しらい）にて、尽く文籍を市（か）ひ、海に泛びて還る。

と伝えられ、[23]経書をはじめとする中国の学芸を積極的に修めるとともに、唐王朝から賜与された品々を、多量の典籍に代えて持ち帰ったという。宇合の漢学の素養は、こうした経験を通じてさらに深められたものと思われるが、彼が文人貴族として傑出した存在であったことは、『尊卑分脈』の「藤氏大祖伝」に、

宇合は器宇弘雅にして風範凝深、博く墳典を覧、才は文武を兼ねる。軍国の務めを経営すると雖も、特に心を文藻に留む。

と評され、〈翰墨の宗〉と仰がれたという。[24]その別集二巻は、個人の漢詩文集としては日本で最初のものだが、今は佚して伝わらない。ただ『懐風藻』に載る集中の詩人としては最多の六首によって、詩才の片鱗を窺うことができる。

『常陸国風土記』には、六朝的な四六駢儷体による表現が随所にみられることは早くから指摘されていたが、小島憲之氏によれば『日本書紀』のように漢籍の一節をほとんどそのまま引用した例は見当らず、漢語表現に習熟した者が自在に述作したと考えられ、とくに『文選』をはじめとする詩文だけでなく、律令用語にも典拠を求め得る例がみられるほか、語句や助字については同一表現の繰り返しを避けて類字句に置き換える傾向が著しいといわれる。[25]次いで井上辰雄氏や増田修氏により、小島氏が言及した「容止」の他に「器仗」「様」「検校」「解」「所部」などの律令用

語に関する考察がなされ、[26]『文選』や『漢書』その他の漢籍の典拠については、橋本雅之氏の一連の考証に詳しい。[27]
こうした表現は『常陸国風土記』の全体に及ぶわけではなく、部分的に認められるものであり、とくに顕著なのは次の箇所である。[28]

総　記＝国の地勢の条。

筑波郡＝祖神尊巡行の条、筑波峯之会の条。

茨城郡＝高浜の条。

行方郡＝現原丘天皇四望の条、鳥見丘天皇遙望の条。

香島郡＝香島神社周辺の地勢の条、童子女松原の条。

久慈郡＝久慈河の条。

本稿では、宇合が撰録に関与した可能性を推定するために、これらの箇所を中心として以下に、『懐風藻』所載の宇合の作詩六首との比較を試みたい。[29]

「暮春南池に曲宴す」と題する五言詩の序には、曲水の宴の情景を、

月下芬芳、歴二歌処一而催レ扇、風前意気、歩二舞場一而開レ衿。雖二歓娯未一レ尽、而能事二紀筆一。

月下の芬芳、歌処を歴て扇を催し、風前の意気、舞場を歩みて衿を開く。歓娯未だ尽きずと雖も、能く紀筆を事とせむ。

と記した一節がある。月下に薫る馥郁とした花の香に包まれて、歌を詠むのに適しい場を経巡るうちに自ずから扇を用いたくなり、心地良い微風に向って衿を開く、とのべて歓娯の尽きぬ様子を描写するが、風土記の茨城郡・高浜の条には、

濤気稍扇、避レ暑者、祛二鬱陶之煩一、岡陰徐傾、追レ涼者、軫二歓然之意一。
濤の気稍く扇れば、暑さを避ける者は、鬱陶き煩ひを祛り、岡の陰徐く傾けば、涼しさを追ふ者は、歓然しき意を軫かす。

という一文があるほか、香島郡の童子女松原の条にも、

既釈二故恋之積疹一、還起二新歓之頻咲一。于レ時、玉露杪候、金風々節、皎々桂月照処、唳鶴之西洲。颯々松颸吟処、度雁東岵。
既に故き恋の積れる疹を釈き、還た新たなる歓びの頻りに咲を起こす。時に、玉の露おく杪候、金の風風く節、皎々けき桂月の照らす処は、唳く鶴の西る洲なり。颯々げる松颸の吟ふ処は、度る雁の東く岵なり。

という一節があって、表現や用語に類似性が認められる。

第二首目の「常陸に在るときに、倭判官が留りて京に在すに贈る」と題する七言詩は、その長文の序によれば、宇合と同じ日に官位を授かり、ともに判官に任ぜられた旧友が、秀れた識見をもつにもかかわらず不遇のまま京に留っているのを慰めようと書き贈ったものである。宇合が「明公」と呼ぶ親友の名は「倭判官」とあるだけだが、利光三津夫氏の考証によれば、養老律令の編纂にも携った大和宿禰長岡とみられる(30)。この詩は序の一節に「君が千里の駕を待つこと、今に三年。我が一箇の榻を懸くること、是に九秋」とあるので、宇合が常陸に赴任した養老三年から数えて三度目の秋を迎えた養老五年（七二一）の作と考えられる。

自三我弱冠従二王事一　　我れ弱冠にして王事に従ひしより
風塵歳月不二曽休一　　風塵歳月曽て休まず
褰レ帷独坐辺亭夕　　帷を褰げて独り坐す辺亭の夕

懸レ榻長悲搖落秋
琴瑟之交遠相阻
芝蘭之契接無レ由
無レ由何見李将レ郭
有レ別何逢逵與レ猷
馳レ心悵望白雲天
寄レ語徘徊明日前

榻を懸けて長く悲しぶ搖落の秋
琴瑟の交り遠く相阻り
芝蘭の契接くに由も無し
由も無ければ何にか見む李と郭と
別有れば何にか逢はむ逵と猷と
心を馳せて悵望む白雲の天
語を寄せて徘徊る明月の前

という この詩の前半では、後漢の桓帝に仕えて多くの門人を擁した李膺と、郭泰（郭太。郭を鄭に作る諸本の説に従えば鄭玄か）とは、ともに学者として盛名を馳せたが、交友をもつ必然を欠いたという『後漢書』の故事や、晋の王子猷が月に乗って戴逵（戴安道）を訪れたものの、会わずに門前で帰ったという『世説新語』任誕篇の伝承を踏まえながら、遠く離れた京の旧友を思い遣る。傍線部Aの「搖落の秋」については、風土記の茨城郡・高浜の条に、

夫此地者、芳菲嘉辰、搖落涼候、命レ駕而向、乗レ舟以游。
夫れこの地は、芳菲る嘉き辰、搖落つる涼しき候、駕を命せて向かひ、舟に乗りて游ぶ。

という同一の表現がみえるが、これは『文選』巻二十七の魏文帝の楽府「燕歌行」に、

草木搖落露為レ霜　　草木搖落して、露、霜となる

とあり、李善注では、その典拠として『楚辞』九弁の「草木搖落而変衰」を引く[32]。

また傍線部Bの「白雲の天」については、信太郡・高来の里条で普都の大神が葦原の中つ国の荒ぶる神を言向けした後に、再び天上に還ることをのべた一節に、

即時、随レ身器仗、及所レ執玉珪、悉皆脱屣、留二置茲地一、即乗二白雲一、還二昇蒼天一。
即時(その)、身に随へたまへる器仗、及び執らせる玉珪を、悉皆に脱ぎ屣(う)てて、茲の地に留め置き、すなはち白雲に乗りて、蒼天に還り昇りたまひき。

とある。「白雲の天」は、前節で引用した『懐風藻』所載の伊預部馬養の「従駕応詔」詩に同一句がある他、『万葉集』巻五の大伴旅人から「梧桐日本琴一面」を贈られた藤原房前（宇合の次兄）がしたためた返書にも「白雲の什」とみえるが、これらの表現は、『荘子』外篇第十二、天地の、

千歳世を厭へば、去りて上僊し、彼の白雲に乗りて帝郷に至る。

という一節や(33)、『文選』巻四十の謝玄暉「拝二中軍記室一辞二隋王一牋」の李善注に引く『穆天子伝』巻三の、

西王母、天子の為に謡ひて曰く、白雲天に在り、山陵自ら出ず。道路悠遠、山川之を間つ。

などを踏まえたものとみられる(34)。

さらに傍線部Cの「徘徊る(たもとほ)」については、行方郡の現原の丘で「倭武天皇」が巡行の途次に四望した際、侍従に語ったという言葉の冒頭に、

停レ輿徘徊、挙レ目騁望、山阿海曲、参差委蛇。
輿を停めて徘徊り、目を挙げ騁望(みそな)はせば、山の阿(くま)海の曲り、参差ひ(まじはりたが)委蛇(もこよ)へり。

とあるのと同じで、やはり宇合が撰録に参与したことが推測される『肥前国風土記』養父郡狭山郷の条にも「徘徊り四もを望(みそな)はししに」という章句がある。

第三首目の「秋日左僕射長王が宅にして宴す」と題する七言詩は、長屋王の作宝楼で催された秋の詩宴での詠懐で、邸内の山水を次のように賞美する。

霑ㇾ蘭白露未ㇾ催ㇾ臭　蘭を霑らす白露未だ臭も催さね
泛ㇾ菊丹霞自有ㇾ芳　菊に泛べる丹霞自らに芳有り
石壁蘿衣猶自短　石壁の蘿衣猶自し短かく
山扉松蓋埋然長　山扉の松蓋埋りて然も長し

この詩については、行方郡・香澄の里条の「大足日子天皇」が鳥見の丘で「遙望」した際に語ったという言葉に、

海即青波浩行、陸是丹霞空朦。国在二其中一、朕目所ㇾ見者。

海はすなはち青き波浩行けく、陸は是れ丹の霞空朦し。国その中に在りて、朕が目に見ゆ。

とある「丹霞」が、傍線Dと同句であり、傍線EとFに関しては、香島郡の香島社の周囲の景観をめぐって、

嶺頭構ㇾ舎、松竹衛二於垣外一、谿腰掘ㇾ井、薜蘿蔭二於壁上一。

嶺の頭に舎を構らば、松と竹とは垣の外を衛り、谿の腰に井を掘らば、薜と蘿とは壁の上を蔭ふ。

という描写と用語に、ほぼ等しい。

第四首目の、宇合の晩年の心境を詠んだとみられる「不遇を悲しぶ」と題する五言詩と、第六首目の「西海道節度使を奉ずる作」と題する五言詩には、とくに類句を見出し得ないが、第五首目の「吉野川に遊ぶ」と題する五言詩にも、注目すべき表現が含まれる。その冒頭は次のように始まる。

芝蕙蘭蓀沢　芝蕙蘭蓀の沢
松柏桂椿岑　松柏桂椿の岑
野客初披ㇾ薜　野客初めて薜を披り
朝隠蹔投ㇾ簪　朝隠蹔く簪を投ぐ

宮廷に出仕する身でありながら、隠士の気風を持する者が、山水に遊んで束の間でも日常の鬱気を散ずる心情を詠んで印象的だが、傍線部Gは、前引の第三首にも通じる。

次いで陸機、張衡、阮籍、嵆康など『文選』を代表する詩人の故事を織り込んで、

忘レ筌陸機海　　筌を忘る陸機が海
飛レ繳張衡林　　繳（しやぐ）を飛ばす張衡が林
清風入二阮嘯一　　清風阮嘯に入り
流水韵二嵆琴一　　流水嵆琴に韵（ひび）く

と詠み、

天高槎路遠　　天高くして槎路（さろ）遠く
河廻桃源深　　河廻りて桃源深し
山中明月夜　　山中明月の夜
自得幽居心　　自ら得たり幽居の心

と結ぶ。古代の文人貴族は、吉野の山水景物をことに賞翫し、仙境に遊ぶ詩や歌を『懐風藻』『万葉集』などに多数遺したが、この詩は、それらを代表する一編に数えてよいと思われる。傍線部Hの「自得」は、総記で常陸国の景観を描写した一節に、

墾発之処、山海之利、人々自得、家々足饒。
墾（ひら）発きたる処、山海の利ありて、人々自得（やすらか）に、家々足饒（にぎは）へり。

とあり、『文選』巻十一の何平叔「景福殿賦」にも同一句を含む類似の表現がみえる。また、傍線部Iの「幽居」は

香島郡条の、

可レ謂二神仙幽居之境、霊異化誕之地一。

神仙の幽り居める境、霊異の化誕る地と謂ふべし。

という一節と符合するが、神代紀の天岩戸隠れの段にも、同一の表現がみえることは、前節ですでに言及した通りである。

以上のように『懐風藻』に載る宇合の詩と『常陸国風土記』との間には、同一もしくは類似の表現が数多く認められることから、成立の時期に加えて内容的な観点からも、原撰本の最終的な編成は宇合の手になると見做し得るであろう。ただし、その修訂は全文に及んだというわけではなく、おそらくは前任者の石川難波麻呂がまとめた初稿本の地誌や古伝承に関する部分の大半を活かしながら、主に景観をめぐる描写を中心に四六駢儷文を駆使しつつ修訂を施したものと考えられるのである。

ちなみに、この他に撰録に関与した人物として有力視されるのは、万葉歌人の高橋虫麻呂だが、井村哲夫氏の一連の精緻な研究によって、その可能性はないとみてよい。

『万葉集』巻九を中心に収録されている虫麻呂の作歌には東国の生活や伝承に題材を求めたものが多く、巻六には天平四年（七三二）八月に宇合が西海道の節度使に任じられた時には虫麻呂が贈った長歌と反歌（九七一・九七二）が載ることや、巻九の「検税使大伴卿の筑波山に登る時の歌」（一九五三―五四）のように常陸国在官時代と思われる作品があることなどから、宇合が常陸国守であった養老年間に、虫麻呂もその下僚として在任したのではないかと推測する説は、契沖『万葉代匠記』（一七五三―五四の注釈）以来、主に佐々木信綱、久松潜一氏をはじめとする国文学者によって支持されてきた。だが『高橋虫麻呂歌集』所載とされる諸作品の配列を詳細に検討した井村氏は、これらがほぼ製作年代順に並ぶことを確認したうえで、虫麻呂の常陸国への赴任は天平六年（七三四）の夏から翌年夏までの間と推定し、作歌活動は天平四年から十年頃に展開されたと考えられると指摘している。[35]となれば『常陸国風土記』に類想する虫麻呂の作歌は、風土記もしくはその稿本類に依拠して詠まれたものとみられるのである。[36]

三　中臣・藤原氏と鹿島・香取の神

藤原宇合が『常陸国風土記』原撰本の成立に深く関与したことは、ほぼ確認できたと思われるが、次に問題となるのは、なぜ宇合は常陸国を「神仙の幽り居める境」である〈常世国〉と表現したのかということである。『常陸国風土記』の中でも、とくに仙郷としての描写が顕著な香島（鹿島）社との関係を中心に考察したい。[37]

『常陸国風土記』総記には、孝徳朝のこととして、

　高向臣、中臣幡織田連等を遣はして、坂より已東の国を惣領めしめたまひき。時に、我姫（あづま）の道、分けて八つの国と為し、常陸国は、その一つに居ゑたまふ。

と伝えるが、これは孝徳紀・大化元年（六四五）八月と同二年三月条にみえる〈東国国司〉派遣に関わるものであろう。香島郡条には大化五年（六四九）に「大乙上の中臣□子と大乙下の中臣部兎子」らが、惣領の高向大夫に請うて神郡を置いたとあり、建郡（評）記事は行方郡、信太郡（逸文）、多珂郡にもみえる。中臣□子と中臣部兎子の大乙上と大乙下は、天智天皇三年（六六四）二月に制定された冠位二十六階の十九位と二十位に該当し、孝徳朝のものではないが、天智紀十年（六七一）三月十七日条には、常陸国から十六歳の中臣部若子を貢上したとあるほか、久慈郡には天智朝に中臣鎌足の封戸があったことを記すなど、七世紀中期の頃、常陸には中臣部におかれ、中央との結びつきを強めて

いたことが推測される。

また香島郡条には、大中臣神聞勝命と中臣臣狭山のような中臣氏の遠祖をめぐる伝承もあることや、藤原氏の氏神を祀る春日社の祭神が鹿島・香取神と平(枚)岡神二座とされ、『大鏡』には鎌足が常陸で出生したと伝えることなどから、鎌足ひいては中臣氏の出自地を常陸とみる説がある。この問題については、中村英重氏が諸説を整理したうえで、詳密に再検討した結果(38)、常陸の中臣は畿内の中臣氏のような連の姓をもたない部民であり、中臣連に統轄される存在で同族関係にはないこと、鎌足の封戸は全国各地に総計一万五千戸が散在しており、常陸だけがとくに密接な関係にあるとはいえず、鎌足の出生地に関しても『大鏡』のような時代の下る物語性の強い史料ではなく、大和国高市郡藤原之第とする『家伝』巻上(大織冠伝)に拠るべきであり、鹿島・香取二神の春日社への勧請も宇合による、と推定した。さらに『尊卑分脈』が常盤大連について「始て中臣連姓を賜ふ。本は卜部なり。(39)」とするのにもとづいて中臣連は欽明朝に初めて賜姓されたもので、その前身は卜部であったとする横田健一説に対しても、論拠となった細注が、吉田系卜部による改作追記である可能性が高いことを指摘したうえで、元来は河内の中小氏族であった中臣氏が、六世紀前期の継体朝頃に大和へ進出し、中臣部の伴造氏族としての地歩を築いたことを指摘しているのに従いたい。

鹿島・香取社の神格については『常陸国風土記』では、「香島天之大神」「香島国坐天津大御神」あるいは「香取神子之社」とするだけで具体的な名称は記しておらず、香島郡条に、

淡海の大津の朝に、初めて使人を遣りて、神の宮を造らしめき。尓より已来、修理ふこと絶えず。

とし、また、

神戸は、六十五烟なり。本は八戸なりき。難波の天皇のみ世に、五十戸を加へ奉り、飛鳥の浄見原の大朝に、九戸を加へ奉り、合はせて、六十七戸なり。庚寅の年に、編戸二戸を減じ、六十五戸に定めしめき。

と記すことから、常陸に中臣部が置かれ、建評が進められた七世紀中期頃から、神社としての基盤が整い、広く信仰

を集めるようになったのであろう(40)。

ちなみに神代紀の第九段〈天孫降臨章〉第二の一書には、

天神、経津主神、武甕槌神を遣して、葦原中国を平定めしむ。時に二の神曰さく、「天に悪しき神有り。名を天津甕星と曰ふ。亦の名は天香香背男。請ふ、先づ此の神を誅ひて、然して後に下りて葦原中国を撥はむ」とまうす。

とのべた後に続けて、

是の時に、斎主の神を斎の大人と号す。此の神、今東国の檝取の地に在す。

というが、この部分は文意が明瞭でなく、斎主神の名称も不明で、「是の時」以下の文は、書紀編纂時におそらくは中臣（藤原）氏によって挿入されたものと思われる(41)。記紀でも風土記と同様に武甕槌神と経津主神を、それぞれ鹿島・香取の祭神とは明記しておらず、この二神は「檝取」の用字から推して本来は利根川河口の両側に祀られた在地の港津の守護神であったものが(42)、記紀神話のなかの武神として知られる武甕槌と経津主の二神とに結びつけられたのであろう(43)。その時期はさほど溯らず、詳しくは後述するが、奈良時代に律令国家による蝦夷征討が進められた過程で、常陸がその拠点になった時期とみられる。

鹿島・香取社の神格を武甕槌神・経津主神と明記するのは、大同二年（八〇七）に斎部広成が撰述した『古語拾遺』が最初で、六国史のなかでは『続日本後紀』承和三年（八三六）五月九日条が初見であるが、これは香取の神を経津主ではなく「伊波比主命」とする。同書の承和六年十月二十九日条、『日本文徳天皇実録』嘉祥三年（八五〇）九月十五日条や「春日祭祝詞」も同様に「伊波比主命」とするが、これは前述の神代紀〈天孫降臨章〉第二の一書に附加された「斎主神」とも関連するかも知れない。

では東国常陸の在地神であった鹿島と香取の神が、記紀神話の武神である武甕槌神と経津主神に結びつけられて、藤原氏の氏神を祀る春日社に勧請された時期はいつ頃のことであろうか。

永仁三年（一二九五）に春日神社権預の中臣祐永が著した『春日社私記』(44)には、

天平勝宝七年官符ニ云ク、春日社四所、紫微中台祭、件祭入ニ宮神例一。

という記事を紹介した後、三笠山麓に春日社が創建されたのは神護景雲二年（七六八）十一月九日という社伝があるが、それ以前に紫微中台で祀られていたことがあるのかどうか、と疑問を呈している。この神護景雲二年創建という社伝は、天暦三年（九四九）五月二十三日付の『神祇官勘文』(45)所収の「春日御社祭文」の末日に同じ日付が記されており、西田長男氏の詳論によって、春日社創建時に奏上された祝詞の原形をほぼ伝えられるものとみられているが(46)、それ以前の創建と伝える記事も少なくなく、宮地直一(47)、福山敏男氏(48)らはそれらを踏まえて、平城京遷都後程なく、興福寺の創建と前後して藤原不比等によって勧請されたのではないかと推考した。だが関連史料に詳細な再検討を加えた菊池康明氏の所説によれば(49)、天平宝字八年（七六四）九月の藤原仲麻呂の乱後、藤原氏は一族の結集を図る必要に迫られ、その精神的紐帯として春日社を創建したが、それ以前は前掲の『春日社私記』所引「天平勝宝七年官符」がいうように、紫微中台（七四九年に皇后宮職を改称）において皇后宮の祭神である宮神として祀っていたと考えられ、光明皇后の尊崇が、春日社創建と藤原氏の氏神信仰の起点になったのではないかとされる(50)。

さらに溯れば鹿島・香取の二神を平(枚)岡の二神の上に置いて春日社四座を定め、鹿島を武甕槌神、香取を経津主（あるいは伊波比主）神としたのは、仲麻呂の乱以前の紫微中台（皇后宮職）の宮神の段階からであり、その勧請の端緒を拓いたのは、宇合であろうと思われる。その時期については、中村英重氏も指摘するように(51)、宇合が常陸国守に兼ねて安房・上総・下総の按察使に任じられた養老三年（七一九）から東国に在任した数年間と、式部卿となって帰京した後、神亀元年（七二四）四月に、「海道の蝦夷を征たむが為」に、持節大将軍に任じられて、再度東国に赴き、同年十一月に帰任するまでの間とみられるが、より直接的な契機となったのは、後者であろう。

再三にわたる征夷に際しては、鹿島と香取二神、とくに鹿島神の分霊を守護神として帯同したようで、『続日本紀』延暦元年（七八二）五月二十日条には、

陸奥国言さく、「鹿嶋神に祈み禱りて、兇賊を討ち撥むるに、神の験、虚しきに非ず。望まくは、位封を賽せむことを」とまうす。勅して、勲五等と封二戸とを授け奉る。

とあるように、神験により勲位と封戸が賜与されている。『三代実録』貞観八年（八六六）正月二十日条の「鹿島神宮司解」[52]によれば、陸奥国内には三十八座の苗裔神が存在したとされ、『延喜式』では陸奥国黒川郡、亘理郡、信夫郡、磐城郡、牡鹿郡、行方郡に鹿島の苗裔神八座、牡鹿郡と栗原郡に香取の苗裔神二座を記載しており[53]、征討に際して帯同された分霊が、反乱鎮定後は地域の、ひいては律令国家の守護神として祀られたことが窺える。

おそらくは宇合が、再度にわたる東国赴任を通じて鹿島と香取の二神の勧請への端緒を拓いた背景には、新興貴族である藤原氏が、律令政治を領導し、国家的課題としての蝦夷征討を推進するうえで、東国の在地神である鹿島・香取二神を武神である武甕槌神と経津主神に結びつけ氏神として尊崇することは、その政治的立場を補強することにつながる、という目論見があってのことと思われる。

そして、その二神が本来鎮座する常陸を〈常世国〉として仙郷視したのは、都からみて東方の果てに位置する在地神に、中国的な要素をも含む新たな神威を附与し得ると考えたからではなかろうか。

『中臣氏系図』[54]によれば、鎌足の父である中臣御食子は小徳冠・前事奏官兼祭官として推古朝と舒明朝に仕えたが[55]、鎌足は『大織冠伝』によると早くから兵書の『太公六韜』を学び、また唐から帰国した旻より『周易』の教授を受け

て、のちに礼儀を撰述し律令を刊定する基礎を養ったという。それだけに神祇祭官の職を継ぐ意志を持てず、神祇伯に推された際には固辞して摂津三島の別業に退出した(56)。仏法を尊ぶことも篤く、長男の貞慧は若くして出家し、自身の死に際しては山階寺に火葬させているように、本来の職掌から離れて、仏教や儒教を中心に中国思想への傾斜を深めている(57)。こうした傾向は孫の武智麻呂においても同様で、『藤氏家伝』下に、

百家の旨帰、三玄の意趣を究めて、尤も釈教を重んじ、兼ねて服餌を好めり。

とあるように、『周易』『老子』『荘子』の三玄を修め、服餌をも実践して道教的世界への関心を示す(58)。

文武二年（六九八）八月には、藤原朝臣の姓は鎌足の子の不比等のみが継ぎ、鎌足の叔父国子の孫にあたる意美麻呂らは、旧姓の中臣朝臣に復するよう命じた詔が出されたように、七世紀末から八世紀前期にかけて、藤原氏は伝統的な神祇祭官としての中臣氏とは一線を画しており、宇合による『常陸国風土記』の撰録にも、こうした藤原氏の新たな社会的立場が反映されていると考えられるのである。

四　仏が浜の観世音菩薩像

最後に多珂郡道前里の飽田村にあるという観音像のことにふれておきたい。『出雲国風土記』が教昊寺と各郡内の新造院について記すのがむしろ例外とみられるほどに、風土記においては寺院や仏教に関する記事は少なく(59)、『常陸国風土記』においてもわずかに一ヵ所だけ、その巻末近くに、

国宰、川原宿禰黒麻呂の時に、大海の辺（ほとり）の石壁に、観世音菩薩の像を彫り造りき。今に存れり。因りて仏が浜と号（なづ）く。

とあるにすぎない。

常陸国の古代寺院跡は、ほぼ全域にわたって二十数ヵ所が確認されているが[60]、七世紀第Ⅳ四半期に属するものとしては、

○信太郎・塔の前廃寺（稲敷郡桜川村）
○那賀郡・台渡里廃寺（水戸市渡里町）
○茨城郡・茨城廃寺（石岡市貝地）

があり、八世紀第Ⅰ四半期に属するものに、

○多珂郡・大津廃寺（北茨城市大津町）
○久慈郡・長者屋敷廃寺（久慈郡金砂郷村）
○新治郎・新治廃寺（真壁郡協和町）
○河内郡・九重廃寺（つくば市東岡）

があるほか、同第Ⅱ四半期に属するものには、

○白壁郡・下谷貝廃寺（真壁郡真壁町）
○行方郡・井上廃寺（行方郡玉造町）
○筑波郡・中台廃寺（つくば市北条）

などがある。風土記ではこれらの寺院について全く言及せず、海辺に近い岩壁に刻まれた磨崖仏だけを紹介するが、それはなぜだろうか。

造像者と思われる川原宿禰黒麻呂の名は他の史料にみえないが、川原氏には史、忌寸、蔵人（倉人・椋人）などの姓

を有する者が多く、渡来系の氏族と考えられる。黒麻呂が任じられた国宰はクニノミコトモチと訓み、国司のことをさすと思われるが[61]、天武十三年（六八四）十月に定められた八色の姓の内の第三位に当る宿禰姓を、大伴連以下の五十氏に賜与した同年十二月の記事には川原連は含まれないので、それ以後に宿禰姓を受け、国司に任じられたとすれば、観音像造立の時期は、常陸における初期寺院の創建が七世紀第Ⅳ四半世紀であることから、持統朝前後と考えてよいかも知れない[62]。

観音像が刻まれた「大海の辺の石壁」は「仏が浜」と呼ばれているというが、現在その場所は、日立市田尻町度志前の崖縁に彫られた度志観音に比定され、附近一帯は仏ケ浜として一九五五年に県史跡の指定を受けている[63]。だがこの辺りは海岸から約二キロメートルほど隔っており、「大海の辺の石壁」とか「仏が浜」というには、ふさわしくない（図7B）。

度志観音に比定する説は、幕末の国学者、中山信名の『新編常陸国誌[64]』と、西野宣明『訂正常陸国風土記[65]』にみえ、以後、踏襲されてきた。ただし『新編常陸国誌』の地名比定復原図「和銅中十一郡図」（図5）と「多珂郡八郷図」（図6）では、現在の小木津浜の地点を「仏浜」としながら、その本文では、

飽田村ノ名ハ、小木津村ニ存シテ、相田ト云ヒ、仏浜ノ観音ハ、田尻村ノ海浜二十町バカリヲ去テ、度志観音トテ、岩壁ニ彫ミタルモノアルコレナリ。

と記している。こうした通説に対して、近年、地元在住の永沼義信氏と木村恒雄氏が諸文献を再検討したうえで、「仏が浜」は度志観音とその周辺ではなく、日立市小木津町の海岸附近の岩壁に刻まれた磨崖仏とその一帯をさす、という新見を出された[66]。

この磨崖仏は日立市小木津町一八〇二番地の海岸附近の岸壁にあり（図7A）、地元では〈十二体観世音様〉と呼ば

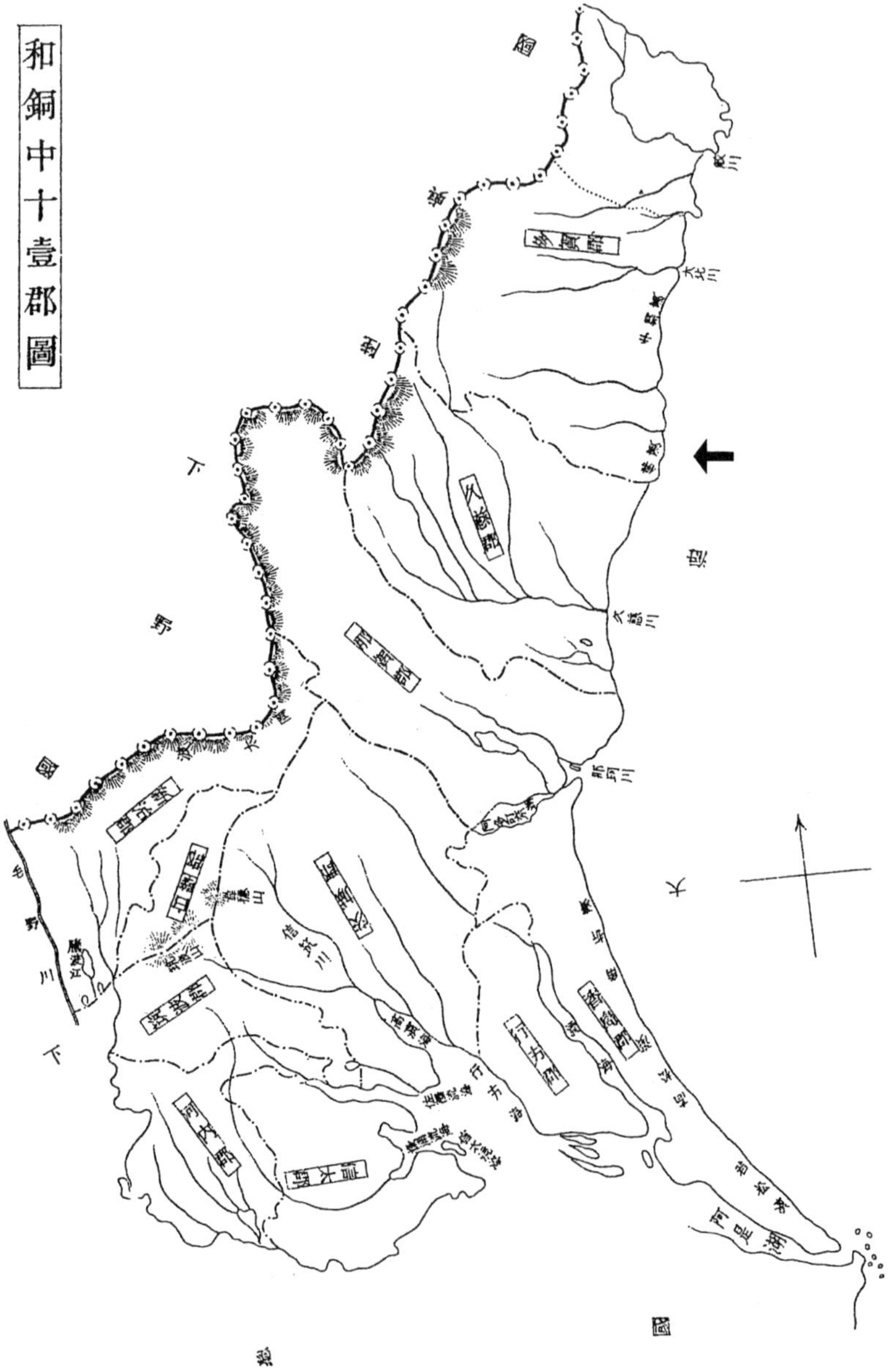

図5　和銅中十一郡図（中山信名『新編常陸国誌』）

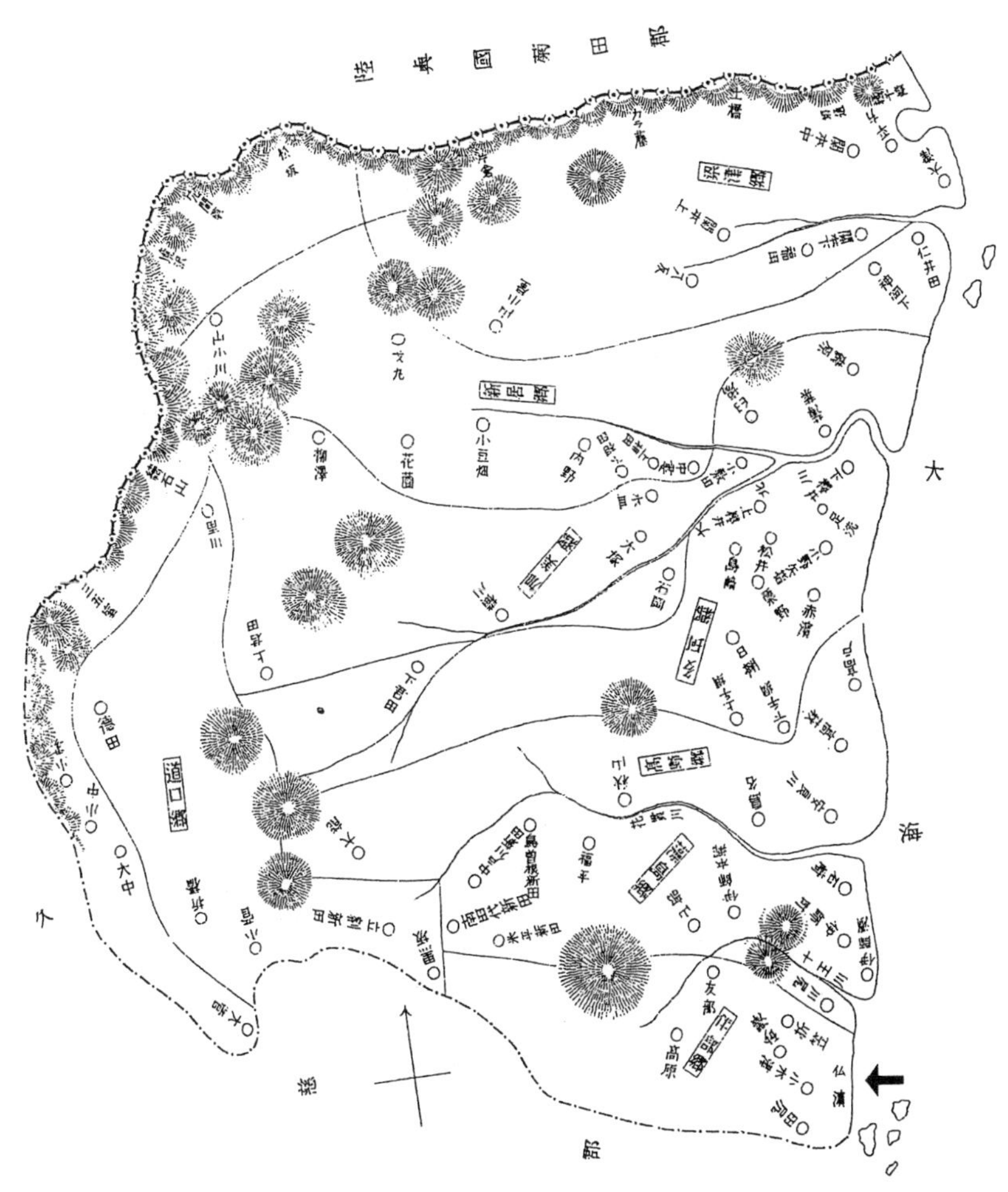

図6　多珂郡八郷図(中山信名『新編常陸国誌』)

図７　日立市・小木津浜の磨崖仏（A）と度志観音（B）（国土地理院発行・25000分の１「日立」）

れている。海に面した山麓の山肌を高さ約三・七メートル、幅七・二メートルにわたって彎曲にえぐった岩壁の中段に、十二体の観音像が刻まれていたが、風化による磨耗が著しく、現在では数体を確認できる程度である[67]。

この磨崖仏の前方は、「大海の辺の石壁」にふさわしく、江戸時代までは大きく湾入し、太平洋の波が仏像の間近まで迫っていたという。また背後を助川（日立市）から、藻島（十王町）、棚嶋（北茨城市）の各駅を経て陸奥国に至る古海道が通っており[68]、数多くの道往く人々が行旅の安全を祈願したことと思われる。

日本古代、とくに七世紀後期から八世紀にかけての観音信仰は、『法華経』第二十五の「観世音菩薩普門品」とは別行の『観世音経』にもとづいて、国土の安寧と除災消疫や招福など、さまざまな現世利益が幅広い信仰を集めており、その受容相は速水侑氏が詳細に跡づけている[69]。なかでも律令国家による祈願は、『続日本紀』天平十二年（七四〇）九月十五日条の藤原広嗣の乱に際しての勅に、

> 四畿内・七道諸国に勅して曰く、比来、筑紫の境に不軌の臣有るに縁りて、軍に命せて討伐たしむ。願はくは、聖祐に依りて百姓を安みせ欲ことを。故に今国別に観世音菩薩像壱躯、高さ七尺なるを造り、并せて観世音経一十巻を写せ、とのたまふ。

とあるのを初めとして、同天平宝字元年（七五七）七月十二日条の、橘奈良麻呂の乱に際して出された宣命では、

> 盧舎那如来、観世音菩薩、護法の梵王、帝釈、四大天王の不可思議威神の力に依りてし、此の逆（さかしま）に在る悪しき奴等は顕れ出でて、悉く罪に伏しぬらしとなも、神ながらも念（おぼ）し行（め）す。

とのべ、同神護景雲三年（七六九）五月二十九日条の県犬養姉女らの巫蠱をめぐる事件においても同様の、陰謀を未然に防ぐ観音の不可思議威神力を讃える宣命が出されているように、反乱や謀略などに際して、鎮護国家的な効験が期待されていた。

常陸では和銅二年（七〇九）三月から八月にかけての蝦夷の反乱に続いて、養老四年（七二〇）九月から翌年四月に及んだ蝦夷征討においても多数の兵力と軍粮を負担しており、東国の軍事的拠点として緊迫した状況にあっただけに、当時、国司として在任した藤原宇合にとっても、陸奥へ向かう征討軍が通る古海道に面して位置する仏が浜の観世音菩薩像への関心は、切実なものであったに違いない。

註

（1）以下、風土記の本文は、主として植垣節也校注『風土記』（新編日本古典文学全集、一九九七年、小学館）に拠る。

（2）漢語の出典に関しては、小島憲之『上代日本文学と中国文学』上巻第四篇「風土記の述作」（一九六二年、塙書房）、橋本雅之「『常陸国風土記』注釈」（『風土記研究』第一九号、一九九四年、以下に連載）に詳細な考証がある。

（3）本居宣長『古事記伝』巻一二（『本居宣長全集』第一〇巻、一九六八年、筑摩書房）。

（4）下出積與『神仙思想』（吉川弘文館、一九六八年）、荒川紘『古代日本人の宇宙観』（一九八一年、海鳴社）のほか、折口信夫『古代研究』（大岡山書店、一九二九年、後に中央公論社版全集）以来の、民俗学や宗教学からのマレビト論や祖霊信仰、とくに南西諸島のニライカナイとの関連を重視する論考として谷川健一『常世論』（一九八三年、平凡社）がある。

（5）水江浦島子の伝承と史料については、水野祐『古代社会と浦島伝説』（一九七五年、雄山閣）に詳しい。

（6）中西進『ユートピア幻想―万葉びとと神仙思想―』（一九九三年、大修館書店）。

（7）『神野向遺跡』Ⅰ～Ⅵ（一九八一～八七年、鹿島町教育委員会）、田熊清彦「東国の国府と郡家」（〈新版・古代の日本〉第八巻『関東』、一九九二年、角川書店）、本田勉「鹿島の郡衙」（茂木雅博編『風土記の考古学』一〈常陸国風土記の巻〉、一九九四年、同成社）、田口崇「古代の鹿島を掘る」（青木和夫・田辺昭三編『藤原鎌足とその時代』一九九七年、吉川弘文館）など参照。

（8）伊藤清司「風土記と中国地誌―『出雲国風土記』の薬物を中心に―」（上田正昭編『風土記』一九七五年、社会思想社）、増尾伸一郎「〈雲に飛ぶ薬〉考」（『万葉歌人と中国思想』一九九七年、吉川弘文館）。

（9）左注に「或云」としてこの歌の成立をめぐる次のような異説がある。「この歌一首は太上天皇の御歌なり、ただし天皇・皇后の御歌各一首あり、といふ。その歌遺ひ落ちて、未だ探り求むること得ず。今案内に検すに、八年十一月九日に葛城王等、橘宿禰の姓を願ひて表を上る。十七日を以て、表の乞に依りて橘宿禰を賜ふ、といふ」

(10) 志田諄一「常陸国風土記と神仙思想」(『茨城キリスト教大学紀要』第三〇号、I・人文科学、一九九六年、『常陸国風土記』と説話の研究』一九九八年、雄山閣)、同『常陸国風土記と神仙思想』(一九九七年、筑波書林)のほか、『歴史手帖』第一八巻一号(一九九〇年、名著出版)の特集〈風土記と神仙思想〉に、武廣亮平「『常陸国風土記』にみられる神仙思想」などの関連論文が載る。また、風土記を読む会編『風土記の神と宗教的世界』(一九九七年、おうふう)には、『歴史手帖』の特集をふまえた諸論と文献目録を収める。

(11) 志田諄一、前掲注(10)。『延喜式』の諸国進年料雑薬条の規定では、常陸国から典薬寮に貢上される二五種の薬種のうち「茯苓百六十六斤」となっているが、これは摂津国以下の二一ヶ国からの総量をも上回る量にあたる。

(12) 志田諄一、前掲注(10)。

(13) 『比古婆衣』巻十三「風土記考」(『伴信友全集』第四巻、国書刊行会初版、ぺりかん社復刊)。

(14) 鎌田元一「郷里制の施行と霊亀元年式」(上田正昭編『古代の日本と東アジア』一九九一年、小学館)、同「郷里制の施行　補論」(中山修一先生喜寿記念事業会編『長岡京古文化論叢』Ⅱ、三星出版、一九九二年)など。

(15) 横山妙子「『常陸国風土記』に見える「行政単位」」(『市民の古代』一三集、一九九一年、新泉社)。

(16) 増田修・横山妙子編「常陸国風土記研究文献目録」(市民の古代研究会・関東編『常陸国風土記の探究』同会刊、一九九五年)に、一九八九年までに発表された六百余篇の集録がある。

(17) 土田直鎮「石城石背両国建置沿革余考」(『歴史地理』八三巻一号、一九五一年)、高橋富雄『蝦夷』(一九六三年、吉川弘文館)など。

(18) 喜田貞吉「石城石背両国建置沿革追考」(『歴史地理』二二巻一号、一九一三年、『喜田貞吉著作集』第四巻、一九八二年、平凡社)、志田諄一「常陸風土記の成立について」(『史元』創刊号、一九六五年、『常陸風土記とその社会』、一九七四年、雄山閣、『常陸国風土記』と説話の研究』前掲注(10))など。

(19) 『類聚三代格』弘仁二年二月十七日付の太政官符にも同文の記事がある。また『飛鳥藤原宮跡出土木簡概報』六(『藤原宮出土木簡』五、奈良国立文化財研究所、一九八一年)七頁の藤原宮東面外濠から出土した木簡の中に「□日石川難波麻呂朝臣」と記した例がある。

(20) 木本好信「藤原宇合」(『藤原式家官人の研究』一九九八年、高科書店)では、養老二年(七一八)九月に式部卿となった兄の武智麻呂が、同五年一月に、参議を経ないまま中納言に昇任しており、宇合の式部卿就任はその後をうけたものとみているが、『懐風藻』所載の宇合の七言詩「在常陸贈倭判官留在京」によれば、同年秋もなお常陸に存在していたと考えられる。
(21) 『菅政友全集』雑稿三(一九〇七年、国書刊行会)所収、六三二頁。
(22) 小島憲之「常陸風土記成立に関する一考察」(『国語国文』七巻八号、一九三七年)、秋本吉郎「九州及び常陸国風土記の編述と藤原宇合」(『国語と国文学』三二巻五号、一九六〇年、『風土記の研究』一九六三年、ミネルヴァ書房)、志田諄一、前掲注(18)、河野辰男『常陸国風土記の史的概観』(一九七七年、崙書房)、井上辰雄「『常陸国風土記』編纂と藤原氏」(井上辰雄編『古代中世の政治と地域社会』一九八六年、雄山閣)、同『常陸国風土記にみる古代』(一九八九年、学生社)など。
(23) 増村宏『遣唐使の研究』(一九八八年、同朋舎)、茂在寅男他編『遣唐使研究と史料』(一九八七年、東海大学出版会)、池田温編『古代を考える　唐と日本』(一九九二年、吉川弘文館)等参照。
(24) 『新訂増補国史大系』第一冊、一七頁。
(25) 小島憲之、前掲注(2)。
(26) 井上辰雄、前掲注(22)、増田修「『常陸国風土記』にみえる律令用語―「解」と「容止」―」(『常陸国風土記の探究』前掲注(16))。
(27) 橋本雅之、前掲注(2)。
(28) 秋本吉郎、前掲注(22)。
(29) 以下、『懐風藻』の訓読は、小島憲之校注『懐風藻　文華秀麗集　本朝文粋』(日本古典文学大系、一九六四年、岩波書店)に拠る。
(30) 利光三津夫「奈良朝官人の推挽関係」(『律令制とその周辺』一九六七年、慶応義塾大学法学研究会)。本論考の存在は長谷山彰氏にご教示いただいた。記してお礼申し上げたい。
(31) 『後漢書』李膺伝、郭太伝、鄭玄伝。要旨は、小島憲之、前掲注(29)、補注「李・膺」、四六七頁参照。
(32) 花房英樹訳注『文選』〈詩騒篇〉四(全釈漢文大系、一九七四年、集英社)八五―八七頁。
(33) 『芸文類聚』巻二十、人部にも所載。橋本雅之、前掲注(2)参照。

(34) 井出至「仙境の雲」(『遊文録』第一巻、一九九四年、和泉書院)、増尾伸一郎「〈君が手馴れの琴〉考」(『万葉歌人と中国思想』、前掲注(8)参照。
(35) 井村哲夫『憶良と虫麻呂』(一九七三年、桜楓社)、同『憶良・虫麻呂と天平歌壇』(一九九七年、翰林書房)所収の虫麻呂に関する諸論参照。
(36) 小島憲之『上代日本文学と中国文学』中巻「伝承歌の表現」(一九六四年、塙書房)など。
(37) 「鹿島」の表記は『続日本紀』養老七年(七二三)十一月二日条が初見で、『常陸国風土記』などの、それ以前の史料では「香島」。
(38) 中村英重「中臣氏の出自と形成」(佐伯有清編『日本古代中世史論考』一九八七年、吉川弘文館)。
(39) 横田健一「中臣氏と卜部」(『日本古代神話と氏族伝承』一九八二年、塙書房)。
(40) 岡田精司「香取神宮の起源と祭神」(『千葉県の歴史』一五号、千葉県、一九七七年)は、鹿島社の創建は六世紀中頃に大和政権の東国経略の過程で、物部氏が東国の鎮護神としてタケミカヅチを祀り、物部氏の没落後に中臣氏が関与したとみる。
(41) 津田左右吉「上代の部の研究」(『日本上代史研究』一九三〇年、岩波書店、『津田左右吉全集』第三巻、一九六三年、岩波書店)、松倉文比古「鹿島・香取の神について」(『龍谷史壇』七二号、一九七七年)。
(42) 〈新日本古典文学大系〉『続日本紀』二、補注九―四六、四七(五〇三頁)。
(43) 吉井巌「タケミカヅチノ神」(『天皇の系譜と神話』二、一九七六年、塙書房)。
(44) 福山敏男「春日神社の創立と社殿配置」(『日本建築史の研究』一九四三年、桑名文星堂。一九八〇年、綜芸社)所引『春日神社記集』、〈神道大系〉神社篇第一三巻『春日』(一九八五年、神道大系編纂会)所収。
(45) 尊経閣文庫所蔵(金沢文庫旧蔵本)。
(46) 西田長男「春日大社創立の諸問題」(『神道考古学講座』第六巻、一九七三年、雄山閣。『日本神道史研究』第九巻、一九八八年、講談社)。
(47) 宮地直一「春日神社の成立」(『神祇史の研究』一九二四年、古今書院)。
(48) 福山敏男、前掲注(44)。
(49) ○和銅二年(七〇九)創建を伝える『神祇雑例集』(群書類従第四輯)巻一の中臣氏祖神の条。
○天平七年(七三五)創建伝承とみられる十巻本『伊呂波字類抄』春日社条の注記。

○『万葉集』四二四〇番の入唐大使藤原清河への光明皇太后の贈歌の詞書。
○『春日社私記』所引の天平勝宝七年（七五五）の官符の記述。
○『新抄格勅符抄』所引の大同元年（八〇六）牒、天平神護元年（七六五）に鹿嶋から春日社へ、神封二十戸を寄進した記事。
○『続日本紀』養老元年（七一七）二月、天平勝宝二年（七五〇）二月、宝亀八年（七七七）二月の各条にみえる春日の祭場、酒殿をめぐる記事など。

(50) 菊地康明「春日神社と律令官社制」（菊地康明編『律令制祭祀論考』一九九一年、塙書房）。
(51) 中村英重、前掲注(38)。
(52) 『類聚三代格』巻一にも所収。
(53) 宮地直一、前掲注(47)。
(54) 『群書類従』第五輯所収。延喜六年（九〇六）成立。天平宝字五年（七六一）の「大中臣氏本系帳」も引載する。
(55) その職掌と性格をめぐる諸説については、中村英重、前掲注(38)参照。
(56) 神祇伯の固辞と三島への退出は、皇極紀三年一月条にも載る。
(57) 青木和夫「藤原鎌足」（『日本古代の政治と人物』一九七七年、吉川弘文館）、『藤原鎌足とその時代』前掲注(7)。
(58) 増尾伸一郎「深智の儔は内外を覯る」（『古代文学』三八号、一九九九年）。
(59) 三舟隆之「『出雲国風土記』における「新造院」の成立」（『出雲古代史研究』四号、一九九四年）。
(60) 茨城県立歴史館〈学術調査報告〉四『茨城県における古代瓦の研究』（一九九四年）ならびに第四二回・埋蔵文化財研究集会『古代寺院の出現とその背景』資料〈東日本編〉（香芝市二上山博物館、一九九七年）、関東古瓦研究会・第二回シンポジウム『関東の初期寺院』資料篇（一九九七年）参照。
(61) 太田亮『全訂日本上代社会組織の研究』（一九五五年、邦光書房）。
(62) 志田諄一「常陸風土記にみえる観音像の彫像について」（『常陸史学』三号、茨城キリスト教学園高校、一九六一年）、同「川原宿祢黒麻呂の研究」（『郷土ひたち』三号、一九六一年）もほぼ同文。同「蝦夷征伐と常陸国」（『常陸風土記とその社会』前掲注(18)）。
(63) 〈日本歴史地名大系〉第八巻『茨城県の地名』（一九八二年、平凡社）と、〈角川日本地名大辞典〉八『茨城県』（一九八三年、角川書店）の「仏ヶ浜」参照。

(64) 一八三六年稿。栗田寛の補訂を加え、水戸積善堂刊、一八九九年。宮崎報恩会、一九六九年復刊。
(65) 一八三九年稿。正宗敦夫編〈日本古典全集〉『古風土記集』下所収（現代思潮社、一九二六年復刊）。
(66) 永沼義信「小木津浜の磨崖仏と空久保の五輪塔」（『文芸ひたち』六八号、一九九〇年）、木村恒夫「常陸国風土記『仏の浜』考」（同前六九号、一九九〇年）。なお、この二編の論考の存在は、市民の古代研究会・関東編『常陸国風土記の探究』（前掲注(16)）の松崎健一郎「仏ヶ浜」によって知った。これらの文献の入手に際してご高配をいただいた横山妙子氏と永沼義信氏にお礼申し上げたい。
(67) ご協力いただいた菊地章太氏ご夫妻にお礼申し上げる。
(68) 藤岡謙二郎編『古代日本の交通路』Ⅰ「常陸国」（大脇保彦稿、一九七八年、大明堂）。
(69) 速水侑『観音信仰』（一九七〇年、塙書房）、同編〈民衆宗教史叢書〉七『観音信仰』（一九八二年、雄山閣）。

第二章 「七世父母」と「天地誓願」

——古代東国における仏教受容と祖先信仰をめぐって——

緒　言

いわゆる上野三碑のうち、山上碑と金井沢碑は、古代東国における仏教受容の様相を具体的に物語る史料として、早くから注目されてきた。

金井沢碑は、神亀三年（七二六）二月に、群馬郡下賛郷高田里の三家（屯倉）の子孫と結縁者九名が、祖先供養のために天地に誓願したことを記すが、天武十年（六八一）に建立されたとみられる山上碑の方は、佐野三家の末裔である長利（僧）が、その母の黒売刀自のために「記し定める文也」とあるだけで、その目的は明らかではない。

この点について、碑の東側に位置する山上古墳の構造と築造年代の検討をふまえて、この古墳の被葬者は碑文の黒売刀自であり、山上碑はその墓碑として建立されたと考えるのが、これまでほぼ定説となっていた。[1] だが、碑の建立と古墳の築造、すなわち造墓が同時に行われたとは限定しきれないことから、前沢和之氏の指摘するように碑の建立は、黒売刀自の没時から、その子長利（僧）の存命中までと幅を持たせて解釈すべきであり、山上古墳の築造年代も一世代分程度さかのぼる可能性がある。さらに碑の性格も必ずしも墓碑とはいいきれず、母の忌日供養もしくは祖先供養を祈願したものとみることができるかもしれない。[2]

本稿では、金井沢碑の刻文中の文言「七世父母」と「天地誓願」をめぐって、日本古代の用例のほかに、朝鮮の金石文との比較を試みることにより、二つの刻文の思想的背景を再検討したい。

一　山上碑の性格

山上碑の刻文は、

辛己歳集月三日記
佐野三家定賜健守命孫黒売刀自此
新川臣児斯多々弥足尼孫大児臣娶生児
長利僧母為記定文也　放光寺僧

と記されているが、ここには古代の墓誌に共通してみられる「薨」「卒」「葬」「墓」といった文字は、一字も含まれていない。第四行目の傍線部がこの建碑の目的に関係する文言で、「母の為に記し定める文なり」と訓めるが、「何を」記し定めたのかは明らかではない。

古代の金石文で「母」もしくは「父母の為に」という文言が記される場合は、たとえば島根県鰐淵寺の金銅観音菩薩台座銘に、

壬辰年五月出雲国若倭部臣徳太理為父母作奉菩薩[3]

とあるように、その目的を具体的に刻む場合が多く、韓国・澗松美術館所蔵の金銅三尊立像の銘文[4]のように、

癸未年十一月一日[5]

　宝華為亡父趙□人造

とあるだけで銘文自体には「何を」つくったかを明記しないものもあるが、この場合には造像銘なので、あえて記す必要はなかったのであろう。

　故人のために「記し定め」るとすれば、かつて河内国石川郡の妙見寺に伝存したという采女氏塋域碑(6)に、

　飛鳥浄原大朝庭大弁
官直大貳采女竹良卿所
請造墓所形浦山地四千
代他人莫上毀木犯穢
傍地也
　　己丑年十二月廿五日

と記して墓域の画定と安寧を祈念した例が想起され、やはり江戸時代に河内国松岳山から出土した戊辰年（六六八）の船氏王後墓誌の末尾にも、

　即為安保万代之霊基牢固永劫之宝地也

とある。また、明治五年に奈良県平群郡から出土した天平二年（七三〇）の美努岡万墓誌のように、その後半部で、

卒春秋六十有七其為人小心事帝移孝為
忠忠簡帝心能秀臣下成功広業照一代之
高栄揚名顕親遺千歳之長跡令聞難尽余
慶無窮仍作斯文納置中墓

と述べて故人の人徳と功績を讃えるものもあるが、山上碑の場合は必ずしもこれらに類同するとはいえない。墓碑（誌）というよりは、むしろ故人の子息である僧侶が、その両親の系譜を確認しつつ母を顕彰し、供養した碑文とみなしうるのではなかろうか。

二 「七世父母」と祖霊

山上碑にくらべると、金井沢碑は祖先の供養碑としての性格が明確に窺える。碑文の二行目に刻まれた「七世父母、現在父母の為に」という文言は、古代の金石文に広くみられる慣用句である。夙に狩谷棭斎が『古京遺文』において、これが『盂蘭盆経』にみえ、中国六朝の造像記に多く用いられていること、また粟原寺の塔露盤銘や、『西琳寺縁起』記載の宝元五年（六五九）の阿弥陀仏造像銘を例示しているが[7]、初期の仏教受容と祖先信仰の関連から「七世父母」に注目した竹田聴洲氏は、法隆寺金銅釈迦三尊像の戊子年銘、観心寺阿弥陀如来像の戊午年銘をはじめ、写経奥書や『日本書紀』などの文献史料にみえる用例をあげたうえで、これらに共通するのは追善回向としての発願であり、過去あるいは現在の有縁者への追善を契機とし、さらに進んで七世父母および一切衆生、六道四生等への志向を併挙することを指摘した。ついでその源流を中国六朝時代の造像銘に探り、七世父母への造像の功徳は特定の仏菩薩に限定されることなく、造立発願者もさまざまな階層にわたっており、「七世父母」に祖先を集約し造像の功徳を説くことはインドに起源するとしても、中国においては儒教的家族道徳としての祖先崇拝と接合しながら盛行をみたのであって、こうした民間信仰的性格は、固有の祖霊観念を保持していた日本が仏教を受容するうえで円滑に作用したであろうと推定した[8]。

これをうけた高取正男氏は、竹田氏のいう固有の祖霊観念について、民俗信仰の祖型として抽出される死霊と祖霊との関係は、死後一定期間、生前の個性を保って近親者に臨む死者の霊魂も時を経て次第に個性を失うと、漠然とした死者霊の没個性的な集合体としての祖霊の中に組み込まれ、祖先として子孫をみまもり、その繁栄を保証する一種の神性に昇華し、その後は折々に子孫のもとを訪れ回想される存在になると要約する。そのうえで日本古代の造像銘そのものは、あくまで仏に対する願文であり、七世父母もまた仏の加護をうける衆生の一つにすぎず、祖霊を超える神性を認めない限り造像銘はあらわれてこないはずであるといい、仏教受容以前の祖霊観念とその形成過程を詳細に跡づけている。(9)

竹田氏の論考が発表された一九五〇年当時、朝鮮三国時代の金石文（とくに造像銘）に「七世父母」を含む事例は知られていなかったが、(10)その後の調査によって現在までに四例が確認されているので、(11)それらとの比較を通じて金井沢碑における祖先信仰の位相を再考したい。

三　朝鮮の造像銘にみる「七世父母」

1　大和十三年・三尊石仏像銘

朝鮮の金石文で「七世父母」を含むもののうち、もっとも古い時期に属するのは釜山市の東亜大学校博物館所蔵の大和十三年・三尊石仏像銘である。(12)

この石仏は上部を破損し、台座と仏像の下部だけが残存する。現存部分の高さは三九・五チセン、幅四四・五チセンで、銘文は後部にある（図8）。

□□大和十三年歳在
己巳九月壬寅朔十九
日庚申□□□□□□
□□功徳三宝□□□
除成凡己□□成行御
古□心□忍北不□□
□□□□功徳逮及七
世父母□□□□□□
衆生咸同□□□□寿
昔悪途□□之願□□
結地□□感慕□因
縁少仏□□□□□□
□文□仏像一□□□
□□□□三宝出入□

製作年代については、高句麗の長寿王七七年にあたる四八九年説が有力である。「太和」という年号は、新羅の真徳王元年（六

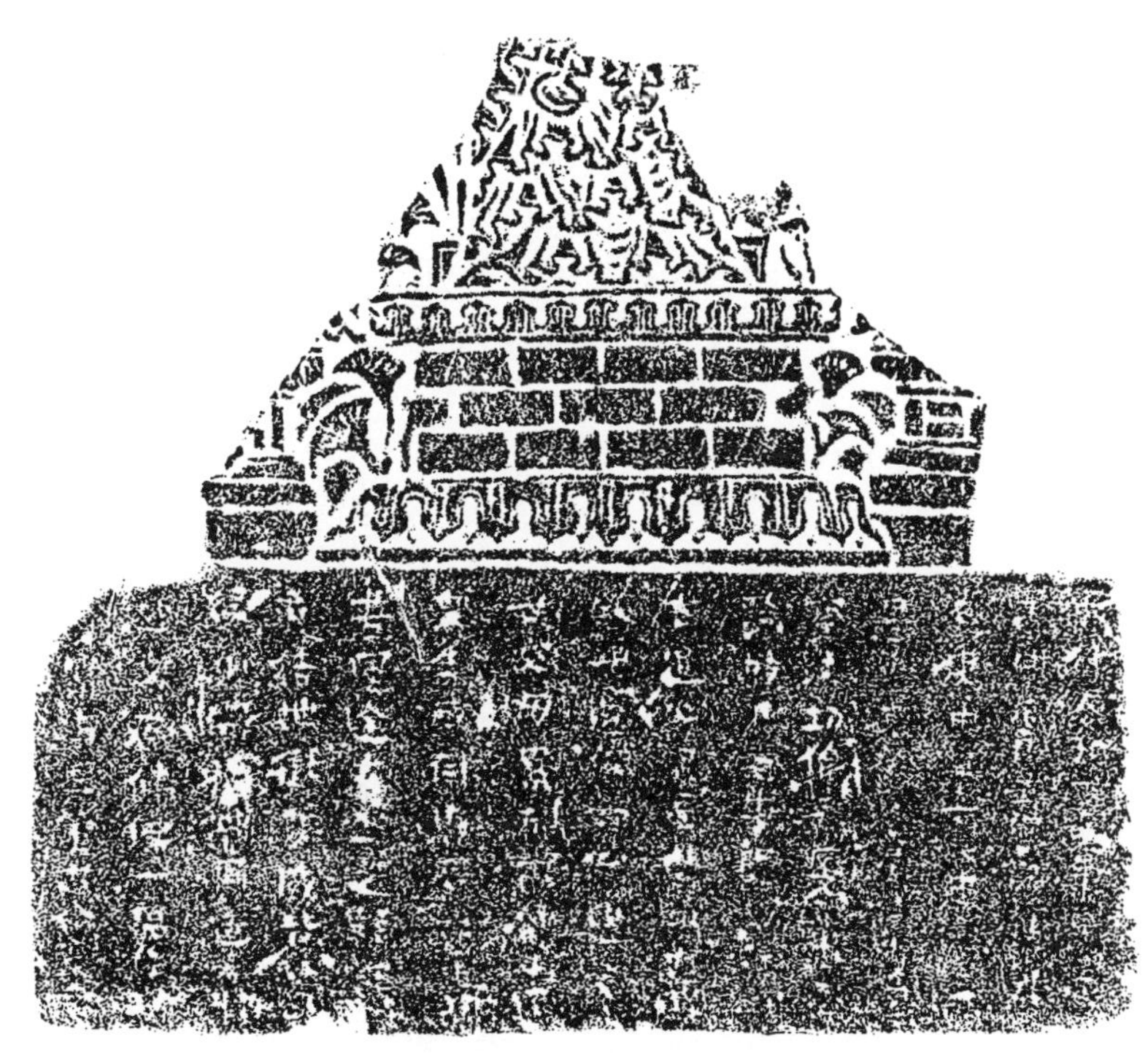

図8　大和十三年・三尊石仏像銘（趙東元編『韓国金石文大系』第4、円光大学校出版局、1985年所収）

四七）から同四年（六五〇）にかけてと、興徳王二年（八二七）から同九年（八三五）まで（ただしこの時は、唐の文宗の年号のほか、早くは曹魏（二二七〜二三二年）、後趙（三二八〜三二九年）、成漢（三四四〜三四五年）、東晋（三六六〜三七一年）にも用いられたことはあるが、いずれも十三年という年数と干支（己巳）とが一致しない。

2　癸酉年・阿弥陀三尊四面石像銘

これは一九六〇年に、忠清南道燕岐郡全東面多方里の碑巌寺において、後掲の己丑年・阿弥陀仏像とともに確認され、現在は国立清州博物館に寄託されている。高さ四三センチ、前面幅二六・七センチ、側面幅は一七センチあり、本来は屋蓋と台座を具備した仏碑像の、中央部の身石部分に該当するものとみられる。石像の各面は全て仏像と文様で埋めつくされ、前面下段と両側面、背面の四面全部に、次のような銘文が刻まれている[13]（図9）。

□□癸酉年四月十五日
兮乃末首□□道□発願
敬□供為□弥次乃□□正乃末
全氏三□□等□五十人知識
共国王大臣
及七世父母含霊発願敬造寺知識名記
達率身次願
真武舎
□□舎願　（以上、向左側面）

上次乃末
三久知乃末
兎奞願 （以上、背面第一段）
奞願
夫信奞
大□ （以上、背面第二段）
乃末願
久奞願
恵信師 （以上、背面第三段）
夫乃末願
林乃末願
恵明法師
道師 （以上、背面第四段）
歳□□□年四月十五
日為諸□敬造此石
諸仏□□
道作公願
使真公□

図9 癸酉年・阿弥陀三尊四面石像銘（趙東元編『韓国金石文大系』第6、円光大学校出版局、1993年所収）

□□願　（以上、向右側面）
全氏□□
述況□□
二兮□木
同心敬造
阿弥陀仏
像観音大
世至像□
□道□□
上為□□
願敬造□
仏像□□
此石仏像
内外十万
十六□□　（以上、正面）

この銘文は従来、正面からはじめて向左側面、向右側面、背面の順に読む例が多かったが、金貞淑氏は他の作例との比較検討をふまえて、石像の銘文は仏像を刻む面と空間を別にし、とくに四面石像の場合には先ず側面に書くのが、当時の基本様式であったとみて、前掲のような新たな配列案を提示した(14)。

銘文の年代は石像の形態や文中の官等名などから、新羅・文武王十三年（六七三）と考えられる。内容は向左側面と背面、向右側面と正面とに区分できるが、それぞれに造寺と造仏を発願したものである。

五〇名にのぼる知識が、国王と大臣や七世父母をはじめ、すべての霊魂のために発願し寺院と仏像をつくったと記すが、銘文中の知識の中には新羅十七官等のうちの第十一等にあたる「乃末」や、第十二等にあたる「大舎」のほかに、百済十六官等のうちの第二等にあたる「達率」を冠する者も混在している。

「乃末」や「大舎」など新羅の官等名を有する者たちは、六六〇年に百済が滅亡した後に新羅から新たに官等を付与された百済遺民とみられるが、その表記はこの時期の金石文などにみられるような、職名—部名—官等名の順に記すという形式をとってはいないことから、この銘文は燕岐地方の有力氏族であった全氏一族が中心となって、百済を滅ぼした新羅の支配下に組み込まれつつあるなかで国王や臣下と祖先たちの供養を祈念し、阿弥陀仏と観世音大世至像の造立を発願したものと思われる。

3　癸酉年・三尊千仏碑像銘

この石碑像は前述の阿弥陀三尊四面石像と同一の紀年をもち、きわめて密接な関係にあることが窺える。現在は国立公州博物館に所蔵されているが、燕岐郡鳥致院邑の小川の溝から発見された後、附近の瑞光庵で保管してきたものという。高さは約九一チセン、幅は下部が二〇チセン、上部が四七・五チセン、厚さは下部が一五チセン、上部が一四・五チセンで、右側の部分の破損が著しい。

石像の前面は九段に分けられ、各段ごとに二二体の仏像がある。両側面は一四段に分けられ、各段に七体の仏像が刻まれており、背面は一六段に各段二一体ずつの小如来坐像が陽刻されている。また上下二段の長方形の石で碑身に合うよう溝を掘った蓋石が置かれているが、この蓋石にも上下二段の四面全てに各一段、屋裏には二段ずつ小仏像が碑身と同一の技法で陽刻されている。碑の四面全体にわたって千仏を刻んだ作例は、これまでのところ韓国では唯一のものである。銘文は左右に四行ずつ次のように陰刻されている[15]（図10）。

歳在癸酉年四月十五日香
徒釈迦及諸仏菩薩像造
石記□□是者為国王大
臣及七世父母法界衆生故敬　（以上、向右側面）

造之　香徒名彌次乃真
牟氏奢上生奢□仁次奢□
宣奢贊不奢弍使奢□□
□奢□□等二百五十八　（以上、向左側面）

このうち向右側面の第二行目の「釈迦」は、「弥陀」と読む説もある。前述のように、この銘文の紀年は碑巌寺旧蔵の阿弥陀三尊四面石像と同一だが、両者の製作が、ごく近い関係にあることは三尊像の彫造技法や様式からみても明瞭で、これもやはり新羅による三国統一直後の時期に、旧百済遺民たちが発願したものと考えられ、二五〇人に及ぶ香徒（知識）は前者にもまして規模が大きい。「国王、大臣および七世父母、法界衆生のために造像する」という願

図10　癸酉年・三尊千仏碑像銘（趙東元編『韓国金石文大系』第2、円光大学校出版局、1994年所収）

文の趣旨も、また同一である。

なお、後半の香徒の代表者の姓名を記した部分の最初にみえる「真牟氏」は、『日本書紀』欽明四年九月に、百済の聖明王が派遣した前部奈率の真牟貴文や、同じく欽明紀八年四月条から九年六月条にかけてみえる前部徳率の真慕宣文と同じく、百済の複姓である[16]。真氏は四世紀末の近肖古王から近仇首王の時代にかけて、王室の外戚として勢力を保持し、百済の大姓八族[17]の一つにも数えられた雄族である。

4　己丑年・阿弥陀仏石像銘

この仏像も、前述の2癸酉年・阿弥陀三尊四面石像とともに一九六〇年の調査で確認され、現在は碑巌寺から国立清州博物館に寄託されている。高さ五七・五チセン、下部の幅三一・五チセン、側面の幅は下部が八・五チセンで上部にかけて少しずつ薄くなっており、銘文は背面上部に次のように陰刻されている[18]（図11）。

己丑年二月十五日

此□七世父母及□□□

阿弥陀仏及諸仏菩薩像

□□

製作年代は干支や仏像の様式などから、癸酉年の阿弥陀三尊四面石像よりはやや遅れて新羅・神文王九年（六八九）の成立とみられる。

このように七世紀後期の新羅による三国統一前後の時期を中心として、日本との関係がとくに深かった百済の地域で、多くの知識により造立された仏像や碑などの石造物の銘文に「七世父母」の語が刻まれていることは、日本古代

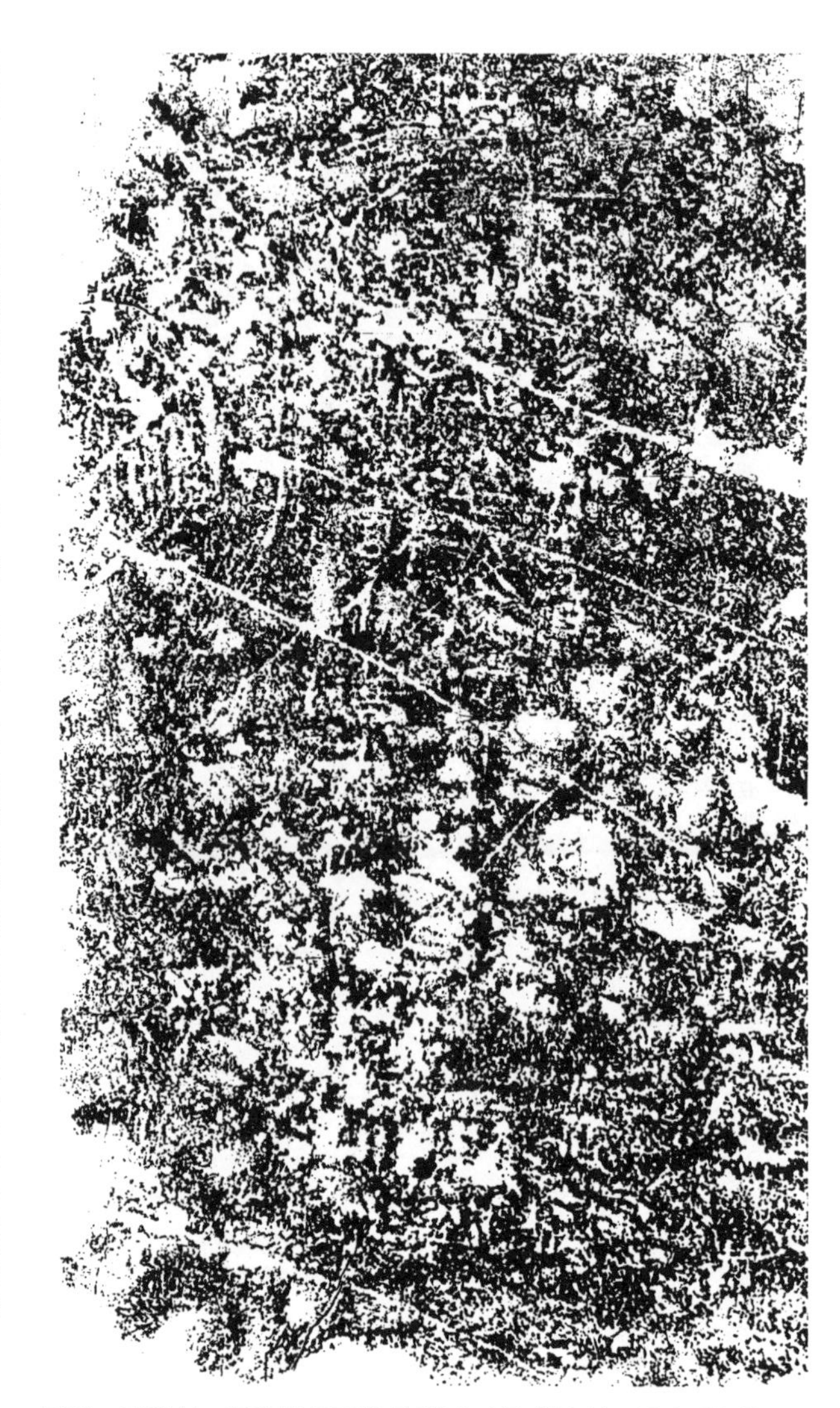

図11　己丑年・阿弥陀仏石像銘（趙東元編『韓国金石文大系』第6、円光大学校出版局、1995年所収）

における用例の直接的な先蹤として注目に値する。だが金井沢碑の場合には、その末尾に、

如是知識結而、天地誓願仕奉石文

と記すように、天神地祇あるいは天地諸神に対する誓願をも併記する点が、これらの朝鮮の金石文、さらには他の日本の金石文とも異なるところである。

四　金井沢碑の「天地誓願」とその性格

金井沢碑にみえる「天地誓願」の「天地」は、記紀神話や神祇令を構成する天神地祇、もしくは天津神と国津神をさすとも考えられるが、『万葉集』において特定の人格神としての固有の名称をもたないさまざまな自然神の集約的表現として広く用いられた「天地の神」に、より近いものと思われる。

『万葉集』で「天地の神」は二四例を数えるが、巻五の山上憶良「沈痾自哀文」には、その日常的信仰に言及して、

三宝を礼拝し、日として勤めざることなし〈毎日誦経し、発露懺悔す〉。百神を敬重し、夜として欠くること鮮し〈天地の諸神等を敬拝することを謂ふ〉。（〈　〉内は割注）

という一節があり、中国における「百神」に類似する概念として「天地諸神」を理解しているが、これは古代の村落祭祀の対象とも深くかかわる要素をもつ(19)。

一方、「誓願」は、多分に仏教的な性格の語句である。『日本書紀』では推古十三年（六〇五）四月辛酉朔条に、

天皇詔二皇太子大臣及諸王諸臣一、共同発二誓願一、以始造二銅繡丈六仏像、各一軀一。

として、飛鳥元興寺における丈六仏造立を発願したことを述べるのに「誓願」を用いるのをはじめとして、同二十九年（正しくは三十年＝六二二）二月是月条には聖徳太子の死に際し、

高麗僧慧慈、聞二上宮皇太子薨一、以大悲之。為二皇太子一、請レ僧而設斎。仍親説レ経之日、誓願曰、（後略）

とあり、太子の逝去を悼んだ慧慈が、「来年の忌日には、私も浄土で太子にまみえ、ともに衆生を教化したい」と誓願したとおりに死去したため、彼もまた聖と呼ばれたことを記す。

このほかにも孝徳紀、大化五年（六四九）三月己巳条の、右大臣蘇我倉山田石川麻呂の粛清を前にした、その遺言の中で山田寺の創建にふれて、

凡此伽藍者、元非二自身故造一。奉二為天皇一誓作。

と述べて、続けて、

言畢、開二仏殿之戸一、仰而発レ誓曰、願我、生々世々、不レ怨二君王一。誓訖自経而死。

と伝える。「奉為」「生々世々」は、ともに造像銘などの慣用句で、とくに後者については戊午年（斉明五年＝六五九）の観心寺阿弥陀如来像光背銘に、

此功徳願過往其夫
及七世父母生々世々恒生
浄土乃至法界衆生
悉同此願耳

とあり、その内容も時期もかなり近い[20]。以下、天武紀九年（六八〇）十一月癸未条の、

皇后体不予。則為二皇后一誓願之、初興二薬師寺一。

では、薬師寺の創建が発願され、同十五年（朱鳥元年＝六八六）六月甲申条では天皇の不予により伊勢王と諸官人を飛鳥寺に遣し、衆僧に対して次のような勅がくだされた。

近者、朕身不和。願、頼二三宝之威一、以身体欲レ得二安和一。是以、僧正僧都及衆僧、応二誓願一。

さらに同年九月にも天皇の快癒を祈願して、親王以下諸臣らが川原寺において「誓願」したものの、天武天皇は九日に薨去した。

金石文における「誓願」の用例も数多く、次のような銘文に見出すことができる。
○戊子年（六二八年あるいは六八八年）法隆寺金銅釈迦三尊像光背銘
○丙寅年（六六六）野中寺弥勒菩薩像台座銘
○庚辰年（六八〇）薬師寺東塔檫柱銘
○和銅八年（七一五）奈良粟原寺塔露盤銘
○神護景雲二年（七六八・慶雲二年＝七〇五説もある）宇治宿禰墓誌銘
これらの文献史料や銘文にみえる「誓願」は、いずれも仏菩薩に対して、造寺造仏や設斎などを通じて祖先供養や病気治癒をはじめとするさまざまな功徳を祈念する際に行われているが、金井沢碑のように「天地」の神に祈願したものは数が少なく、管見の限りでは、わずかに『日本霊異記』上巻第七縁の冒頭に、

禅師弘済は、百済の国の人なりき。百済の乱れし時に当りて、備後の三谷の郡の大領の先祖、百済を救はむがために遣はされて旅に運りき。時に誓願を発してまうさく、「もし平らかに還りをはらば、諸の神祇のために伽藍を造り立て、多に諸の寺を起しまつらむ」とまうす。つひに災難を免れき。すなはち禅師を請けて、相ともに還り来る。三谷の寺は、その禅師の造り立てまつりしところの伽藍なり。道俗これを観て、ともに欽敬をなす。

とあるのが唯一の類例であろう。[21] 古代の造寺造仏伝承における「誓願」の意義を総合的に分析した石井公成氏は、ウケヒやコトホギなど、言葉そのもののもつ霊力を重視する在来の習俗や信仰が誓願流行の背景にあることを指摘しているが、[22] 金井沢碑や『日本霊異記』のこの伝承は、古代の在地社会の祖先信仰を下地としながら仏教が定着していく初期の様相を、具体的に物語るものである。

『日本霊異記』の「三谷寺」は、広島県三次市向江田町の寺町廃寺に比定されており、[23] 一九七九年から八二年にかけての三次市教育委員会による発掘調査の結果、塔、金堂、講堂、回廊跡などが検出されている。[24] 出土した軒丸瓦は八種類に分類されるが、寺町廃寺式軒丸瓦は備後北部から、安芸東部、備中南部、出雲と中国地方各地に広く伝播している。[25] そのうち創建期の軒丸瓦の一種は、岡山県総社市の栢寺廃寺から笵型が移動したものとみられるが、[26] これらの瓦に関連して次のような興味深い報告がある。

群馬県前橋市総社市の山王廃寺跡からは、山上碑にみえる「放光寺僧」と同じ「放光寺」と箆書きした瓦が出土し、長元三年（一〇三〇）の『上野国交替実録帳』に定額寺として記載された「放光寺」に比定されているが、[27] この寺院の草建期の瓦とみられる素弁八葉軒丸瓦に注目した石川克博氏は、岡山の栢寺廃寺跡出土の軒丸瓦の中に、よく類似したものがあり、さらに広島の寺町廃寺跡出土瓦にも意匠や技法が同じ系統に属するものがあることを指摘したうえで、山王廃寺の創建年代を六七〇年代と推定している。[28]

七世紀後期の、とくに百済滅亡を契機として従来にもまして朝鮮半島文化の直接的な受容がなされたであろうことは、たとえば東国についていては『日本書紀』天智五年（六六六）是冬条に、百済の男女二千余人を東国に住まわせたとあるのをはじめ、持統元年（六八七）三月丙戌条には、新羅人一四人を下毛野に移して田地を与えたとみえ、同三年（六八九）四月庚寅条と同四年（六九〇）八月乙卯条にも同様の記事があるように、朝鮮半島から移入者が、僧尼を含めて多数東国に配置されていることからも想像に難くない。[29]

いわゆる上野三碑造立の背景に、蓋石を載せる碑の形態や刻字の書体などの比較検討を通じて、朝鮮半島文化とくに新羅からの影響を指摘する東野治之氏のような見方は、[30] ほぼ妥当なものであろうが、本稿で紹介した百済の造像銘との類似や、『日本書紀』に載る新羅から渡来したとされる人々の中には、旧百済遺民が多数含まれていたと考えられることなどから、七世紀後期から八世紀初期を中心とする時期においては百済文化との関連性を、より重視する必要があると思われる。

後　語

「七世父母と現在父母の為に」知識を結んで「天地に誓願し仕え奉る」ことを記した「石文」としての金井沢碑や、「母の為に記し定める文」を刻んだ山上碑は、七世紀後期から八世紀初期にかけての東国における祖先信仰と仏教受容の重層性を端的に示すが、こうした在地社会の信仰形態は、その後もさほど大きく変容することなく継承されたようである。

群馬県勢多郡新里村の山上多重塔は、延暦二十年（八〇一）七月に、僧道輪が「無間の苦を受く衆生を済度し、永く安楽をえて、彼岸に成仏できるよう如法経（如法書写した『法華経』をさす場合が多い）を安置するため」に造立したものだが、その銘文には、

奉為朝庭　神祇父母　衆生含霊

という一節があり、平安初期の民間における神仏習合の様相を伝える[31]。金井沢碑にはない「朝庭（廷）」のためにという文言を含むものの[32]、金井沢碑や山上碑にかなり近い性格を看取できるであろう。

註

（1）　尾崎喜左雄『横穴式古墳の研究』（一九六六年、吉川弘文館）、同『上野三碑の研究』（一九八〇年、尾崎先生著書刊行会）ほか、『群

馬県史』資料編三古墳（一九八一年、群馬県）など。

（2）前沢和之「主要史料解説　山上碑銘」（『群馬県史』資料編四原始古代四、一九八五年、群馬県）。『古代の碑』（一九九七年、国立歴史民俗博物館）も、同様の見解をとる。

（3）「壬辰年」は、六九二年。七五二年とする説もある。

（4）以下、朝鮮半島の金石文については、主として、韓国古代社会研究所編『訳註　韓国古代金石文』全三巻（一九九二年、韓国・駕洛国史蹟開発研究院）による。

（5）「癸未年」には五六三年説と六二三年説があるが、前者が有力視されている。

（6）近江昌司「采女氏塋域碑について」（『日本歴史』四三一号、一九八四年）、なお「己丑年」は、六八九年とされる。

（7）『古京遺文』「高田里結知識碑」（日本古典全集版『狩谷棭斎全集』、勉誠社文庫版『古京遺文』所収）。

（8）竹田聴洲「七世父母攷」（『仏教史学』三号、一九五〇年、のち、『竹田聴洲著作集』第七巻、一九九四年、国書刊行会に再録）。

（9）高取正男「固有信仰の展開と仏教受容」（『史林』三七巻二号、一九五四年、のち、同『民間信仰史の研究』一九八二年、法藏館に再録）。また三舟隆之「八世紀の地方仏教―「金井沢碑」を中心として―」（瀧音能之編『律令国家の展開過程』一九九一年、名著出版）も、竹田、高取両氏の説をうけて、古代東国における仏教受容と祖先信仰の結合について考察する。

（10）朝鮮総督府編『朝鮮金石総覧』（一九一九年）、葛城末治『朝鮮金石攷』（一九三五年、大阪屋号書店）。なお李朝後期に撰録された文献は、『韓国金石文全書』（亜細亜文化社版）に収められている。

（11）そのほかに、五九四年（一説には五三四、六五四年）に、百済あるいは高句麗で製作されたと考えられる甲寅年銘金銅釈迦像光背（法隆寺献納御物、東京国立博物館所蔵）に「奉為現在父母」「願父母乗此功徳現身安穏、生生世世不経三途」という文言を含む例がある。

（12）以下の記述は、『訳註　韓国古代金石文』（前掲註（4）書）第一巻、一二〇～一二二頁、徐永大稿による。東亜大学校『博物館図録』（一九七七年）のほか、李蘭英『韓国金石文追補』（一九七六年、亜細亜文化社）、許興植『韓国金石全文（古代）』（一九八四年、亜細亜文化社）、金煐泰『三国新羅時代仏教金石文考証』第一巻（一九九二年、民族社）等参照。

（13）『訳註　韓国古代金石文』（前掲注（4））書第二巻、一七九―一八五頁、金貞淑稿。前掲注（12）の文献のほかに、黄寿永『韓国仏像の研究』（一九七三年、三和出版社、日本語版は一九七六年、同朋舎）、秦弘燮『韓国の仏像』（一九七六年、一志社、日本語版

は一九七九年、学生社)、中吉功『新羅・高麗の仏像』(一九七一年、二玄社)、同『海東の仏教』(一九七三年、国書刊行会)等参照。なお、斎藤忠編『古代朝鮮・日本金石文資料集成』(一九八三年、吉川弘文館)に、詳細な文献目録が載る。

(14) 前掲注(13)に同じ。

(15) 前掲注(4)書、第二巻、一八五〜一八九頁、金貞淑稿。

(16) 今西龍「百済五方五部考」(『芸文』一二巻八号、一一号、一九一五年。『百済史研究』一九七〇年、国書刊行会復刊)。

(17) 村山正雄「百済の大姓八族について」(『山本博士還暦記念東洋史論叢』一九七二年、山川出版社。旗田巍・井上秀雄編『古代の朝鮮』一九八四年、学生社)。

(18) 前掲注(4)書、第二巻、一九二〜一九四頁、金貞淑稿。黄寿永「碑厳寺所蔵の新羅在銘石像」(『考古美術』一巻四号、一九六〇年)、同「忠南　燕岐石像調査」(『韓国仏像の研究』前掲注(13))参照。

(19) 増尾伸一郎「〈百神〉と〈天地の神〉」(井上辰雄編『古代中世の政治と地域社会』一九八六年、雄山閣)、小倉慈司「古代在地祭祀の再検討」(『ヒストリア』一四四号、一九九四年)参照。

(20) ほかに、本稿の注(11)も参照のこと。

(21) 『日本霊異記』上巻第十七縁では、百済救援軍の一員として朝鮮半島に出征した伊予国越知郡の大領・越智直が唐の捕虜となり、八人の仲間とともに島に拘留された際、無事帰還することを「誓願」して、おのおのが観音菩薩を信敬している。

(22) 石井公成「上代日本仏教における誓願について」(『印度学仏教学研究』四〇巻二号、一九九二年)では、古代の造寺造仏伝承における誓願の特色を分析する。

(23) 猪原繁一「備後寺町廃寺址の塔中心礎石」(『史迹と美術』一一輯八号、一九四〇年)、織田三郎治「寺町廃寺跡」(『広島県史跡名勝天然紀念物調査報告』第五輯、一九四二年)、松下正司「備後北部の古瓦」(『考古学雑誌』五五巻一号、一九六九年)など。

(24) 三次市教育委員会『寺町廃寺――推定三谷寺跡発掘調査報告書』第一次―第四次(一九八〇―八三年)。

(25) 妹尾周三「寺町廃寺式軒丸瓦の伝播」(『島根考古学会誌』一〇集、一九九三年)。

(26) 岡山県教育委員会『栢寺廃寺緊急発掘調査報告書』一九七九年。

(27) 前橋市教育委員会『山王廃寺跡発掘調査概報』第二次―第七次、一九七六―八二年、松田猛「山王廃寺の性格をめぐって」(『群馬県史研究』二〇号、一九八四年)など。

(28) 石川克博「山王廃寺の創建期について」(『群馬県史研究』二六号、一九八七年)。

(29) 森田悌『古代東国と大和政権』第五章「天智朝における百済人の入植」(一九九二年、新人物往来社)は、上野と武蔵を中心とする動向を探る。また、増田修「古代東国への仏法伝来」(『「古事記・日本書紀」を読む会論集』二号、一九九四年、市民の古代研究会)に、横山妙子氏との共編になる詳細な関連文献目録がある。

(30) 東野治之「上野三碑管見」(『群馬県史研究』一三号、一九八一年、『日本古代木簡の研究』一九八三年、塙書房)、同「上野三碑と上野国の古代」(『日本三古碑は語る』一九九四年、群馬県立歴史博物館)など。

(31) 千々和実『上野国山上多重石塔の研究』(一九三四年、新里史蹟保存会)をはじめとする諸論をふまえた詳細な考察が、柏瀬和彦「山上多重塔の基礎的研究」(『群馬県史研究』二七号、一九八八年)にあり、『古代の碑』(一九九七年、国立歴史民俗博物館)には、鮮明な図版と解説のほか、特論として小池浩平「山上多重塔建立の社会的背景」が載る。小池氏は、この銘文にみえる「神祇」について、天応二年(七八二)に日光二荒山を開山し、神宮寺を建立した勝道が、桓武朝に上野国の講師を務めたことから、道輪と勝道との関係を想定している。

(32) 山上多重塔建立の背景に、東国の化主と呼ばれて広範囲な活動を展開した道忠との関係を想定する論考に、菅原征子「両毛地方の仏教と最澄」(『群馬県史研究』一五号、一九八二年)、森田悌「古代東国の火葬墓」(『群馬大学教育学部紀要』四十六号、一九九七年)等がある。

〔付記〕 ハングル文献の訳読についてご助力いただいた、東京成徳大学卒業生の金東鉉君と、兪明濬君に、篤くお礼申し上げたい。

第三章　東国における一切経の書写と伝播

一　写経の功徳

仏典は経・律・論の三蔵と注疏から成るが、これらを集大成した一切経（大蔵経）に関する初見記事は『日本書紀』白雉二年（六五一）十二月晦日条で、難波長柄豊碕宮にほど近い味経宮（味原宮）に二千百余名の僧尼を招請して一切経を読ませたという。この一切経がどのようなものかは不詳だが、僧尼の数はともかく、すでにかなりまとまった量の仏典が将来されていたことが窺える。

天武紀二年（六七三）三月是月条には、飛鳥の川原寺（弘福寺）に書生を聚めて一切経の書写を始めたとあり、同四年（六七五）十月三日条には、使者を四方に派遣して一切経をもとめさせたという。さらに同六年（六七七）八月十五日条には、飛鳥寺に設斎して一切経を読ましめ、天皇が寺の南門に御して三宝を拝礼したというように、一切経の書写と整備が進む様子を伝える。(1)

八世紀になると官営の写経所が設置され、大規模な一切経書写が継続的に行われた。(2)こうした国家的な写経事業は、平城京に造営された六大寺をはじめとする官寺に一切経を備えて国家鎮護を祈願するための基礎をなすものだが、官大寺の他にも藤原氏をはじめとする貴族や地方氏族、あるいは民間の知識などにより、さまざまな写経がなされた。(3)

例えば日本において最も流布した仏典の一つである『法華経』では、第十四・安楽行品において安楽行としての書写読誦と経巻の供養、尊重を勧め、第十五・従地涌出品ではこの経の護持もしくは書写による宣布を使命として無数の菩薩が娑婆世界に出現することを説く。さらに第十七・分別功徳品ではこの経の受持と書写、あるいは起塔を説き、第二十・常不軽菩薩品でも、一切衆生の成仏のために、この経を書写し受持すべきことを説くように、繰り返し書写と受持の功徳を強調する。

写経の功徳は、現存する大乗仏典中最大の『大般若経』六〇〇巻でも縷述される。経典の受持ないし書写、供養が舎利供養と同じ功徳をもつとする点は『法華経』とほぼ同じだが、『大般若経』ではその内容を細分化し、

一、経典（般若波羅蜜）の受持、読誦、ないしは為他説、正憶念の実践。

二、一が出来ない者は、経巻の書写、供養だけでもせよ。

三、ただし最上のものは、受持ないし正憶念した上で、書写し華香等を以て供養すること。

という三段階にわける。とくに書写を切り離した点が特色で、僧尼が経文を受持読誦するのに較べて、書写することにより、教えを後世に残し伝えることが出来るのを重視しているとされる(4)。

薬師寺の景戒が九世紀初期に編纂した『日本霊異記』にも写経の功徳を説く説話が十数話載るが、書写する経典は『法華経』が七例（上巻第三十縁〈観世音経〉、中巻第六縁、第十五縁、下巻第十縁、第十八縁、第二十縁、第二十二縁）で最も多く、他には『梵網経』（中巻第十九縁）、『般若心経』（同前）、『瑜伽論』（下巻第八縁）、『大般若経』（下巻第二十三縁）が各一例で、具体的な経名を明記しないものが三例（上巻第三十縁、下巻第十三縁、第十六縁）を数える。

発願の動機は、亡父母の供養（上巻第三十縁、中巻第十五縁、下巻第十三縁）や、四恩に報いるため（中巻第六縁）、夫や父らの救出（下巻第十三縁）などが主なもので、地域も山背（中巻第六縁）や河内（中巻第十九縁、下巻第十八縁）、近江（下

巻第八縁)、紀伊(下巻第十縁)、越前(下巻第十六縁)、伊賀(中巻第十五縁)のような畿内とその周辺だけでなく、豊前(上巻第三十縁)、美作(下巻第十三縁)、阿波(下巻第二十縁)、信濃(下巻第二十二縁、第二十三縁)などの遠隔地にも及ぶ。

本稿では、こうした写経の功徳が古代の東国においてどのように受容されたのかという問題をめぐって、一切経ならびに『大般若経』の書写とその継受に関する二、三の事例を通して考察したいと思う。

二　東国における一切経の書写

承和元年(八三四)五月十五日に、相模、上総、下総、常陸、上野、下野の六国司に対して、来年九月までに共同で一切経一部を書写し奉進することが命じられ、上野国緑野郡の緑野寺の経本を底本とするよう指示があった。翌年一月十四日には『貞元釈教録』ならびに梵釈寺の蔵経目録に載る経律論疏章紀伝集抄類も、国毎に均分して追加書写するよう命じられ、同六年(八三九)三月四日には、さらに武蔵を加えた七国が分担して作業を進め、経巻の装幀も同色に統一するよう重ねて指示があった(いずれも『続日本後紀』)。

上野国の緑野寺は浄院寺あるいは般若浄土院とも呼ばれ、道忠の開創と伝えられる。現在の鬼石町の浄法寺にあたる。道忠は鑑真の持戒第一の弟子とされ、東国化主と呼ばれた(以下『叡山大師伝』による)[5]。延暦十六年(七九七)に最澄が比叡山で一切経論章疏記等の書写を発願した際には七大寺の僧らとともに道忠も協力を惜しまず、大小経律論二千余巻を書写し、これらは叡山の経蔵に伝えられた。これが道忠と最澄の交渉を記す最も早い史料である。

道忠がいつ頃東国に赴いたのかは不詳だが、鑑真の持戒第一の弟子とされることから、下野薬師寺に戒壇が設置された天平宝字五年(七六一)前後とみられる[6]。下野薬師寺に入った道忠は、師の鑑真が東大寺戒壇院で授戒する一方、唐招提寺を創建したのと同様に、上野国に緑野寺、下野国都賀郡に大慈寺を開創したのであろう。

鑑真は「卒伝」[7]によると、天平勝宝六年（七五四）に来日後、聖武天皇の勅命により東大寺で一切の経論を校正し、それまで訂正出来なかった誤脱を補訂したが、失明しながらもこうした添削が可能だったのは、経文を諳んじていたからであるという。淡海三船の『唐大和上東征伝』開元二十一年（七三三）条には、在唐時に一切経三部各一万一〇〇〇巻を書写したとあり、傑出した学識に基づく作業であったことを窺わせる。道忠が東国下向に際して携えて来た一切経は、鑑真の指導を受けながら集積されたものであり、それが緑野寺に収蔵されたとみてよいだろう。[8]

最澄は弘仁八年（八一七）の春頃に、下野国都賀郡出身の弟子円仁や武蔵国出身の円澄らを伴って東国に赴いた。『叡山大師伝』は「本願の催す所」によると記すだけだが、当時、会津の恵日寺を拠点に常陸にかけて法相三乗主義を唱えた徳一を中心とする勢力と拮抗していた、最澄の法華一乗主義を信奉する道忠の弟子たちが、上野や下野での布教を強く要請した結果とみられる。[9]最澄は緑野寺（浄土院）と大慈寺にそれぞれ宝塔を建立し、各一〇〇〇部八〇〇〇巻の『法華経』を書写して安置するとともに、塔下で毎日『法華経』を長講したほか、『金光明経』や『仁王経』も講説して多数の信者を教化したという。

この時、道忠はすでに没していたが、最澄を緑野寺に迎えた教興、道応、眞静や、大慈寺の広智、基徳、鸞鏡、徳念らは、いずれも皆道忠の弟子であった（以上『叡山大師伝』）。

東国から帰洛して間もなく、翌九年（八一八）に最澄は徳一の『中辺義鏡』を論破するために主著『守護国界章』九巻をまとめ、東国での布教実践を踏まえて全国的な規模で六ヵ所に宝塔を建立する計画を具体化した。[10]「東を安んずる、上野国の宝塔院、緑野郡に在り」から始まり、以下「南、豊前、宇佐郡」「西、筑前、（竈門山）」「北、下野、都賀郡」「中、山城、叡山西塔院」「総、近江、叡山東塔院」の〈六処宝塔〉は、十世紀中期までかかってほぼ完成したようである[11]。国土の空間を現実的に把握して「鎮護国家」と「利益有情」の実現をはかろうとする最澄の発想は、諸宗の祖師のなかでも特異なものとされるが[12]、この企てが具体化する契機となった点においても、東国での布教がもつ意義は大きい。

同年三月には弟子の円澄が再び緑野寺に赴いて法華宝塔の前で二〇〇人の信者に結縁灌頂を授け[13]、大慈寺では広智が千部写経と毎日の長講を続けたように[14]、道忠の弟子たちは最澄の指導を受けながら東国における天台勢力の継承と拡大に努めた。その結果、円澄が二代目の天台座主となった後、円仁が三代目、次いで四代目安恵、七代目猷憲と初期天台の上座をいずれも下野出身の道忠と広智の弟子僧が占めるに至ったのである。

東国における天台教団の中心であった緑野寺の一切経の構成内容は明らかではないが、弘仁六年（八一五）六月十八日の日付で道忠の弟子の教興が緑野寺の蔵経を用いて書写した経典が三種伝存する[15]。高山寺所蔵の『金剛頂一切如来真実摂大乗現証大教王経瑜伽経』全三巻は「皇帝、皇妃、太子、諸皇、左右大臣の洪基動ずること無く、六親七世に徳を裕むるに余り有り、近くは自身を霑し、遠くは他界に浴らむことを（沿カ）」祈願して書写されたもので、全巻にわたって白点と朱点が施されている。これらの訓点は寛弘五年（一〇〇八）三月に仁和寺南御室で沙門叡算が加点し、朱点は同年同所において高雄の法照阿闍梨から受学したものである。天保元年（一八三〇）に高山寺の沙門慧友が修補した際、表紙見返しに空海の勧進による写経であることを追記している（補注）。

泉涌寺所蔵の『律摂教授至日慕学処』巻二十二も同じ日付で教興が書写し、前引の『大教王経』と同一の願文を記す。この経題は知恩院の養鸕徹定『続古経題跋』[16]の記載に基づくが、『仏書解説大辞典』等には同題の経名は見出せず、編目もしくは本文の一部とも考えられる。

もう一点は興聖寺所蔵の『舎利弗阿毗曇論』非問分縁品第五で、教興と並んで「掌経仏子智證」の名も記されている。また前二者には「経師近事法慧」とあるが、この奥書では「写経主経師近事浄道」とする。この写経にも前二者とほぼ同文の願文があるものの、[17]紀年を欠き、大正五年（一九一六）に第二回大蔵会に出陳された際の展観目録では、室町期の写本に分類されている。[18]

これらの経典を含む緑野寺一切経には欠本も少なくなかったようで、前述のように承和二年（八三五）正月の勅では『貞元録』と『梵釈寺蔵経目録』によって補写することが求められている。『貞元録』は唐の円照が貞元十六年（八〇〇）に編纂した『貞元新定釈教目録』のことで、[19]日本へは大同元年（八〇六）十月に空海が初めて請来した。[20]弘仁四年（八一三）四月、一切経書写を進めていた最澄も空海に『貞元録』の借覧を依頼したように、[21]智昇の『開元釈教録』（七三〇年成立）を大幅に増補した[22]『貞元録』は、平安時代における一切経書写の基準として重視された。

また梵釈寺は桓武天皇が延暦五年（七八六）に近江国滋賀里に建立した御願寺で、その所在地については近接する天智天皇創建の崇福寺（志賀寺）との関係も含めて諸説ある。[23]密教的な山林修行のための道場として開創されたが、同時に勅願の学問所でもあり、諸国の国分寺・尼寺をはじめとする寺院の蔵経を整備するための中枢機関と位置づけられていた。[24]十一世紀末に興福寺の永超が編んだ『東域伝灯目録』には、日本に伝来した諸種の経律論疏章紀伝集の目録とともに「梵釈寺録伝記」の項があり、梵釈寺の蔵本は奈良の官大寺か朝廷の蔵経などを転写した極めて信頼性の高い写経群であったと考えられる。[25]

承和年間の東国における一切経書写の目的は不明だが、その直前の九州宇佐における事例が手がかりとなる。天長元年（八二四）九月二十七日に、和気真綱と仲世の二人が、道鏡をめぐる一連の事件が起きた神護景雲年間（七六七―七六九年）に、父の清麻呂に対して宇佐大神が「皇緒を紹隆して国家を扶済けるために、一切経を写して仏像を造り、『最勝王経』万巻を諷誦して伽藍を建てよ。そうすれば凶逆は一旦にして除かれ、社稷は万代に固まるであろう」

と託宣を下したという経緯を語り、延暦年間に父の清麻呂が創建した神願寺の寺地が荒廃したため、これを高雄寺に替えたいと願い出たところ、神願寺を神護国祚真言寺（神護寺）とし、定額寺に列することになった。[26]

次いで天長六年（八二九）五月に、僧一〇人が八幡大菩薩宮寺で一切経を転読するよう命じ、同十年（八三三）四月には、和気真綱を八幡大菩薩宮と香椎廟に派遣し、剣と幣帛を奉献して仁明天皇の即位を伝えた。さらにこの年十月には、神護景雲年間の八幡大菩薩の託宣を受け、天長年中に至ってから大宰府に一切経書写を命じたが、この一部を宇佐の弥勒寺に置き、さらにもう一部を書写して高雄の神護寺に置くよう命じている（『続日本後紀』、『類聚国史』）。

こうした一連の動向は、道鏡排斥に貢献した和気氏の主導による、朝廷を根柢から揺るがすような厄難も一切経の功徳によって克服しようとする意識の、新たな表明に他ならない。

このことを前提にして東国の状況をみると、弘仁七年（八一六）八月の上総国夷隅郡の正倉焼亡をはじめ、翌八年十月の常陸国新治郡の不動倉焼亡、同十年二月の相模国分寺の火災に続いて、同年八月には遠江、相模、飛驒三国の国分寺で火災が起り、承和二年（八三五）三月には武蔵国分寺の七重塔が焼亡するなど（『日本紀略』、『続日本後紀』）、いわゆる神火が拡大しており、九州と同様に東国においても一切経の書写を推進することによって、混迷を深める政情の打開と安定化を図ろうとしたのではないかと思われる。

宝亀元年（七七〇）八月に称徳天皇が亡くなると道鏡は和気清麻呂や藤原百川らによって下野薬師寺に左遷され、翌々年四月に同地で没していることから、承和年間の東国における一切経書写は、天長元年の和気氏による奏言を契機とするものとみてよいのではなかろうか。

ちなみに東国に対しては、仁寿三年（八五三）にも再び一切経の書写が命じられた。『文徳実録』五月四日条には、相模、上総、下総、常陸、上野、陸奥の六国に詔して、一切経の部帙を六国で分配して書写するよう命じたとある。

次いで同十四日条でも、武蔵と信濃に対して一切経を各一部書写するよう命じているが、これまでと異なるのは陸奥が含まれていることである。

律令国家による東北経営は、延暦二十一年（八〇二）の胆沢城造営と翌年の志波城造営により終局を迎えた。弘仁二年（八一一）四月に文室綿麻呂を征夷大将軍に任じて遠征した後、目立った征夷行動は見られなくなるが、これまで長年にわたって人材と物資の提供を強いられてきた東国の負担は重く、その不満が神火多発の一因にもなっていたと考えられる。軍事力による征夷に続いて東国からの人的な移配が進み、新たな秩序の形成が求められるなかで、仏教に大きな期待が寄せられたことは想像に難くない。そうした状況を背景とする仁寿三年の、東国と陸奥に対する一切経書写の指示は、承和年間の書写に関する前述の推定を裏付けるものであろう。

京都山科にある安祥寺の開基恵運が貞観九年（八六七）に勘録した『安祥寺伽藍縁起資財帳』には、恵運の履歴をのべた一節に、「天長十年（八三三）に勅を奉り、鎮西府観音寺講師兼筑前国講師を拝さる。九国二嶋の僧統たるを以て、特に大蔵経を写すことを検校せよと。恵運固辞するも許さず、強いて任所に赴く」とあり[27]、前述の大宰府における天長年間の一切経書写とも符合する。この年に九州に下向した恵運が検校したのは、新たに書写して神護寺に納められたものとみられるが[28]、資財帳では、これより以前のこととして「忽然と勅有り、一切経を坂東に於て写すことを検校せよと。四年を歴て検校畢る」とものべている。

恵運が四年間を費やして検校したという東国の一切経が何をさすのかは不明だが、恵運が九州に赴いた翌年の承和元年（八三四）に東国六国での一切経書写を命ずるにあたって、その準備として底本に指定された緑野寺一切経を予め検校することにより、精確を期したとみることも出来るだろう[29]。その結果、欠本の状況も明らかとなり、翌年一月に『貞元録』と梵釈寺の蔵経目録に依拠して補写するよう指示が出されたのではなかろうか。

とはいえ東国の一切経は緑野寺だけに限定されるわけではない。石山寺所蔵の『大智度論』巻三十四には、

上野国佐位郡教澄持経
天長七年歳次庚戌三月十六日
経生　大田小子氏長(30)
書写主　矢田部稲刀自女

という奥書があり、天長七年（八三〇）に矢田部稲刀自女が発願し、佐位郡の僧教澄の持経をもとに書写したことを伝える。教澄の持経自体が緑野寺一切経に基づく可能性もあるが、あるいは別系統に属するものかも知れない。

また法隆寺所蔵の『大菩薩蔵経』巻十三には、

承和十四年歳次丁卯潤(ママ)三月
武蔵国分寺中院僧最安
写奉一切経本
経生沙弥澄照

という奥書があり、武蔵国分寺一切経の唯一の遺例として注目に値する。

東国ではこれらの一切経をもとにして、各地で写経が続けられたが、平安時代には『大般若経』の書写が目立つようになる。

三　『大般若経』の書写と読誦

『大般若経』は『続日本紀』大宝三年（七〇三）三月十日条に、四大寺に詔してこれを読誦させ、一〇〇人を得度させたとあるのを初めとして、神亀二年（七二五）閏正月十七日条にも僧六〇〇名を宮中に招請して、災異を除くために『大般若経』を読誦させているが、この頃はまだ『金光明経』が最もよく用いられていた。だが天平九年（七三七）四月八日条に、大安寺の律師道慈が『大般若経』の功徳を説き、僧一五〇名に布施し、この経を転読させることを恒例化して「護持鎮国」を叶えたいと奏言し、これが容認されてからは、宮中を中心とした大規模な『大般若経』読誦の例が増加する。[33]

『三代実録』貞観元年（八五九）二月二十五日条には「凡そ貞観の代は毎年四季に大般若経を転読す。他皆此れに倣へ」とあって、その盛行ぶりが窺える。

長屋王が和銅五年（七一二）と神亀五年（七二八）の二度にわたって発願した『大般若経』をはじめとして、書写も盛んに行われたが、その目的は、㈠両親や先師の追善、㈡自身や他者の延命、治病、㈢五穀豊穣、国土安泰、㈣災異の防止と鎮静化などに大別される。[34]

このような『大般若経』信仰は、神前での転読の流行に伴って、さらに浸透する。[35]『日本後紀』大同四年（八〇九）一月十八日条には、天下諸国に対して「名神」の為に大般若経一部を写し、奉読供養した後は経典を国分寺もしくは定額寺に安置するよう命じたとあり、斉衡三年（八五六）五月九日には災疫を攘うために、僧二五〇人を大極殿、冷泉院と賀茂、松尾神社に請けて『大般若経』を三日間にわたり分読させた。[36]また『三代実録』貞観元年（八五九）二月十五日条には、越前国司に詔して『大般若経』一部を写し、気比神宮寺に安置するよう命じたとあり、寛弘元年（一〇〇四）十月には文人貴族として著名な大江匡衡が四箇年を要して一筆書写した『大般若経』を熱田神宮に奉納した[37]ほか、春日社でも『大般若経』の書写供養と転読が盛んに行われた。

こうした神前読経の広がりは、般若皆空の理を説く『大般若経』が、一切の罪、穢れ、災厄、禍害などを空ずるものと理解され、神仏を問わず祈願の儀礼や呪法における代表的な所依経典とされた結果と考えられるだろう[38]。

次に古代から中世にかけて東国で書写された『大般若経』のうち、特色あるものをいくつか概観しておきたい。

1　安倍朝臣小水麿願経

これは貞観十三年（八七一）三月三日に前上野国権大目で従六位下の安倍小水麿が発願したもので、全六〇〇巻の内、埼玉県都幾川村の慈光寺に一五二巻伝存するのをはじめ、三〇巻前後が慈光寺近辺の個人宅、群馬県内の寺院、全国各地の博物館や寺院等に散在している[39]。

願主小水麿の官職は巻次によって若干、表記が異なるが、上野国は弘仁二年（八一一）に上国から大国となって、従来の目一人から大目一人、少目一人に変った。また官名に「前」がついているので、貞観十三年にはすでに退任していたことがわかる。安倍氏は丈部の伴造として早くから東国との関係が深く、九世紀段階でも相次いで国司に補任されており、とくに貞観七年（八六五）一月二十七日に上野介に任じられた安倍貞行との関係が注目される。また同月四日には陰陽寮からの「兵疫の災」があるという奏言により、十五大寺と全国の国分寺や定額寺に『大般若経』を十七日間転読するよう命じられたことも、小水麿の発願の契機となった可能性がある[40]。

各巻の末尾には一〇〇字程の奥書があるが、あらゆることの攘災招福に功験を有するこの妙典は「諸仏の父母にして聖賢の師範」とされると讃えた後、「三世の大覚と十方の賢聖」に対して願主の「現当勝願と必定成就」を祈願する。

この経巻の多くが上野国ではなく武蔵国の慈光寺に伝わった理由は明らかではないが、寺伝では緑野寺や大慈寺を開いた道忠に由来すると伝えており、道忠の弟子僧が関与したとすれば、これもまた緑野寺一切経に基づくものかもしれない。

2　日光市清滝寺所蔵経

日光市の清滝寺には、系統の異なる四種の経本からなる大般若経がある。(41)

Ⅰ　平安後期〜鎌倉期の書写経（一八三帖）

Ⅱ　鎌倉後期〜南北朝期開版の版経（一五帖）

Ⅲ　江戸中期（延享二〜明和四年）の書写経（一一三帖）

Ⅳ　江戸期の黄檗山万福寺本の版経（二五六帖）

全体の主軸をなすのはⅠで一六帖に紀年があり、最も古いものは大治四年（一一二九）。次いで保延四年（一一三八）、久安六年（一一五〇）、治承二年（一一七八）、同四年、建久八年（一一九七）、承元三年（一二〇九）、同四年などの写本が続く。Ⅱの版経の開版元は不明だが、元徳二年（一三三〇）の刊記が一帖にみられ、Ⅰの欠本を補充したものとみられる。Ⅲは延享二年（一七四五）から明和四年（一七六七）にかけての年紀が認められるが、願文等はなく、書写の経緯や主体も明らかではない。ⅠとⅡに重複するものはほとんどなく、これも欠本や破損本の補充と考えられる。それに対してⅣは黄檗宗の鉄眼道光が万福寺で刊行した流布本で、寛文二年（一六六二）から延宝七年（一六七九）にかけての刊記がみられるが、Ⅰ〜Ⅲと重複する巻も多く、欠本を補充したものではない。

これらの経巻は現在いずれも折本装だが、ⅠとⅡは本来巻子装であったものが数度の修理と改装の結果、Ⅲの折本の規格に合せて改装されたようである。

Ⅰの経巻の奥書には「二荒山一切経」に関する記述を含むものが十数巻ほど確認されている。完結の成否は不明ながら、この『大般若経』は十二世紀初期に二荒山（日光山）において発願された一切経の内に含まれるものであり、結縁者には矢作氏、駿河氏、橘氏などがみえることから、僧だけでなく在庁官人層から民間にも広く及んだ様子が窺える。

とくに巻百三十七と巻百三十八の両巻は、治承二年（一一七八）に橘氏を願主として、勧進僧永喜、執筆僧覚善、三恵房によって書写されたものだが、「下州惣社に於て書写し了ぬ」とあるように下野国の惣社で作業が進められたことがわかる。惣社は国司が部内の諸社を巡拝する代りに、一宮・二宮以下の諸神を国庁の近くに勧請合祀したもので、下野国の場合は式内社の大神神社を惣社とした（現在の栃木市惣社町）。これらのことから、日光二荒山に納める一切経の書写に、国衙や在庁官人層も関与したことを示す具体例として注目される。

3　日光山輪王寺所蔵経

輪王寺所蔵の大般若経は六〇〇巻全てを具備するが、これは応永三年（一三九六）十月十八日付で全巻一斉に書写された、いわゆる一日頓写経である。[42] 修補が加えられたものも含まれるが、全巻、書写当初の巻子本の状態で伝存する。

書写が行われた際に奥書や巻頭書、裏書等が記されたものは合計二五三巻を数える。願主は朝成という僧侶で[43]、日光大権現（日光山）の経蔵に奉納することを目的とした。結縁者・書写人は奥書等に明記された者だけで二四二名にのぼり、実際にはさらに多数が参加したと推定される。書写の場所もきわめて広範囲に及び、最も多いのが武蔵国で五五ヵ所、六二巻。次いで上野国が一七ヵ所で二一巻、下野国が一四ヵ所で二四巻、常陸国が六ヵ所で七巻を数え、判明しただけでも四国で九二ヵ所（一一四巻）となり、全体ではさらに広がるであろう。

一日頓写という性格上、一巻の書写でも複数の書写者が分担しているものも多いが、料紙は全巻を通じて統一されている。書写の場を提供した寺社も多岐にわたり、天台・真言の旧仏教系だけでなく、浄土宗や禅宗系の寺院や僧侶も結縁に加わっているが、これだけ大規模な広範囲に及ぶ事業を統一的に遂行するうえでは、談義所の果した役割が大きかったようである。「談(義)所」の存在を明記したものは一一巻、九ヵ所にのぼり、

・「小山庄武家三宮談所」（巻六十七）
・「下野国稲葉談所」（巻九十一）
・「武蔵国足立郡大和田村蔵林寺壇義所」（巻百九十六）
・「武蔵国入西郡勝談所」（巻二百五十六）
・「武蔵野児玉郡金讃宮談所」（巻四百八十三・四百八十五）
・「上野国新田庄綿打談義所」（巻五百二十三・五百二十七）
・「上野国新田庄村田談所」（巻五百三十）
・「上野国新田庄今居普門寺圓頓法界院談所」（巻五百三十六）
・「下野国足利安□寺談所」（巻五百六十四）

などの記載により、天台や真言、浄土などの諸宗が教義研究や布教の拠点として各地に設けたこれらの談義所の組織的な連携に加え、平安初期以来の東国における大般若経信仰が基礎となって、はじめて可能になったことがわかる。

この大般若経書写が発願された応永三年（一三九六）十月当時の東国、とくに下野では、康暦二年（一三八〇）以来一六年間にわたって守護小山氏の乱が続いており、翌年終局を迎えたが、鎌倉公方足利氏満は長年の争乱で混迷する世情の安穏を祈願したものと考えられる。発願は氏満が武蔵、常陸、下野に出陣遠征した直後のことで、氏満が布陣した武蔵府中の高安寺（巻二百八十一の龍門山高安護国禅寺）をはじめ、府中、村岡、古河、小山、宇都宮などの出陣した地区で書写したものも少なくないことは、本経成立の契機を端的に物語る。

4　宇都宮市日枝神社所蔵経

新里町の日枝神社（山王大権現）は、十一世紀末に宇都宮氏初代の藤原宗円が近江国から勧請したと伝えられる。折本の紙本墨書大般若経は一一巻分を欠くが、応永五年（一三九八）から応永十一年（一四〇四）にかけての紀年をもつ二八巻分を含め、万延元年（一八六〇）に至る四五〇年間、補写が続けられたもので、安政年間（一八五四―五九）に大きな補修が行われた。(44) 最初に書写されたとみられる応永年間の残巻には「良久」（巻二、巻百八十四）、「霊夏」（巻四十五、巻二百十二）、「通海坊」（巻三百八十九）、「祐順」（巻五百二十四、巻五百二十六）、「大蔵坊」（巻百十九、百二十、五百二十、五百七十五、五百七十六、五百八十二、五百八十三、五百八十五、五百八十七、五百八十八、五百八十九）などの僧名があり、応永五年七月に巻百八十を書写した良観坊は「助筆の功勲を以て、般若の威力に依り、孝妃共に得脱し、所願の成就を尽さんことを」祈願している。

この他に紀年は欠くが、やはり応永年間の書写とみられる経巻に新里山王社の住僧宗円の署名があるものも七巻分あり、宇都宮氏縁りの社寺の僧らによって書写され、維持されて来たことがわかる。

5　栃木県粟野町発光路薬師堂の大般若経

発光路は粟野町上粕尾の上粕尾川（思川）上流に位置する集落で発興寺、宝越寺、宝古地などとも表記される。薬王寺境内の薬師堂に伝わった大般若経は三箇の経櫃に収められ、蓋の内側には、

旦那高橋治部少輔藤原吉久
奉奇進（ママ）発興寺薬師堂
于天文拾七年戊申孟夏一日

と記されている。経櫃の中にはそれぞれ内箱が二〇個ずつ収められているが、内箱の底には朱漆で、さらに次のように書かれている。(45)

天文十八己酉
造立奇進（ママ）願主正忠旦那　高橋藤原吉久 息女靏子
五月吉日

経巻の末尾には巻一から巻百までは「宗心」とあり、以後の巻には全て「窓心」と記されているが、経文の筆蹟は五、六人以上の寄合書であることから、両名は校正者とみられる。

願主の正忠は六百巻全部、大旦那の高橋吉久と息女靏子は巻一から巻四百と、巻五百九十一から巻六百まで、また巻四百一から巻五百九十には大旦那永薫上座の名が認められるが、三者の関係は明らかではない。全巻にわたる願主正忠に対して、その主旨に参同し費用を分担したのが高橋吉久と息女靏子、永薫の三名ということになるだろうか。

土地の伝承では靏子が二十歳代の前半を費して書写した草庵の跡には塚が建てられ、明治時代になって経机や硯、

文鎮などが出土したという。また一説には鶴子は父吉久の死を悼んで写経をしたが、完成後に失明したとも伝えられる。延享年間（一七四四―四八）と天保年間（一八三〇―四四）の二度、補修が行われたことが判明しており、毎年二月二十五日に転読が行われてきた。

ちなみに粕尾は中世には糟尾と表記し、第三項で言及した小山氏の乱では、永徳二年（一三八二）に小山義政が当地の糟尾城に篭城したものの敗北に終っている。

6　栃木県真岡市飯貝熊野神社の大般若経

この大般若経もまた長い来歴を持つ、二個（本来は三個）の唐櫃に五五四巻余りが収められており、半数ほどの経巻に奥書がある。『真岡市史』が編纂された際に調査が行われ、一四〇巻分の奥書が採録されたが[46]、長年転読に用いられてきたこともあってか傷みが激しく、市史完結後の平成二年（一九九〇）に栃木県立博物館に寄託された。その翌年から修補が始まり、十余年を要して平成十四年（二〇〇二）に完了したが、新たに約一二〇巻分の奥書が確認、記録されている[47]。これらを合せると、この写経の伝来の様相がかなり明らかになる。

年紀をもつ奥書のなかで最も古いものは巻二百五十一で、

小栗大神宮　常住也

大般若波羅蜜多経巻第二百五十一　応安元年戊申八月八日

久寿二年乙亥二月十七日

書写願主　秦末次

とあるが、栃木県立博物館で実見したところ、尾題の前後の「小栗大神宮常住也」と「応安元年戊申八月八日」は、他

の部分とは異筆の追書とみられる。応安元年（一三六八）の年紀はもう一点、巻四百二十一に、

小栗太神宮常住也

応安元年戊申

藤原岩宗

とある。巻二百五十一に次いで古いのは巻三百十で、

承元五年辛未四月八日申時許書写了

常州東城寺中山住僧是准空筆、為仏法興也

僧経竜生年廿四

とある。『真岡市史』ではこれらの識語から、最初に久寿二年（一一五五）に小栗大神宮常住の秦末次が書写し、次いで承元五年（一二一一）に常陸の東城寺中山住僧是准が書写したが、応安元年になって藤原岩宗が熊野神社に寄進したものと推定した。(48) また『芳賀町史』も、ほぼ同様の見方をとるが、(49) 前述したように巻二百五十一の久寿二年と小栗大神宮は異筆なため、願主の秦末次が久寿二年に書写した場所は不明である。承元五年に常陸東城寺でも書写されたのち、応安元年には小栗大神宮にあったことは確実だが、この時に熊野神社に奉納されたかどうかも判然としない。

だが巻九十四に、

応安二年辛亥七月日　　覚承　箕輪寺一校畢

とあるので、(50) 遅くとも応安四年（一三七一）七月までには熊野神社へ納められたことがわかる。というのは箕輪寺は巻二百三十二の奥書に、

応永十一天暦甲申月日　　古阿弥

下野国大内庄飯貝郷鎮守箕輪寺常住也
願主律師尊栄　乗海

とあるように、熊野神社に南接する別当寺で明治維新による神仏分離以前は、代々箕輪寺が熊野神社の社務を管理してきたからである[51]。

初期の奥書に記されている常州東城寺は東成寺とも書き、筑波山南麓の新治村にある。本尊は薬師如来で[52]、表に山王権現、後に九社権現を勧請する。九社権現堂脇から保安三年（一一二二）銘を含む多数の経筒や遺品が出土し、天治元年（一一二四）の経筒に「奉安置銅壷一口行者延暦寺沙門経暹大檀那陰子平致翰散位三国将時」とあるように天台宗の別院として栄えた[53]。その後、小田氏の帰依を得て真言宗に改宗し、小田城の鬼門除祈願所ともなった寺院である。

また小栗大神宮は茨城県協和町に位置し、小貝川左岸一帯にあった伊勢神宮領の小栗御厨の鎮守として知られ、内宮に天照大神、外宮に豊受大神を祀る。この地域の開発領主で常陸平氏一族の小栗重成が、鎌倉幕府の成立に伴って地頭職に補任され、その後も世襲したが御厨下司職をも兼帯して、新治郡内での地歩を固めたようである[54]。

これらの寺社と五行川の右岸に位置する飯貝の熊野神社（箕輪寺）は筑波山周辺の常陸国と下野国の隣接する地域に属し、往来も盛んであったと思われる[55]。

この大般若経が熊野神社に納められた経緯は明らかではないが、すでに破損や欠本が少なくなかったらしく、補修が続けられた。奉納された年とみられる応安四年（一三七一）のものとしては巻九十四の他にも五巻分が伝存するが、明徳三年（一三九二）十一月に隼人佐の大江宣村という人物が同じ大内庄の式内社である大前神社（真岡市東郷）に版本の大般若経を奉納すると、早速これを用いて補写したようである。

大前神社に奉納された版経は康暦元年（一三七九）に近江国の守護六角氏頼を願主として佐々木新八幡宮に施入されたものと同版で、五山版をもとに開版したものであり、他にも滋賀県安土町正禅寺、滋賀県樹下神社、広島県尾道市西国寺、愛媛県伊予市伝宗寺、徳島県勝浦町妙音寺の同版の大般若経が伝わる。(56)これが明徳三年（一三九二）に大江宣村によって大前神社に奉納された経緯も不明だが、熊野神社の大般若経の内、巻六百には康暦元年に六角氏頼（崇永）による施入本の奥書がそのまま写されているほか、巻六十八、巻百八十、巻二百二十八、巻二百八十九、巻四百五十一の五巻には明徳三年に大江宣村が大前神社に奉納した際の奥書が、やはりそのまま書写されていることから、これをもとに補写したことがわかる。

その後、文安五年（一四四八）から宝徳三年（一四五一）にかけて、大規模な修補が行われた。奥書の紀年から判明するだけでも二〇〇巻近くにのぼる。願主は律師尊栄で、執事は阿闍梨慶賀がつとめ、書写と校正には賢範、乗海、立翁、法圭、亮慶、定報、秀慶、仙秀、教円、祐海、礼秀、秀金、道宗、祐観、道慶など多数の僧侶のほか、中村頼秀、中村松子、古阿弥、善阿弥、ひこ三郎などの俗人も参加した。

文安六年に書写された巻百には、次のような長文の奥書があり、修補の経緯をよく伝える。(57)前半で経巻の状態について、

竊(ひそ)かに以(おもん)みるに、当社権現の梵宮に納むる大般若の真文、星霜年久し。然りと雖も闕くる所半ばに余る也。糸の如く乱れて函に満ち、明珠を砕きて珠に輝きを失ふ。仍て衆徒等将足を願ふと雖も、志有りて以て年月を送り、力無く日序を経。

と記した後、発願の主旨を、

ここに小比丘尊栄、難きを顧みず、不肖の身ながら此の誓願を発し、諸人の芳助を仰ぎて、大願の洪基と成さむ

と欲す。是れ惟ふに一塵積りて山を崇くし、一水滴りて淵を湛へるの謂なり。つらつら綷情を案ずるに、人、神を崇めずんば、神、何の縁にて威験を施さむ。神、人に恵まざれば、人、何を以て安全を保たむ。神の為人の為、現の為当の為、この般若の妙典を書写し、権現の社壇を安んぜんとす。

とのべており、これと同一の奥書が巻二百と巻六百にもあることから、一〇〇巻毎に同文が記されていたと推測される。

識語の中には書写した場所を記したものもあり、宇都宮東真壁庄乙連中里（下篭谷字中里）で亮慶が巻四百八十五を、大内庄若色郷渋川村（東郷若色、西郷渋川）で巻三百四十二を書写したのをはじめ、中村庄下中里（中村字中里）では頼秀が巻四百三十他を、祖母井郷高学寺天合（芳賀町）では良実が巻百九十二を、また田野（益子町）で大琳坊良栄が巻四百九十六他を書写するなど、熊野神社が属する大内庄の荘域を越えた近在の諸地域にも広がりをもつことがわかる。

むすびにかえて

律令国家による東北経営と東国の安定化推進を背景とした、最澄による東国での布教とそれを支えた道忠教団の活動によって、上野国縁野寺などにもたらされた一切経は拡充され、流布していった。

平安時代には神仏習合が顕著となるなかで、神前読経などを通じて『大般若経』への信仰が高まり、東国でも各地で書写が進められた。その様相は文献史料だけでなく、諸社寺に伝存する経巻に記された奥書によって、より具体的に把握できる。

全六〇〇巻という多数の書写は、国衙の在庁官人層や惣社、あるいは天台・真言宗を中心とする談義所などの結縁によって、はじめて可能となったものも少なくない。中世から近世にかけては転読による攘災招福が民俗信仰化し、多くの賛同者を擁する補修が重ねて行われた結果、現在までその姿を留めることになった。

それぞれに長い来歴をもつ経巻は、古代から近代に及ぶ地域社会の生活と信仰の所産に他ならないのである。

註

（1）日本古代の「一切経」は『開元釈経録』（唐・智昇撰）のような経録に記載された経典が体系的に揃ったものではなく、諸種の経典の総称として用いられることが多い。一切経一揃いが一括して輸入された確実な事例は、寛和三年（九八七）に奝然が請来した宋版一切経が最初とされる。上川通夫「一切経と古代の仏教」（『愛知県立大学文学部論集』四七号、一九九八年）に関連史料の通史的分析がある。

（2）写経所の組織とその変遷については石田茂作『写経より見たる奈良朝仏教の研究』（一九三〇年、東洋文庫）、井上薫『奈良朝仏教史の研究』（一九六六年、吉川弘文館）をはじめとして、近年の正倉院文書の精細な考証に基づく山下有美『正倉院文書と写経所の研究』（一九九九年、吉川弘文館）、栄原永遠男『奈良時代の写経と内裏』（二〇〇〇年、塙書房）、山下幸男『写経所文書の基礎的研究』（二〇〇二年、吉川弘文館）、栄原永遠男『奈良時代写経史研究』（二〇〇四年、塙書房）等に詳しい。

（3）田中塊堂『日本写経綜鑑』（一九五三年、三明社、一九七九年、思文閣復刊）、同『日本古写経現存目録』（一九七三年、思文閣）、大山仁快『写経』（日本の美術一五六、一九七九年、至文堂）、奈良国立博物館『奈良朝写経』（一九八三年、東京美術）、大山仁快・高崎直道他『日本の写経』（一九八七年、京都書院）、京都国立博物館編『古写経』（二〇〇四年）など参照。

（4）高崎直道「写経の意義―口伝から写経へ―」（『日本の写経』前掲注(3)）、岡部和雄「訳経と写経」（『東洋学術研究』二二巻二号、一九八三年、東洋哲学研究所）。

（5）一巻。最澄の没後程なく弟子の仁忠が編述。『続群書類従』第八輯下・伝部、『伝教大師全集』第五巻附録等に所収。佐伯有清『伝教大師伝の研究』（一九九二年、吉川弘文館）に詳細な校訂と注釈がある。

（6）『続日本紀』には記載しないが、『元亨釈書』や『伊呂波字類抄』は天平宝字五年正月のこととする。『栃木県史』通史編二・古代二（一九八〇年）、『南河内町史』通史編古代・中世（一九九八年）、牧伸行「下野薬師寺と如法・道忠」（根本誠二・サムエルC

＝モース編『奈良仏教と在地社会』二〇〇四年、岩田書院）など。

（7）『続日本紀』天平宝字七年（七六三）五月六日条。

（8）薗田香融「最澄の東国伝道について」（一九五二年初出、『論集奈良仏教』二、一九九四年、雄山閣）。

（9）『叡山大師伝』により弘仁六年（八一五）とするのではなく、消息（弘仁七年五月一日付）などから弘仁八年であることを論証したのは薗田香融、前掲注（8）である。菅原征子「両毛地方の仏教と最澄」（『日本古代の民間宗教』二〇〇三年、吉川弘文館）など参照。また徳一と最澄を中心とする三一権実論争の展開については田村晃祐編『徳一論叢』（一九八六年、国書刊行会）所収の諸論に詳しい。

（10）「六所造宝塔願文」（『天台霞標』巻三之一、『伝教大師全集』第五巻、『群馬県史』資料編五などに所収）。

（11）『群馬県史』通史編二　原始古代二（一九九一年）。

（12）永村眞「帰朝後の活動」（大久保良峻編『日本の名僧三　山家の大師　最澄』、二〇〇四年、吉川弘文館）。

（13）『天台霞標』巻二之二「寂光円澄大師」。

（14）『天台霞標』巻二之二「叡山俗別当参議大伴宿禰国道書」。

（15）以下の書誌的記述は『群馬県史』資料編四による。

（16）明治十六年（一八八三）撰録。『解題叢書』（一九一五年、国書刊行会）所収。

（17）末尾に「一切行者法眼　無上菩提正因」とある。

（18）『大蔵会陳列目録』第二回（一九一六年、京都仏教各宗学校連合会編刊）。

（19）『大正新脩大蔵経』第五五巻・目録部所収。

（20）『僧空海請来目録』（『平安遺文』第八巻四三二七号、『弘法大師空海全集』他）。

（21）「伝教大師求法書」僧最澄書状（『平安遺文』第八巻四三八五号、『伝教大師全集』他）。

（22）追補分は訳者一一名、訳出経二六九部三四一巻を数える。

（23）小笠原好彦・林博通編『近江の古代寺院』「崇福寺跡」（一九八九年、同刊行会）参照。

（24）薗田香融「古代仏教における山林修行とその意義」（『南都仏教』四号、一九五七年）、舟ヶ崎正孝「梵釈寺の創建事情からみた国家仏教の変容」（『国家仏教変容過程の研究』一九八五年、雄山閣）、堅田修「桓武天皇の梵釈寺」（『日本古代寺院史の研究』一九九一年、法蔵館）など。

(25) 柴田実「梵釈寺蔵経について」（一九四二年初出、『日本庶民信仰史』仏教篇、一九八四年、法蔵館）、落合俊典「平安時代における入蔵録と章疏目録について」（『七寺古逸経典研究叢書』第六巻、一九九八年、大東出版社）。

(26) 『類聚三代格』巻二、太政官符、『類聚国史』巻百八十。

(27) 『平安遺文』第一巻一六四号、『群馬県史』資料編四、六九九号他所収。

(28) 神護寺には後白河法皇の寄進と伝えられる紺紙金字一切経（二三一七巻、久安五年〈一一四九〉四月の銘のある竹簀製経帙二〇二枚と黒漆塗経箱四五合が現存）が「神護寺経」と呼ばれて名高いが（文化庁監修『重要文化財』二〇、仏典Ⅰ、一九七五年、毎日新聞社）、この他に平安初期の素紙墨字経が三十余巻伝存しており（田中塊堂『日本写経綜鑑』前掲注(3)）、これが大宰府で書写された一切経の残巻と考えられる。

(29) 牧伸行氏は緑野寺一切経が、最澄の一切経書写発願に際して道忠が二千余巻を助写したという延暦十六年（七九七）以前、遅くとも教興らが緑野寺一切経本を用いて書写した弘仁六年（八一五）以前には作成されていたとすると、延暦十七年（七九八）生れの恵運とは年代が合わないとみるが（日本宗教史懇話会サマーセミナー報告「古代の東国と一切経」、二〇〇四年八月、於京都府亀岡市）、緑野寺一切経は『開元録』所載の経典を網羅したものではなく、順次補写が続けられていたと考えれば、とくに矛盾しない。なお牧氏の報告と配布資料からは多くの示唆を得た。また、緑野寺と一切経については、群馬県鬼石町教育委員会編『シンポジウム古代東国仏教の源流』（一九九四年、新人物往来社）参照。

(30) 『平安遺文』、『群馬県史』の釈文による。田中塊堂『日本写経綜鑑』では「経生矢田内女氏長」とする。

(31) 同年一月五日条に「（持統）太上天皇の奉為に、大安、薬師、元興、弘福の四寺に設斎す」とあるのと一連の記事であろう。

(32) 源為憲『三宝絵』下巻、僧宝一七「大安寺大般若会」参照。

(33) 鶴岡静夫「古代における大般若経への依拠」（『古代仏教史研究』一九六五年、文雅堂銀行社）に関連記事が整理されている。

(34) 堀池春峰「大般若経信仰とその展開」（『南都仏教史の研究』遺芳篇、二〇〇四年、法蔵館）。

(35) 神前読経に関する記述は堀池春峰「大般若経信仰とその展開〈続〉」（前掲注(34)）によるところが大きい。

(36) 『類聚国史』巻百七十三、災異七、疫疾。

(37) 『本朝文粋』巻十三、大江匡衡「於尾張国熱田神社供養大般若経願文」（寛弘元年十月十四日）。

(38) 橘恭堂「わが国における怨霊信仰と『大般若経』の関係について」(柴田実編『御霊信仰』一九八四年、雄山閣)には民俗信仰への影響も考察されている。増尾伸一郎「古写経の跋文と道教的思惟」(井上辰雄編『古代史研究の課題と方法』一九八九年、国書刊行会、中井真孝編『論集奈良仏教』五、再録、一九九五年、雄山閣)でも言及した。

(39) 『群馬県史』通史編二 (前掲注(11))四七七頁に一覧表がある。

(40) 前掲注(39)、『新編埼玉県史』通史編一、第七章二節(一九八七年)参照。

(41) 以下の記述は千田孝明「日光清滝寺蔵大般若経について」(『栃木県立博物館研究紀要』二号、一九八五年)による。『日光市史』史料編上巻(一九八六年)所収。

(42) 以下の記述は千田孝明「輪王寺蔵の大般若経について」(『栃木県立博物館研究紀要』五号、一九八八年)による。

(43) 巻二十七には「願主朝成大僧都」、巻三百十四には「願主権大僧都朝成」とある。

(44) 以下の記述は『宇都宮市史』中世史料編(一九八〇年)による。

(45) 以下の記述は『粟野町誌　粟野の歴史』第五章二節「発光路と大般若経」(一九八三年)、「少女の悲願六百巻　粕尾の無住薬師堂に大般若経」(『栃木新聞』一九五二年二月五日号)、相沢春洋「発光路の大般若経」(同前、一九五四年六月十日号)による。なお新聞記事の存在は真岡市立図書館寄託「佐藤行哉旧蔵資料」で知った。

(46) 増田俊信「真岡市内にある二つの大般若経について」(『真岡市史案内』一号、一九八二年、真岡市史編さん委員会)、ならびに『真岡市史』第二巻、古代中世史料編(一九八四年)。

(47) 栃木県立博物館編『真岡市飯貝　熊野神社所蔵「大般若経」奥書　『真岡市史』二巻古代中世史料編　未収録分』(稿本)。

(48) 『真岡市史』六巻、原始古代中世通史編(一九八七年)、ならびに同史料編、前掲注(46)。

(49) 『芳賀町史』史料編　古代・中世(二〇〇一年)。

(50) 前掲注(47)による。

(51) 佐藤行哉『熊野神社誌』(一九三六年、同社務所刊)。

(52) 寄木造で応安七年(一三七四)に大順法師が製作したことを記す胎内銘がある。以下、記述は日本歴史地名大系『茨城県の地名』(一九八二年、平凡社)による。

(53) 無住『沙石集』巻五の「学生世間の事無沙汰の事」に「常州ノ東城寺ニ、円幸教王房ノ法橋ト云テ寺法師ノ学生有ケリ」とある。

(54)　以上の記述も『茨城県の地名』（前掲注(52)）による。
(55)　天文十四年（一五四五）五月に箕輪寺別当の大行房良算の住持職当知行が京都聖護院門跡から安堵されたが（『熊野神社誌』前掲注(51)）、同月に聖護院門跡が筑波山から日光山へ行く途中、同寺に宿泊し、「ふらぬ日も名にしおふより立よるやミのわの里の五月雨の頃」と詠んだと伝えられる（河野守弘『下野国誌』巻四、熊野権現の頃）。以上は日本歴史地名大系『栃木県の地名』（一九八八年、平凡社）による。
(56)　川瀬一馬「安土町正禅寺蔵佐々木崇永開版の大般若経について」以下、一連の同版経に関する論考は『続日本書誌学之研究』（一九八〇年、雄松堂書店）に収載。増田俊信「大前神社所蔵の大般若経について」（『栃木県史だより』五二号、一九八一年）など。
(57)　『真岡市史』第二巻（前掲注(46)）、四〇二―四〇三頁参照。栃木県立博物館での実見により若干改めた。

（補註）　武内孝善「弘法大師をめぐる人々（一）―広智―」（『密教文化』一三一号、一九八〇年、高野山大学密教研究会）によると、この『大教王経』（『金剛頂瑜伽経』）三巻は最澄の東国下向に際して書写されたものではなく、弘仁六年（八一五）四月に空海が「諸の有縁の衆を勧めて秘密蔵の法を写し奉るべき文」（『性霊集補闕抄』巻九〈『弘法大師全集』第三輯〉所収）によって密教経論の書写を呼びかけたのに応じて、大慈寺の広智が、道忠門下の浄土院緑野寺の教興に働きかけて実現したものであることが、空海の「下野広智禅師」宛書簡（『高野雑筆集』巻上〈『弘法大師全集』第三輯〉所収）等から明らかとなり、高山寺の慧友による追記もこのことを示す。また赤尾栄慶「高山寺蔵『金剛頂瑜伽経』（浄院寺一切経）について」（『学叢』一四号、京都国立博物館、一九九二年）にも、ほぼ同様の指摘があることを、成稿後、池田敏宏氏からのご教示によって知った。

〔付記〕　史料調査と閲覧については、栃木県立博物館人文課長の千田孝明氏と、栃木県二宮町史編さん委員長の永村眞氏、同専門員の小野里了一氏に格別の御配慮と御助力をいただいた。厚くお礼申し上げたい（所属は当時）。

第四章　禅師広達とその周辺

——古代東国仏教史の一断面——

はじめに

古代の地域社会における民衆生活について、具体的に伝える文献史料は、決して多くはない。戦後、急速に土地開発が進んだこともあって、木簡や墨書土器、文字瓦、漆紙文書などの出土文字史料は年々増加の一途をたどり、従来、全く知られていなかったことが、次第に明らかになりつつある。しかし、これらの多くが断片的であることは否めず、古代の地域社会の生活文化を究明するためには、正倉院文書や『風土記』をはじめとする諸種の文献の読解と総合的に進める必要がある。

房総地域は全国の中でも殊に墨書土器が大量に出土することで知られるが、上総・下総・安房の房総三国の古代史料を、伝世文献だけでなく出土文字史料も含めて網羅的に集大成した『千葉県の歴史』資料編古代（一九九六年、千葉県）は、その基礎を固めたものであり、通史編古代二（二〇〇一年）では、最新の包括的な見通しを示している。今後は本書の個々の史料をもとに各分野で分析が深められていくものと思われる。

本稿は、二〇〇八年度から開講した東京成徳大学「生活文化研究・演習」において、これらの地域史料の集成的研究に導かれながら、『万葉集』東歌や正倉院文書の戸籍を中心に古代房総の生活文化史を考察する中で取り上げた、『日本霊異記』の一説話の成立とその背景をめぐる覚書であり、古代東国における仏教の受容や、畿内との宗教文化をも含めた交通、あるいは古代の説話が中世から近世にかけて伝承されていく様相などについても考えてみたいと思う。

一　『日本霊異記』の禅師広達

九世紀初期に薬師寺の景戒が撰録した『日本霊異記』中巻には「いまだ仏の像を作り畢へずして棄てたる木の、異霊しき表を示しし縁」（第二十六縁）と題する、次のような話が載る。

禅師広達は、俗姓下毛野朝臣、上総国武射郡の人なりき。あるいはいはく、畔蒜郡の人なりといへり。聖武天皇のみ代に、広達、吉野の金の峯に入り、樹下に経行して仏道を求めき。

奈良時代前期（聖武の在位は七二四―七四九年）に上総国から平城京に上って出家し、大和の南岳吉野の金峯山で山林修行に励んだ一人の僧侶をめぐる伝承である。

時に吉野郡の桃花里に椅ありき。椅の本に梨を伐り、引き置きて歳余を歴たり。同じ処に河有り、名は秋河と曰ふ。彼の引き置ける梨を是の河に度せり。人畜倶に践みて、度り往還す。広達、縁有りて里に出で、彼の椅を度り往くときに、椅の下に音ありていはく、「嗚呼、痛く踰むことなかれ」といふ。禅師聞きて怪しび見れども人なし。良久に徘徊り、忍び過ぐること得ず。椅に就きて起ちて看れば、未だ仏を造り了へずして棄てたる木なり。

吉野郡の桃花里を流れる秋河の橋のたもとに梨の木があり、伐り倒してから一年余りも放置された後に橋として架け渡され、人や牛馬がその上を往き来していた。あるとき、所用で里へ下ろうとした広達が橋を渡ると、橋の下から

「ああ、そんなにひどく踏まないでくれ」という声がする。不思議に思った広達が辺りを見回しても人影はなく、しばらくの間行きつ戻りつしたが、通り過ぎることはできなかった。そこで橋の下から見上げたところ、仏像を造りかけたまま捨てられた木であることがわかった。

禅師、大きに恐り、浄所に引き置き、哀び哭き敬礼し、誓願を発(おこ)して言さく、「因縁有るが故に遇ひまつれり。我必ず造り奉らむ」とまうす。有縁の処に請け、人に勧めて物を集め、阿弥陀仏・弥勒仏・観音菩薩等の像を彫り造りまつること、既に訖りぬ。今に吉野郡の越部村の岡堂に居(す)ゑ置けり。木は是れ心无(な)し、何にして声を出さむ。唯し聖霊の示したまへらくのみ。更に疑ふべからず。

広達は驚き恐れて清浄な場所に梨の木を引き移し、涙ながらに礼拝した。縁有って出会ったのだからと、必ず造像することを誓願し、ゆかりの地に安置して人々を勧進し、阿弥陀と弥勒と観音の三仏を完成した。今、吉野の越部村の岡堂に安置されているが、これは心を持たない木ではなく、仏の霊魂が声を発したことによるもので、疑うまでもないことだという。

『霊異記』にはこのように仏(像)が自ら霊威を顕わす話として、中巻第十七「観音の銅像、鷺の形に反(かは)りて、奇(あや)しき表(しるし)を示す縁」や、同第二十二「仏の銅像、盗人に捕られて、霊(くす)しき表を示して盗人を顕す縁」、同第二十三「弥勒菩薩の銅像、盗人に盗られて、霊(くす)しき表を示して盗人を顕す縁」などに類例があり、観音や弥勒などの尊像も共通する。また下巻第十七「いまだ作りをはらぬ捻摂(ねんせふ)の像、呻(によ)ぶ声を生じて、奇しき表を示す縁」では、制作途中で放置されていた捻摂（粘土で作る塑像の一種）が苦しみの声を発したことにより、弥勒菩薩の脇士二体になれたという神異を語る点が類似する。さらに上巻第十二「人畜に履(ふ)まるる髑髏(ひとがしら)の救ひ収められ、霊(くす)しき表を示して現に報する縁」も、大和国と山背国の境に位置する奈良山の渓(さわ)で、往来する人畜に履まれていた髑髏が、宇治川に橋を架けるためにこの地に赴いた元興寺の道登とその弟子僧によって救済され、その恩に報いた話で、広達の話の先蹤ともいうべき内容をもつことから、とくに注目したい。

二　下毛野氏と仏教

広達は実在の人物で、その俗姓である下毛野朝臣については、平安初期に京畿を中心とする諸氏族の系譜を集成した『新撰姓氏録』の左京皇別下に、

下毛野朝臣。崇神(すじん)天皇の皇子、豊城入彦命(とよきいりひこのみこと)の後(すえ)なり。日本紀に合へり。

とある。『古事記』中巻の崇神天皇条や『日本書紀』崇神四十八年条などを踏まえた記事で、末尾にいう「日本紀に合へり」は、天武紀十三年十一月一日条の、前月に制定された八色の姓により、下毛野君に朝臣を与えたという賜姓記事をさす（佐伯有清『新撰姓氏録の研究』考証編第二、一九八二年、吉川弘文館）。

やはり平安初期に物部氏が一族を顕彰するために著したとみられる『先代旧事本紀』巻十の「国造本紀」（『新訂増補国史大系』所収）にも、

下毛野国造

難波高津朝の御世、元の毛野国を分かちて上下となす。

豊城命四世孫、奈良別を初めて国造に定め賜ふ。

とあるが、「元の毛野国」が毛野国造の支配する地域をさすとすれば、五世紀初期にあたる難波高津朝（仁徳）と、六世紀前半の磐井の乱後に成立した国造制とは時期が合わない。

むしろ国造制の導入に際して、碓氷峠以東から鬼怒川以西に及ぶ広範な毛野の地域に、上毛野と下毛野の二国造を任命して君の姓を賜与したものだろう。また豊城入彦命を始祖とする伝承も、王統譜が整備される七世紀末頃から『日本書紀』編纂の段階にかけて形成されたものとみられ（篠川賢『日本古代国造制の研究』一九九六年、吉川弘文館、ほか一連の著書）、下毛野君と上毛野君は、それぞれ毛野地域を出自とする地方豪族であり、天武朝以後は朝臣を姓とした。

下野（栃木県域）を本拠とする下毛野氏と上総国との結びつきに関しては、この広達の場合以外は確認できないようである。それは下毛野氏と同じ始祖伝承をもつ上毛野氏の動向について、以下のような記事がみえるのとは対照的である。

『続日本紀』大宝三年（七〇四）七月五日条に「正五位上の上毛野朝臣男足を下総守」に任ずるとあり、それから五年後の和銅元年（七〇八）三月には陸奥守に転じ、翌二年四月十六日に死去したという。上毛野男（小）足は文武四年（七〇〇）十月に吉備摠領となった時には直広参だったが、死去した時には従四位下に昇叙していた。男足が下総守から陸奥守に転出したのと同じ時に、従五位上の上毛野朝臣安麻呂が上総守に補任され、男足の死の三ヵ月後には、その後任として陸奥守を任命されているように、広達がまだ上総で幼少年期を過ごしていたと思われる時期に、上毛野氏が下総と上総の国守を相次いで歴任していることから、広達の俗姓はあるいは下毛野氏ではなく、上毛野氏の誤伝であるかも知れない。

とはいえ下毛野氏は早くから積極的に仏教を受容しており、東国における代表的な古代寺院として知られる下野薬師寺は、七世紀後半に下毛野氏の氏寺として創建され、八世紀前半には官寺として整備されて、東大寺・筑前観世音寺とともに戒壇が設けられたほどである（栃木県『南河内町史』）。また『日本霊異記』中巻第三十五縁に奈良の京の「下毛野寺の沙門諦鏡」とあり、同第三十六縁にも「奈良の京の下毛野寺の金堂の東の脇士の観音の頸（くび）、故無くして断（き）れ落つ」という記事があって、ともに広達の話と同じ聖武朝のこととされる。

また同族には七世紀後半から八世紀初期にかけて大宝律令の撰定に参画し、後には朝政に参議して兵部卿や式部卿なども歴任した下毛野朝臣子(古)麻呂や、『懐風藻』に大学助教として「秋日長王が宅(いへ)にして新羅の客(まらひと)を宴す」詩一首（六五）と序が載り、『経国集』には和銅年間の対策文二篇を収め、後に文章博士などを歴任して学業の規範とされた下毛野朝臣虫麻呂など、中央の官界で活躍した人物も輩出しており、『霊異記』が広達の俗姓を下毛野朝臣とするのも不自然なことではない。

三　上総国の初期寺院

『霊異記』に記された広達の出身地は上総国武射郡で、畔蒜郡とする説もあるという。ともに『和名類聚抄』に記載された郡名で、武射郡は現在の山武郡北部地域、畔蒜郡は君津市から富津市にかけての地域にあたる。
房総地方における寺院の建立は、栄町の竜角寺と木更津市の大寺廃寺が最も早く、七世紀中期（六七〇年代前後）に属する。とくに竜角寺は古墳時代終末期の方墳としては日本最大の岩屋古墳のある竜角寺古墳群の近傍に位置し、印波国造の氏寺として創建されたものとみられ、東京都調布市の深大寺とともに関東地方に残る白鳳仏の代表的作例である薬師如来坐像が伝存する。
この他にも国分寺建立（詔は七四一年）以前の、七世紀後期から八世紀初期までに創建されたと考えられる寺院としては、
　上総国

市原郡　光善寺廃寺（市原市）
　　　　奉免上原台遺跡（市原市）
武射郡　真行寺廃寺（成東町）
周准郡　九十九坊廃寺（君津市）
海上郡　二日市場廃寺（市原市）
　　　　今富廃寺（市原市）
夷灊郡　岩熊法興寺跡（岬町）

下総国

印播郡　木下別所廃寺（印西市）

などがあげられる（岡本東三『東国の古代寺院と瓦』一九九六年、吉川弘文館。『千葉県の歴史』通史編古代二、二〇〇一年ほか、図12）。

この内、武射郡の真行寺廃寺は成東町の境川を望む標高五〇メートルほどの台地の端部に位置し、支谷を一つ隔てた北東の台地上には前方後円墳二基を含む真行寺古墳群がある。また約一キロ北には麻生新田古墳群、境川対岸の西約一キロには市場古墳群が位置するほか、北西約四〇〇メートルの島戸東遺跡では回廊状の掘立柱建物跡が発見されており、武射郡家関連遺跡の可能性がある。付近には古墳時代後期から平安時代にかけての集落跡が発見された比良台・八坂台・真赤土遺跡があり、周辺地域には湯坂廃寺（成東町）、埴谷横宿廃寺（山武町）、小川廃寺（松尾町）、山田廃寺・小金台廃寺（芝山町）など、八世紀初期から中期にかけて造営された寺院が集中する。

『和名類聚抄』では武射郡は一一郷からなる中郡だが、奈良時代前期までに約半数の郷で寺院の造立が確認されており、上総国府が置かれた市原郡とともに高い密度を示している（図13）。

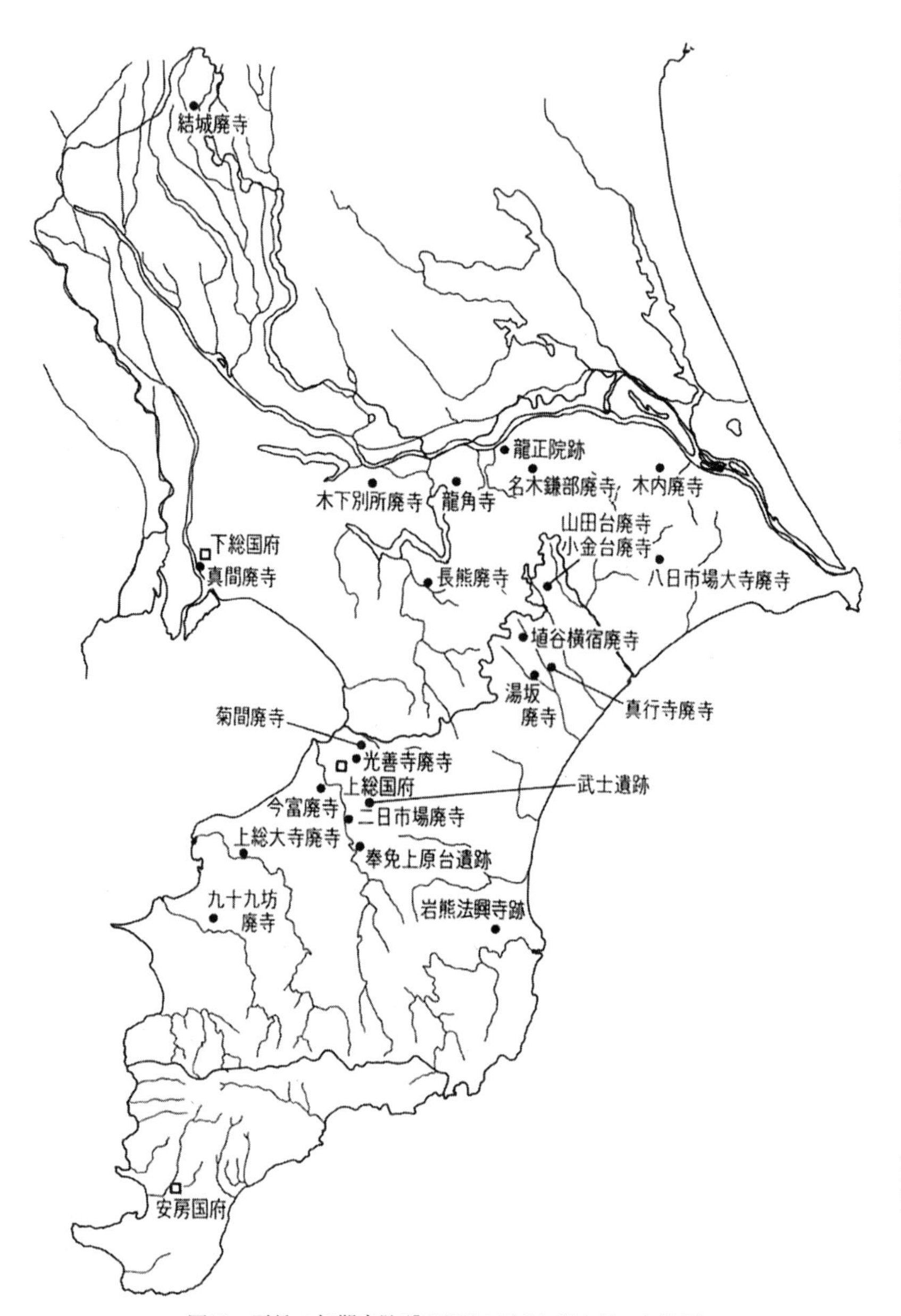

図12　房総の初期寺院(『千葉県の歴史』通史編・古代2)

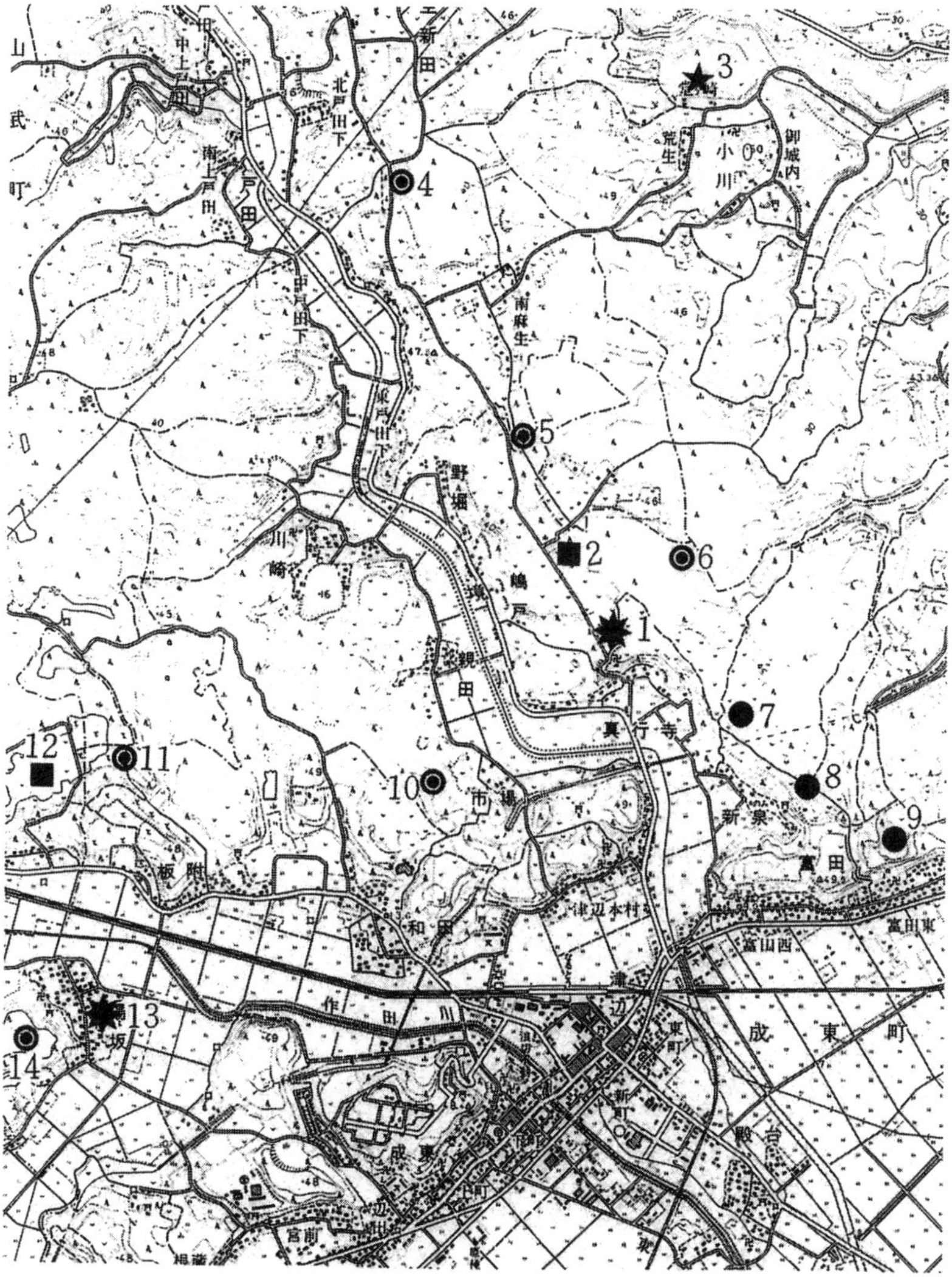

1真行寺廃寺　2島戸東遺跡　3小川廃寺　4根崎古墳群　5麻生新田古墳群　6真行寺古墳群　7真赤土遺跡　8八坂台遺跡　9比良台遺跡　10市場古墳群　11板附古墳群　12栗焼棒遺跡　13湯坂遺跡　14湯坂古墳群

図13　真行寺廃寺とその周辺の寺院跡(『シンポジウム　関東の初期寺院』資料編)

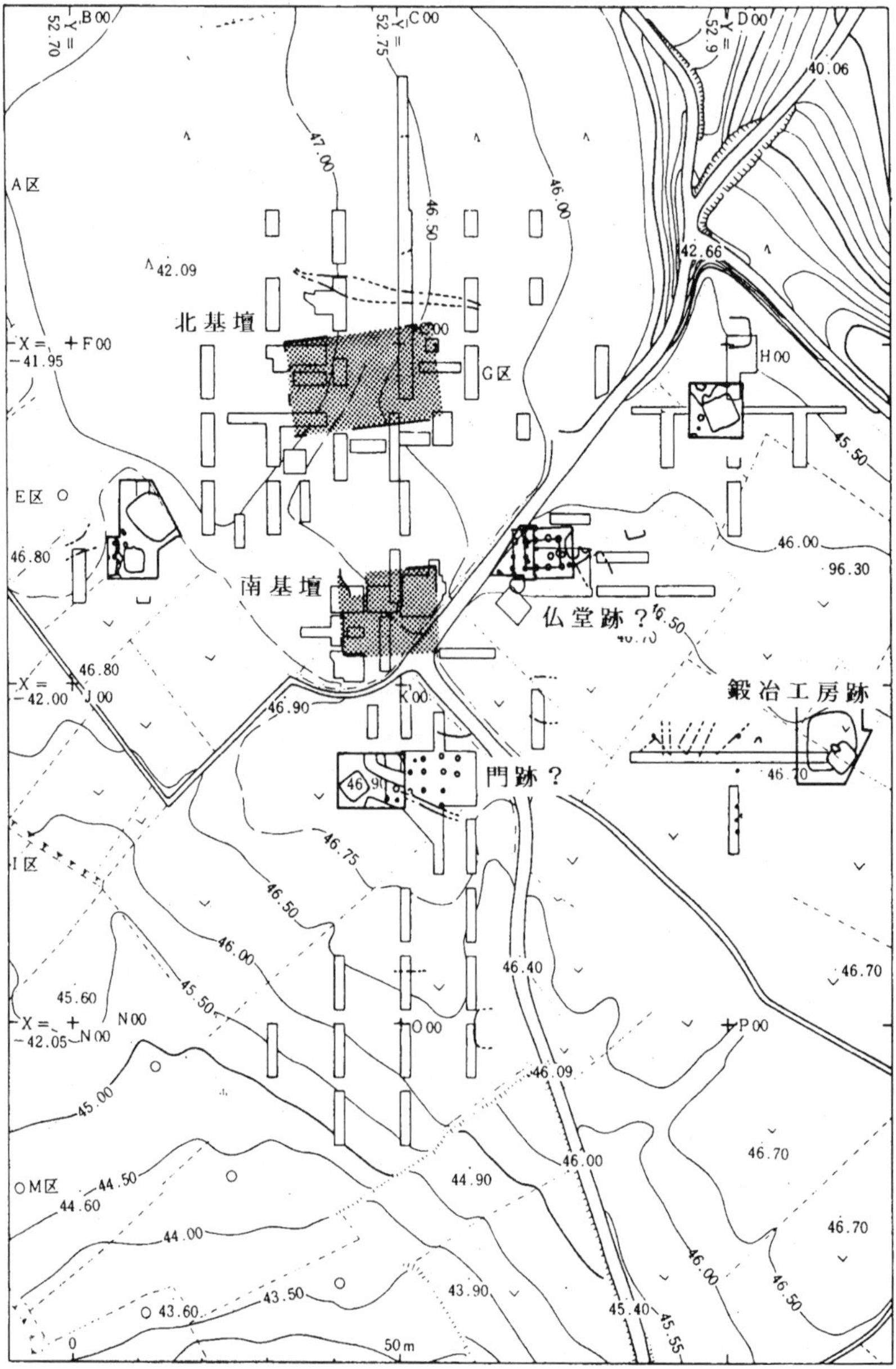

図14　真行寺廃寺跡の遺構（『シンポジウム　関東の初期寺院』資料編）

真行寺廃寺は千葉県文化財センターと成東町教育委員会により、一九八一年から三年間に及ぶ発掘調査が行われて、報告書がまとめられており（千葉県文化財センター『成東町真行寺廃寺発掘調査報告』一九八四年、成東町教育委員会『成東町真行寺廃寺跡発掘調査報告　鍛冶工房跡の調査』一九八五年）、基壇建物跡二基と掘立柱建物跡、鍛冶工房跡、古墳時代後期から平安時代にかけての竪穴住居跡などを検出した。

南北に並ぶ基壇は主軸方向がややずれているが、南基壇は金堂跡、北基壇が講堂跡と推定され、南基壇の南に門跡、東に仏堂と想定される四面庇建物跡が、また北基壇の北と南基壇の南東にも掘立柱建物が確認されており、寺院付属の建物がさらに存在するものと思われる（関東古瓦研究会『シンポジウム関東の初期寺院』資料篇、一九九七年、図14）。

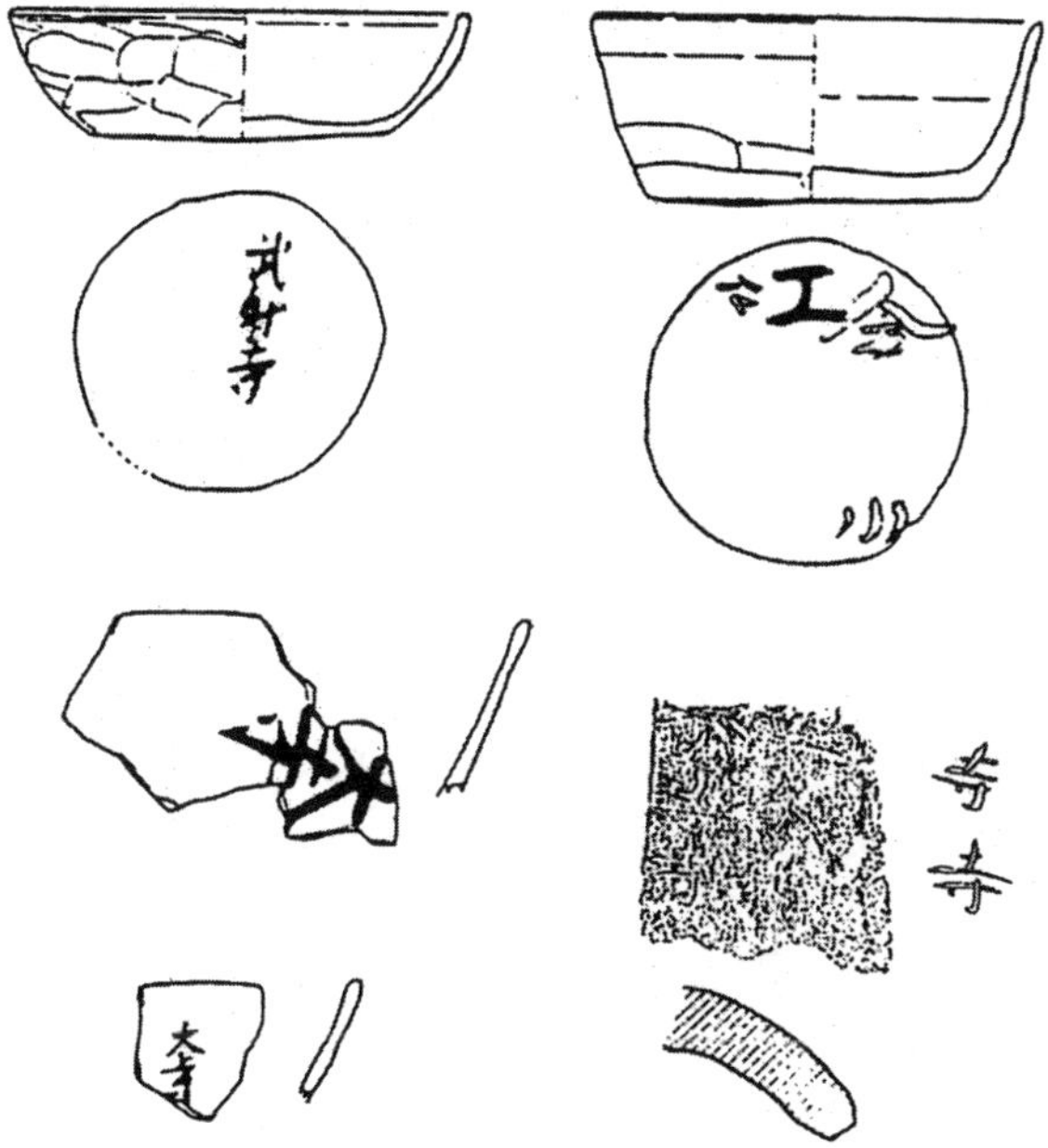

また、鍛冶工房跡を中心に六二点にのぼる墨書土器が出土しているが、「仏工舎・小」（坏）、「大寺」（坏二点）などとともに「武射寺」と書かれた坏も出土しており、真行寺廃寺は郡内の一族が造営した郡名寺院である可能性が高い（墨書土器については、前記の発掘報告書ならびに『千葉県の歴史』資料編古代・別冊「出土文字資料集成」一九九六年による、図15）。

右上「仏工舎／小」　右下「寺／寺」　左上「武射寺」　左中・左下「大寺」

図15　真行寺廃寺出土の墨書土器と文字瓦（『千葉県の歴史』資料編古代・別冊）

それに対して周辺の武射郡内の寺院では、相互に瓦を共有する関係が見られることから、これらの寺々は、いずれも郷(里)長層を檀越として造営されたものと考えられ、奈良時代前期におけるこの地域での仏教の浸透を端的に物語る。

広達が仏教に関心を抱き、出家を志した経緯は明らかではないが、幼少期を送った上総国武射郡が房総地方の中でも最も早くから仏教信仰が広まり定着していた地域であることが、何らかの形で作用しているだろう。

四　優婆塞の貢進

地方の出身者が上京して官寺で修行し、出家得度するためには、優婆塞として貢進され、審査を受ける必要があった。仏教では三宝に帰依し五戒を受けた在家信者の男性を優婆塞、女性を優婆夷というが、律令国家は師主に就いて修行や学問を行う得度前の者も優婆塞・優婆夷と称し、得度候補者として各地から推薦させた。その推挙に際して提出された文書を優婆塞貢進解と呼び、俗名・年齢・本貫・戸主・読誦できる経典名・推薦者・浄行年数などが記載された。

東大寺の正倉院に伝存した文書の中には百余通の優婆塞貢進解が含まれており(『大日本古文書』正倉院編年文書)、竹内理三編『寧楽遺文』中巻の宗教篇(三訂版、一九六七年、東京堂出版)には一〇四通を収載するが、一部に優婆塞貢進解ではないものも含まれているという指摘がある(鬼頭清明「天平期の優婆塞貢進の社会的背景」『日本古代都市論序説』一九七七年、法政大学出版局)。それらの年代は天平四年(七三二)から宝亀三年(七七二)に及ぶが、当初は皇后宮職に、天平十五年(七四三)末頃からは金光明寺(東大寺)のもとに設置された出家人試所において審査のうえ、玄蕃寮・治部省・

僧綱に提出され、度者として認定された。正倉院文書の多くはその反故の紙背が東大寺などで再利用されたものであり、また初期に皇后宮職が関与したのは、国分寺創建や大仏造立などを聖武天皇とともに推進した光明皇后が、とくに優婆塞貢進に力を入れた結果とみられている（堀池春峰「優婆塞貢進と出家人試所」『南都仏教史の研究』上巻・東大寺篇、一九八〇年、法蔵館）。

天平十三年（七四一）には架橋事業に従事した優婆塞七五〇名の得度が認められたのをはじめ、同十七年からは大仏造立の労働力を確保するために、仏典の修行とは関係なく、造仏の労働奉仕による得度を認めたことから、貢進解の内容も簡略化する（鬼頭清明、前掲書）。

広達の場合もおそらくこれと同じ手続きが取られたと思われるが、貢進解は残っていない。ほぼ同時代の天平六年（七三四）七月に、やはり上総国から貢進された天羽郡讃岐郷磐井里の石上部忍山のものが現存しているので、それをみると、忍山は小初位上の戸主・石上部大島の戸口で、当時は三十六歳。

読経　法花経一部　最勝王経一部　方広経一部
誦経　観世音経　八名経　多心経
陀羅尼　大般若陀羅尼　仏頂陀羅尼　虚空蔵陀羅尼
　方広陀羅尼　十一面経陀羅尼　金勝陀羅尼
　唱礼具　浄行十年

という内容である。優婆塞貢進解には全体で四〇種近い経典がみられるが、最も多いのは『法華経』（三二件）と『（金光明）最勝王経』（三一件）で、『薬師経』（二〇件）、『（般若波羅蜜）多心経』（一五件）、『方広経』『理趣経』（ともに一四件）などが続く。この他に『陀羅尼経』類が九七件にのぼる（中村明蔵「優婆塞貢進文について」『続日本紀研究』七巻一号、一九六〇年）が、石上部忍山が読誦した経典も、ほぼこれに合致しており、一〇年間の修行を積んだ結果、標準を上回る水準に達していたことが窺える。

また陀羅尼が六種を数えるが、陀羅尼は本来修行に集中し、教法や教理を記憶し保持するために用いた呪文で、経文の核心を象徴的に表現したものが多く、とくに密教では言葉に内在する存在喚起の効力を強調し、呪言的性格を強めた（『岩波　仏教辞典』）。優婆塞貢進解にはこうした陀羅尼呪が多数見出されることからも、奈良時代の仏教が、すでに密教的要素を強めていたことが指摘されている（堀池春峰「奈良時代仏教の密教的性格」前掲書、三崎良周「奈良時代の密教における諸問題」『密教と神祇思想』一九九二年、創文社）。

広達の場合も、時期と環境からみて、この石上部忍山とさほど大きな差異はなかったものと思われる。『霊異記』では広達が「吉野の金の峯」で山林修行を続けたことだけをのべ、その前に平城京のどの寺院に属したのかは記さないが、鎌倉後期に華厳宗の凝然が天竺（インド）・震旦（中国）・本朝（日本）における諸宗伝播の系譜を整理した『三国仏法伝通縁起』巻中には、法相宗の条で元興寺僧の一人として広達の名前を挙げている（『大日本仏教全書』、『国訳一切経』和漢撰述・史伝部所収）。

元興寺は蘇我氏が創建した飛鳥寺（法興寺）を、平城京遷都後の養老二年（七一八）に移した官寺で、平安時代以降は南都七大寺の一つに数えられた。『霊異記』の編者である景戒が属した薬師寺と並ぶ法相教学の中心的な寺院である。『霊異記』の上巻第三・十一・十二縁をはじめ中巻第一・四・七・二十七・二十九縁や下巻第十七縁も元興寺に関する話であり、法相宗による両寺の結びつきから、広達の話も採録されたものと思われる。

五　金峯山と山林修行

平城京の諸大寺の官僧たちの中には、一時期本寺を離れて山中に籠もって修行を続ける者が少なくなかった。広達もまたその一人である。

養老二年（七一八）に藤原不比等らが大宝令を改修した養老令（施行は七五二年から）の僧尼令第十三条には、僧尼が山居する際の手続き等について、次のような規定がある。

凡そ僧尼、禅行修道有りて、意に寂に静ならむことを楽ひ、俗に交らずして、山居を求めて服餌せむと欲はば、三綱連署せよ。在京は、僧綱、玄蕃に経れよ。在外は三綱、国郡に経れよ。実を勘へて並に録して官に申して、判りて下せ。山居の隷けらむ所の国郡、毎に在る山知れ。別に他処に向ふること得じ。（日本思想大系『律令』一九七六年、岩波書店による）

「服餌」は薬物や食物の摂取による道教的な養生法で、東晋の葛洪『抱朴子』釈滞篇では、神仙をのぞむ者が知るべき要諦として宝精（房中）と行気とともに服餌を挙げる。僧尼令にこの文言が含まれているのは、大宝令が唐の道僧格に準拠したことに起因する。道僧格は道教の道士と女冠に仏教の僧尼を対象とした法制で、山居・服餌は主に道教に関する規定だが、僧尼令ではこの部分を削除しなかったことが山林修行の盛行、ひいては修験道の成立を促す結果となった（薗田香融「古代仏教における山林修行とその意義」『平安仏教の研究』一九八一年、法蔵館など）。

また「三綱」は各官寺の管理・運営を担った役僧で、上座・寺主・都維那の三職からなり、「僧綱」は僧尼全体の統轄にあたる中央の僧官で、僧正・僧都・律師から構成される。「玄蕃」は治部省の被管で仏寺と僧尼に関する事柄の他に、外交使節の送迎や接待にあたった玄蕃寮をさす。

広達もこうした手続きを経て、元興寺から「吉野の金の峯」に入って「樹下を経行して仏道を求め」たと考えられる。

『日本書紀』には斉明二年（六五六）に吉野宮が造営されたことを記すが、宮滝遺跡発掘調査（第四三・四四次）で斉明朝の苑池遺構が検出された。大海人皇子（天武）による壬申の乱の幕開けの場であり、持統は三十数回にわたって行幸を繰り返したが、『懐風藻』や『万葉集』には、「柘枝伝（しゃしでん）」にも因む仙境としての吉野を詠んだ作品が多数収載されている。

大和から山林修行のために吉野に入った広達は金の峯を目ざしたが、その経路は、飛鳥から壺坂峠越えの道をとり、越部川沿いに下って、後に岡堂を創建した越部村（大淀町越部）から、下市町下渕で吉野川を船で渡り、秋河（秋野川）に架けられた木橋を渡って川沿いに溯り、金の峯へ至ったのではないかと推測されている（和田萃「古代史から見た霊地吉野」、前園実知雄・松田真一編『吉野　仙境の歴史』二〇〇四年、文英堂）。

広達は秋河沿いに溯り、樹下経行しているが、秋河は青根ヶ峯から西方へ流れ出すので、青根ケ峰に近い金峯神社背後の山を金の峯と称していた可能性が高く、後には奥へと移って大峯山の山上を指すようになった（和田萃、前掲論文）。吉野郡の「桃花（ツキ）の里」は秋河の辺りというから下市町に位置するかと思われるが、他には見えず不詳である。ちなみに、この話を引く『今昔物語集』巻十二の第十一では「枇花（ウツギ）の里」とする。

下市で吉野川に合流する秋野川の注ぎ口付近は川底が急に深く侵食されて滝をなしているが（日本歴史地名大系第三〇巻『奈良県の地名』一九八一年、平凡社）、橋の代りに架けられた梨の木を仏像にして供養したという。

木彫仏は飛鳥時代にはクスノキが用いられることが多く、奈良時代には金銅、乾漆、塑造がふえたものの、奈良末から平安初期にかけての木彫像はヒノキ、サクラ、ケヤキなどと多様化し、平安中期以降はヒノキが大半を占める（小原二郎『木の文化』一九七二年、鹿島出版会）。梨の木を用材とした例は他にみられないが、山中で彫像する場合の多様性を反映するものであろう。

広達の勧進による三体の仏像は越部村の岡堂に安置されたというが、大淀町越部の伊勢南街道から北へ三〇〇メートル程入った辺りの坂を堂坂と呼び、付近の約一町歩の台地を堂の上、台地を囲む一段低い平坦地を堂の脇といい、「越部の寺跡」と伝えられている。堂坂付近からは唐の開元通宝などが百余枚掘り出されたこともあり、周辺には住吉神社跡、小山寺跡なども あって、古代寺院の立地にふさわしいとされる（前出『奈良県の地名』）。『霊異記』のこの話は、岡堂の縁起譚でもあった。

六　古代の禅師

『霊異記』には広達の他にも吉野・金の峯で山林修行を積んだ人物として役優婆塞（上巻第二十八縁）、御手代東人（上巻第三十一縁）や、「一人の禅師」（下巻第一縁）、「ひとりの大僧」（下巻第六縁）などが登場するが、各地の山中で修行し、治病や呪験に秀でた禅師は、二〇名近くを数える。

①上巻第七縁　百済僧の禅師弘済が備後の三谷寺で修行し、仏像を造立した。
②上巻第八縁　義禅師が重病者に屈請され、両耳の聾を癒した。
③上巻第十縁　大和国添上郡の家公の家に禅師が迎えられ、亡父の罪を神変により懺悔させた。
④上巻第十五縁　藤原京の破仏の男にかけられた呪縛を、その子に勧請された禅師が観音経の読誦で解脱した。

⑤上巻第二十六縁　多羅常という百済の禅師が、高市郡の法器山寺で浄行し、看病にあたった。
⑥上巻第三十一縁　吉野の山中で修行する御手代東人が、粟田朝臣の女を呪護し、病を治した。
⑦中巻第二縁　和泉国泉郡の大領が発心し、禅師信厳として行基について修善に励んだ。
⑧中巻第十一縁　紀伊国伊刀（都）郡の狭屋寺の尼が、薬師寺の題恵（依網）禅師を屈請して、十一面観音の悔過を行なった。
⑨中巻第十二縁　山背国紀伊郡の篤信の女性が、義禅師を召請して、村童の捕えた蟹を呪願し放生した。
⑩下巻第一縁　紀伊国熊野の永興禅師のもとに一人の禅師が来て、法華経の誦持を一年続けた後に捨身行を実践したが、その舌は永く腐ちなかった。
⑪下巻第二縁　興福寺の禅師永興は呪願による治病に秀れ、看病禅師として著聞した。
⑫下巻第三縁　大安寺の弁宗は泊瀬の上の山寺で十一面観音に祈願し、その施銭で修多羅分の借銭を弁済した。
⑬下巻第六縁　吉野の海部の峯の山寺で精励していた一人の大僧（禅師）が、体力の衰えを感じ魚を食べようとしたところ、魚は法華経に変化して、世人の誹謗を斥けた。
⑭下巻第二十六縁　讃岐国美貴郡の大領の妻が私利を貪り、長患いの果てに死んだため、三二人の禅師と優婆塞が招請されて罪過を償おうとした。
⑮下巻第三十六縁　奈良後期の公卿藤原永手の長男が父をめぐる悪夢を見た後、父が死に自身も久しく病んだので、禅師や優婆塞に呪護を需めた。
⑯下巻第三十九縁　大和国山辺郡の善珠禅師は道俗に貴ばれて僧正もつとめたが、命終に臨んで天皇の皇子として転生すると託宣した。また伊予国石槌山の浄行の禅師寂仙も命終の際、皇子への転生を告げ、「聖君」をめぐる

問答を展開する。

これらの禅師は山中や地方の寺で持戒し、諸種の需めに応じてその場に赴き、呪護による治病や供養などを行なっている様子を看取できる。彼らに期待された験力は、例えば⑥の御手代東人が観音の名号を称礼しながら「南无（無）、銅銭万貫、白米万石、好女多徳、施したまへ」と唱えているように、きわめて即物的な現世利益であった。

またその呪願の方法は、⑮に次のような具体的な描写がみえる。

時に、看病の衆の中に、ひとりの禅師ありき。誓願を発していはく、「おほよそに仏法によりて修行する大意は、他を救ひ命を活くるにあり。今しわが寿を施し、病める人の身に代らむ。仏法まことにあらば、病める人の命活きよ」といひて、命を棄てて瞻みず、手の於に爝を置き、香を焼きて行道し、陀羅尼を読みて、たちまちに走り転ぶ。

という烈しい捨て身の行為を、時に伴なったことが推察される（古代の禅師とその性格については、舟ヶ崎正孝『国家仏教変容過程の研究』一九八五年、雄山閣。根井浄「日本古代の禅師について」『仏教史学研究』二二巻二号、一九八〇年。新川登亀男「日朝にみられる「禅師」について」『史聚』一四・一五合併号、一九八一年など参照）。こうした行為は『法華経』薬王菩薩本事品や『金光明経』捨身品、『涅槃経』聖行品などに説かれるように、本来はインド起源の仏教的行為だが、「僧尼令」第二十七の焚身捨身条ではこれを禁じており、『続日本紀』養老元年（七一七）四月二十三日条の行基とその弟子達の活動を規制した詔の中でも、「指臂を焚き剥ぐ」行為を禁断している。だが、奈良後期以降、徐々に容認されるようになった。『続日本紀』によると天平勝宝八歳（七五六）四月に聖武太上天皇が不予に陥ると、娘の孝謙天皇は「災を銷し福を致すこと、仁風に如くは莫く、病を救ひ年を延ぶること、実に徳政に資れり」という考えから、犯罪者への大赦や窮乏者への賑恤、河内智識寺とその南の行宮への行幸、伊勢神宮への奉幣とともに、「医師・禅師・官人各一人を左右京と四畿内に遣して、疹疾の徒を救療せし」めた。

翌月、聖武が五十六歳で没すると、佐保山陵への葬送を終えた後に、看病禅師として筑前から招請され、聖武が絶対的な信頼を寄せた禅師法栄の名を後世に伝える旨の孝謙の勅が出された。さらに聖武のために屈請した看病禅師一二六名の出身戸の課役を免除（とくに東大寺の良弁・安寛と宮中講師の慈訓の三名は父母の戸の課役を一身の間免除）する内容の褒賞も行われている。

山林修行を積んだ禅師に対する律令国家の期待は大きく、孝謙から淳仁に譲位した天平宝字二年（七五八）八月には、

> 天下の諸国の山林に隠る清行の近士、十年已上は皆得度せしめよ。

という詔も出されたが、同八年（七六四）九月の恵美押勝（藤原仲麻呂）の乱後、大臣禅師となった弓削道鏡は自身が山林修行の経験をもつだけに押勝側の与党が山林に逃れ、修行者や信者に紛れ込むのを警戒して、山林寺院における読経悔過（経を読んで罪過を懺悔する仏事）を禁制した（新日本古典文学大系『続日本紀』四、三二一頁脚注二四、五四八頁補注二二、一九九五年、岩波書店）。

だが宝亀元年（七七〇）八月に称徳（孝謙の重祚）が没し、道鏡が下野薬師寺に左遷されると、十月には僧綱から次のような上奏が行われた。

> 山林樹下、長く禅迹を絶ち、伽藍院中、永く梵響を息むれども、俗士の巣許、猶嘉遁を尚ぶ。況むや復、出家の釈衆、寧ぞ閑居する者无からむや。

道鏡による禁制の行き過ぎを指摘し、名利を求めず山中に隠棲した堯の時代の高士として知られる巣父と許由の故事を引きつつ、出家者の山林修行の必然を説いたうえで、

> 伏して乞はくは、長往の徒はその修行するを聴さむことを。

とのべて逆徒に無縁な者の山中禅行の許可を求め、承認された。

こうした動向を経て光仁天皇の宝亀三年（七七二）三月には、十禅師の補任と優待の詔が出され、広達もその二番目に名前が挙げられた。筆頭の秀南の名は他に見えないが、広達以下、延秀・延恵・首勇・清浄・法義・尊敬・永興・光信の十名の中には、皇円『扶桑略記』（国史大系所収）の天平二十一年（七四九）二月条に、行基の死去に際して、その四十九院を全て付嘱されたという光信をはじめ、『霊異記』下巻第一・二縁に登場する永興など、行基流の仏行僧が少なくない（舟ケ崎正孝、前掲書）。

彼らは「或は持戒の称むるに足り、或は看病に声を着す」と讃えられ、「詔して供養を充て、並にその身を終へしめたまふ。当時、称して十禅師とす。その後、闕くること有らば清行の者を択びて補す」とされた。『類聚三代格』（国史大系所収）巻三の宝亀三年三月二十一日付の太政官符には十禅師に対する終身供養の規定があり、禅師一人につき童子二人が充てられ、師には日に米三升、童には一升五合を支給して乞食行をしなくても済むように配慮している。

詔には欠員を補充するとあるので、この十禅師は、宮中で御斎会などの仏事にあたりつつ看病禅師として近侍した内供奉十禅師の先蹤とみられるが、一〇世紀中期の『新儀式』（群書類従六、神道大系古典篇他）第五・臨時下には、内供奉十禅師の任用について、大臣を天皇の前に召し、浄行者ないし深山に住む「苦行超輩」の者の中から選任するとしており、内供奉十禅師の僧が僧綱に任じられた場合、天台宗以外はその職を解かれることも規定する（小山田和夫「内供奉十禅師考」『智証大師円珍の研究』一九九〇年、吉川弘文館）。

こうした十禅師の登用は、道鏡以来の内道場禅師の総入替を目ざした光仁朝の仏教政策の一環をなすものであり（佐久間竜「賢璟」『日本古代僧伝の研究』一九八三年、吉川弘文館）、広達はその中枢に位置したことがわかる。

七　広達説話の形成と継受

『霊異記』には広達をめぐる話と類似するものが、上巻第十二縁にもあることは前述したが、「人畜に履まるる髑髏(ひとがしら)の救ひ収められ、霊しき表を示して現に報ずる縁」と題されたこの話の発端は、次の通りである。

高麗の学生道登は、元興寺の沙門なりき。山背の恵満が家より出でき。往にし大化二年の丙午に、宇治椅を営らむとして往来(かよ)ふ時に髑髏奈良山の渓(さは)にありて、人畜に履まる。法師悲しびて、従者(ともひと)万侶をして木の上に置かしめき。

道登は広達と同じ元興寺僧であり、仏像を彫るために伐採されながら橋に転用された梨の木と、兄に妬まれて殺害され遺棄された弟の髑髏の違いはあるが、交通の要衝で多くの人や獣に踏みつけられ苦しんできたものが済度される点は共通する。

道登が大化二年（六四六）に宇治橋を架けたことは、放生院常光寺（橋寺）の宇治橋断碑（下半欠損部は『帝王編年記』により復原）や、『扶桑略記』にも伝えられるが、『続日本紀』では架橋は道照（昭）によると記す。文武四年（七〇〇）三月十日条の卒伝では道照は河内国丹比郡の船連の出身で、白雉四年（六五三）に遣唐使の一員に加えられて入唐し、玄奘三蔵に師事したという。『宋史』巻四百九十一・日本伝や『仏祖統紀』にも、高宗の永徽四年（六五三）に、同様の記事を載せる。

『続日本紀』ではさらに玄奘が道照の学才を愛して同じ住房に起居させたといい、五十代半ばの玄奘は道照に「吾、昔、西域に往きしとき、路に在りて飢乏(う)うれども、村の乞ふべきところ無かりき。忽ち一の沙門有り、手に梨の子(み)を持ちて、吾に与へて食はしめき。吾啖ひしより後、気力日に健なりき。今汝は是れ梨を持ちたる沙門なり」と語ってその出会いを喜び、励ましたという。道照は玄奘の教えに従って禅定を学び、多くの経論や舎利を与えられて帰国すると、元興寺の東南に禅院を創建して後進を育成し、諸国を巡歴して路傍に井戸を掘り、津に船を儲け、橋を架けたが、宇治橋もその一つであると記す。道登と道照の関係や架橋の年代等をめぐっては狩谷棭斎『古京遺文』をはじめとして諸説あるが（佐久間竜「道照伝私考」前掲書、廣岡義隆「宇治橋断碑」上代文献を読む会編『古京遺文注釈』一九八九年、桜楓社など）、今ここで想起されるのは、玄奘の言葉に出てくる梨の実のエピソードが、吉野桃花の里の秋河の梨の木の椅と、広達による古代の仏像の用材としては類例のない梨を用いた岡堂の三尊像とに一致することである。道登と道照をめぐる伝承は、元興寺のとくに禅院を中心に語り継がれ、上総国から上京した広達もそれらに接する機会があって、吉野で禅行を続ける機縁を把んだのではなかろうか。

『霊異記』に記載された広達の話は、元興寺の禅師の吉野での活動を物語る代表的な伝承の一つとして印象深く受けとめられ、院政期の『今昔物語集』巻十二の第十一話をはじめ、『扶桑略記』二、『三国仏法伝通縁起』巻中、『元亨釈書』巻二十八などのほか、江戸前期の『本朝高僧伝』巻七十五にも収録されて長く読み継がれ、人々の記憶に留められてきたのである。

第五章　墨書土器に見る信仰と習俗

はじめに

八千代市北東部の保品、神野、米本地区に計画された八千代カルチャータウン開発事業に伴なう発掘調査の結果、上谷遺跡、向境遺跡をはじめとする九遺跡から、夥しい量の墨書土器が出土した。千葉県は全国的にみても墨書土器の出土量が多いことで知られているが、その中でも八千代市域からはこれまでの調査で約三〇〇〇点余りが確認され、県内全体の約一割を占める。その大半は一文字だが、人名や地名、紀年などを含む長文のものが多数みられることも、この地域の特色である。

一　墨書土器の記載内容

上谷遺跡で最も数が多いのは「得」と「万」で「竹」が続き、「西」「富」「福」「人」「才」「田」「仁」「寺」「在」「家」「加」「大」「延」「生」「王」「午」「具」「十」「井」「山」「新」「位」などがある。(1) それに対して向境遺跡では「富」「寺」「田」の三文字が目立つ。(2)

近接する村上地区の村上込の内遺跡では「来」「毛」「山」、名主山遺跡では「加」が多く、萱田地区の白幡前遺跡では「生」「立」「廓」「継」、井戸向遺跡では「富」、北海道遺跡でも「富」、権現後遺跡では「生」というように遺跡によって主体となる文字に違いがあり[3]、使用した集団や地域あるいは時期的な差異を反映するものと考えられる。

二字熟語としては上谷遺跡に「七万」「八万」「廾万」「大万」「竹野」「寺芳」「三寶」「大家」「下総」「吉足」「大井」などがあり、向境遺跡では「三寶」が四例と「山人」がある。このうち「廾万」と「大万」などは具体的な数量というよりは招福祈願に関わるものであろう。多数みられる「竹野」は一文字の「竹」と同じく地名をさすと思われる。「大井」「大家」も他の遺跡に出土例があり[4]、やはり地名とみられる。「吉足」は白幡前遺跡の「人足」「赤足」「得足」と同じく人名であろう。「下総」は類例が比較的少なく上谷遺跡にもう一点（後述）ある他は、多古町の信濃台遺跡と成田市の中台遺跡の二点が知られるだけである。

注目に値するのは向境遺跡の「三寶」である。上谷遺跡にも一点あるが、向境遺跡は四点と多いうえに、「寺」も一一点を数え、その内の一点は赤色で彩色された土師器の坏で、仏教的な要素が色濃い。萱田地区の北海道遺跡の墨書土器には「勝光寺」「尼」「経」などがあり、井戸向遺跡からは、「寺」「寺坏」「仏」などの墨書土器の他に奈良三彩の小壺と托、金銅製の小形仏像（菩薩形坐像）が出土している。白幡前遺跡からも「寺」「大寺」「仏」「寺坏」と墨書した土器や奈良三彩小壺、瓦塔などの他、遺跡中央区域で周囲を浅い溝で区画した四面廂付きの堂宇とみられる建物跡が一棟検出され、いわゆる「村落内寺院」の存在が推定されているが[5]、向境遺跡の場合は遺跡の様相がこれらとはやや異なる。報告書によれば八世紀後期から九世紀後期にかけて機能したこの集落の土坑からは碗型鉄滓などの鍛冶関連の遺物が出土するほか、赤色塗彩の野土も多いことなどから、仏教に帰依した集団により、官衙との関係をもつ鍛冶工房が営まれていた可能性が高い。

一方、上谷遺跡で際立っているのは、長文の墨書が多いことである。八世紀末の土師器の甕に人面を墨書した後に三行にわたって、

(1)「下総国印播郡村神郷／丈部廣刀自咩召代進上／延暦十年十月廿二日」

と記したものをはじめとして、九世紀代の土師器の坏に記された墨書には、

(2)「承和二年十八日進／野立家立馬子／召代進」
(3)「丈部麻□女身召代二　／西」「西」
(4)「丈部真里刀女身召代二月十五日」
(5)「丈部□□身召代二月／西」「西」
(6)「丈部稲依身召代二月十五日」
(7)「丈部千総石女進上」
(8)「□□廣友進代弘仁十二年十二月　／田」
(9)「物部真依□　延暦十年十二月」

などがある。他の遺跡から出土した類似の内容をもつものとしては、

(10)「村神郷丈部国依甘魚／（人面）」（八千代市権現後遺跡、九世紀前期・土師器坏）
(11)「丈部乙刀自女形代」（八千代市北海道遺跡、八世紀中期・土師器坏）
(12)「丈部人足召代／（人面）」（八千代市白幡前遺跡、八世紀後期・土師器甕）
(13)「国玉神　上奉　丈部鳥万呂」（印西市鳴神山遺跡、八世紀末・土師器甕）
(14)「丈尼／丈尼／丈部山城方代奉」（同前、八世紀後期・土師器坏）

⒂「同□□丈部刀自女召代進上」（同前、九世紀前期・土師器坏）

⒃「□香取郡大坏郷中臣人成女替承□□年四月四日」（佐原市吉原三王遺跡、九世紀中期・土師器坏）

⒄「丈部真次召代　国神奉／（人面）」（芝山町庄作遺跡、九世紀前期・土師器坏）

⒅「上総□□秋人歳神奉神」（同前、九世紀前期・土師器坏）

⒆「□□命替神奉」（酒々井町、長勝寺脇館跡、九世紀前期・土師器坏）

⒇「罪司進上代」（富里町久能高野遺跡、九世紀前期・土師器坏）

㉑「磐城郡／磐城郷／丈部手子万呂／召代／（人面）」（福島県いわき市荒田目条里遺跡、土師器鉢）

などが主な例である。⑽から⒂までは印旛沼西岸に近接しており、この地域に集中することがわかる。

こうした長文の記載例により、墨書土器によく見られる「召代」「形代」「命替」「方代」「身代」などの語句は、身（＝形＝方＝命）＋召＋代（＝替）という表現形式と同じく、いずれも「身召代」の省略形と見做すことができる、と指摘した平川南氏は、「（冥界に）身を召される代りに」という意味の他に「召代」を神の依り代としての「招代」（おぎしろ）の意義も併せ持つことを示唆した。(6) さらに高島英之氏も『常陸国風土記』那賀郡茨城里の哺時臥山伝承に神の子の小蛇を土器に入れて安置したとあるのに基づき、これらの墨書土器は神霊への饗応に用いるだけでなく、土器自体が依代としての意味をもつ祭祀具で、日用の食器類とは明確に区別されるべきものであったという。(7) 神祇祭祀の場では樹木や御幣などを依代として神々を迎え、飲食や幣帛を供えて祝詞を奏上するが、これらの墨書土器は、祈願する内容を直接書き付けることにより、神饌を盛る器も依代と化すというような古代的思惟の産物であるかも知れない。

一節に列挙した多文字墨書土器にみえる人名のうち、⑼の物部と⒃の中臣以外は、㉑の陸奥国の例まで含めて全て丈部である。千葉県内で出土した人名記載の墨書土器全体をみても丈部が占める割合は圧倒的で、他には雀部（佐倉市高岡大福寺遺跡）、大伴部（八千代市村上込ノ内遺跡）、檜前部（酒々井町伊篠白幡遺跡）、物部（八千代市高津新山遺跡）、日下部（印西市鳴神山遺跡、成田市大袋腰巻遺跡）、軽部（干潟町桜井平遺跡）、火神部（佐原市東野遺跡）、真髪部（佐原市吉原山王遺跡）、占部（同前）、刑部（千葉市中鹿子第二遺跡）、長谷部（市原市上総国分尼寺跡）、大生部（富津市狐塚遺跡）、私部（大網白里町大網山田台遺跡群）、刑部（東金市新林遺跡）などがあるものの、いずれも一例から数例なのに対して、丈部は約三〇例を数え、全体の過半数に達する。(8)

二　招福・延命祈願と疫神祭祀

丈部は主に宮廷の警備や雑使を担当した軍事的性格の強い部民であったと考えられ、『倭名類聚抄』には伊勢国朝明郡、美濃国不破郡、越中国新川郡、下野国河内郡、芳賀郡、安房国長狭郡、陸奥国磐井郡に丈部郷があるので、東海道と東山道のこれらの地域を中心に設定されたことがわかる。他の文献では、『続日本紀』の天応元年（七八一）正月十五日条に下総国印播郡大領（郡司）として丈部直牛養がみえ、『万葉集』巻二十には天平勝宝七歳（七五五）二月の防人歌の中に印波（播）郡の丈部直大麻呂が一首（四三八九）を残す。また正倉院文書の天平十年（七三八）『駿河国正税帳』には、やはり印波（播）郡から貢進されて聖武天皇に近侍した采女として丈部直広成の名前があり、同じく天平宝字六年（七六二）二月十四日付の「奉写大般若経所解」にも丈部高虫という下総の仕丁がいる。(9)これらの史料から、下総国の印播郡には直の姓をもつ丈部氏とその部民が多数居住し、郡司をはじめ、采女や仕丁あるいは防人などとして都との直接的な関係を有していたことがわかるが、丈部の人名を記した墨書土器が多数出土する背景には、こうした事情の反映もあるだろう。

一節の長文墨書に共通する「身召代」とその類似表現は、いずれも「(冥界)に身を召される代りに(供物を捧げる)」ことを意味すると考えられるが、こうした発想を具体的に物語る伝承としてよく引用されるのは、九世紀初期に薬師寺の景戒が撰録した『日本霊異記』中巻第二十四縁「閻羅王の使の鬼、召さるる人の賂を得て免す縁」と同第二十五縁「閻羅王の使の鬼、召さるる人の饗を受けて、恩を報ずる縁」という二つの説話である。ともに冥界の閻羅王の命令で人の命を奪いに来た鬼が、ご馳走を饗応された見返りとして身代りの命と引きかえにするという内容をもつ。前者は引用文から唐の孟献忠編『金剛般若経集験記』に依拠するもので、こうしたモチーフは唐臨編『冥報記』のような中国の志怪小説に広くみられるが、後者の冒頭部に「偉しく百味を備けて、門の左右に祭り、疫神に賂ひて饗しぬ」とあることから、道饗祭のような鬼魅に饗応して侵入を防ごうとする疫神祭儀も下地になっていると思われる。

道饗祭は神祇令によれば月次祭、鎮火祭とともに季夏(陰暦六月)と季冬(同十二月)に行われることになっていた。『続日本紀』天平七年(七三五)八月に、大宰府から流行し始めた疫瘡の拡大を防ぐために、大宰府管内の神祇への奉幣や観世音寺以下の諸寺における『金剛般若経』の読誦、病者への賑給や湯薬の恵施などと併せて行われたのが初見だが、この時は長門以西の諸国における臨時祭であった。『金剛般若経』の読誦は、前述の『日本霊異記』中巻第二十四縁とも共通する。

『延喜式』祝詞では八衢比古、八衢比売、久那斗の三神に幣帛を奉斎して「根の国・底の国より麁び疎び来む者」から守るよう祈願するが、『令義解』や『令集解』では外界から迫り来る鬼魅を斥けるために、京の四方の京極大路において卜部らが路上で鬼魅を饗応して退散させた、と説く。道饗祭祝詞は平安初期頃に大幅な改変を経て現在のような内容になったことが指摘されており[10]、本来は『令義解』などの説くように、鬼魅を饗応して災厄を防ぐことを目的としたと考えられる。

道饗祭と並んで神祇令に祭祀の時期が規定されている鎮火祭が、下野国府跡から出土した木簡に記されているので[11]、これらが都だけでなく地方でも行われたことがわかるが、奈良時代後期になると、道饗祭と類似の疫神祭が新たに始められた。

『続日本紀』宝亀元年（七七〇）六月二十三日条には「疫神を京師の四隅と畿内の十堺とに祭らしむ」とあり、翌二年の三月五日条には「天下の諸国をして疫神を祭らしむ」、同六年（七七五）六月二十二日条にも「使を遣して疫神を畿内の諸国に祭らしむ」という記事があるが、いずれもその理由は明らかではない。宝亀元年の場合は六月初めに由義宮に行幸した称徳天皇の不予が続いていたので、その平癒祈願であろう。翌年春の場合は左大臣藤原永手の急逝、また六年六月の場合は井上内親王と他戸王の死をめぐる政情不安に対応して行われた可能性が高い。その後も『続日本後紀』承和六年（八三九）閏正月二十三日条には、疫疾のため死者が多く、国分寺まで『大般若経』を転読し、僧医が治療にあたるとともに、郷邑で季毎に疫神を祀るよう命じている。同九年三月の場合は雨が少なく播種に支障が生じたため、やはり諸国の国分寺で『金剛般若経』を読誦して薬師悔過を行なうとともに殺生を禁断し、あわせて国司が率先して精進斎戒して疫神を祀り、豊稔を祈願したように、仏教的色彩を強めている。

これらの記事から疫病に対する畏怖と警戒心の広がりを看取できるが、その結果、『延喜式』神祇臨時祭式に、宮城四隅疫神祭、京城四隅疫神祭、畿内堺十処疫神祭をはじめ、八衢祭、堺祭障神祭など諸種の疫神祭が記載されるに至った[12]。

第一節に挙げた「身召代」関係の墨書土器もこのような環境の中で用いられたものと思われる。上谷遺跡出土の(3)

や(5)は「身召代」を含む文字を薄くした上に、新たに濃く「西」と墨書し、住居跡の南隅の壁際から同様の墨書土器と二枚重ねた状態で出土しており、何らかの祭祀の場であった可能性が推測されているが、(13)「西」の文字は疫神の侵入を防ぐための結界を示すものかも知れない。古代の建物遺構からは東西中南北の方位を記した墨書土器が銭貨などと一緒に出土する例が各地にみられ、地鎮に関わるものと解釈されているが、(14)上谷遺跡では方位を記した墨書土器は「西」に集中し、権現後遺跡では「南」が四点、井戸向遺跡では「中」が出土しているので、集落を越えた広範囲に及ぶ祭儀が営まれた可能性もある。

疾病の流行が、深刻な影響をもたらす都では、政争の激化に伴なう犠牲者の祟り（怨霊）への畏怖とも相俟って、祓と饗応による疫神祭儀が多様化する中で、新たな問題も生まれた。『続日本紀』宝亀十一年（七八〇）十二月十四日条には、平城京とその周辺で「此来、無知の百姓、巫覡を搆合いて妄に淫祀を祟め、蒭狗の設、符書の類、百方に怪を作して街路に塡ち溢る。事に託せて福を求め、還りて厭魅に渉る」という状況を呈しているので、これらの行為を厳しく禁断するが、疾病のある者が京外で祈祀する場合に限り容認する、という勅が出された。この勅では京内か京外かという点が重視され、百姓らが巫覡に呪術的行為を求めることが、内裏を中心とする都の清浄保全と政治的観点の両面から警戒されている。

この勅で述べられた巫覡による呪法は、賊盗律の厭魅条に、「凡そ憎み悪む所有りて、厭魅を造り、及び符書呪詛を造りて、以て人を殺さむとせらむは、各謀殺を以て論じて二等減ぜよ。（後略）」というように厭魅や符書を造作して人を呪詛する行為に対する罰則規定や、僧尼令の卜相吉凶条に「凡そ僧尼、吉凶を卜ひ相り、及び小道、巫術して病療らば、皆還俗。其れ仏法に依りて、呪を持して疾を救はむは、禁むる限りに在らず」と規定して僧侶が仏法の持呪以外の道術符禁などによる治療行為を行なうことを禁ずる法令の文言を踏まえるものである。

畿内の百姓は巫覡に対して治病だけでなく、人形などの呪物を用いて淫祀を祀り、事に託せて福を求めたというが、巫覡と呼ばれるような民間の宗教者が諸種の呪法を行なったことは、例えば『日本書紀』皇極天皇元年（六四二）七月二十五日条の雨乞いの記事に「村々の祝部の所教の随に、或いは牛馬を殺して諸の社の神を祭る」とあることからも推測できる。

古代下総の集落遺跡から出土した信仰や呪術に関わると思われる墨書土器が、どのような宗教者によって用いられたのかは明らかではないが、多数の「得」「福」「富」や「万」「七万」「八万」「廿万」「大万」などは、いずれも福徳の祈願と関係するものだろう。また井戸向遺跡からは「厭」や「鬼」の文字が記された九世紀中期の土師器の坏が出土しており、同時期の平城京とその周辺の様相とも符合する。

また県内各地の遺跡からは「神」と墨書した土器も多数出土しているが、なかには「国玉神」（印西市鳴神山遺跡、佐原市東野遺跡、芝山町庄作遺跡）、「歳神」（成田市大袋腰巻遺跡）、「石神」（東庄町小座ふちき遺跡）、「竃神」（芝山町庄作遺跡）のように個有の名称の付いた神格もみえており、その多様性が窺える。

奈良時代から平安時代前期の東国、特に下総、上総地域では、畿内との通交によって早くから仏教が浸透し[15]、在地の神々をめぐる信仰と習合しながら独自の精神世界を形成したことが、これらの墨書土器を通じて具体的に把握できるのである。

註

（1）『上谷遺跡』第一～四分冊（二〇〇一～〇四年、八千代市遺跡調査会）。
（2）『向境遺跡』（二〇〇四年、八千代市遺跡調査会）。

(3)『八千代市の歴史』資料編　原始・古代・中世（一九九一年、八千代市史編さん委員会）、『千葉県の歴史』資料編・古代（一九九六年、千葉県史料研究財団）。

(4)「大家」は井戸向遺跡と白幡前遺跡のほか、佐原市の吉原三王遺跡、長部山遺跡、仁井宿東遺跡などでも出土している。

(5)須田勉「平安時代初期における村落内寺院の存在形態」（『古代探叢Ⅱ』一九八五年、早稲田大学出版部）、高木博彦「墨書土器からみた房総古代仏教の一側面」（『ＭＵＳＥＵＭちば』一〇号、一九七九年、千葉県博物館協会）、千葉県立房総風土記の丘「『シンポジウム　平安時代の村落と仏教』記録集」（『千葉県立房総風土記の丘年報』一四号、一九九一年）など。

(6)平川南「〝古代人の死〟と墨書土器」（『国立歴史民俗博物館研究報告』六八集、一九九六年、『墨書土器の研究』二〇〇〇年、吉川弘文館に所収）。

(7)高島英之「第二章　墨書土器と村落祭祀」（『古代出土文字資料の研究』二〇〇〇年、東京堂出版）。

(8)『千葉県の歴史』通史編・古代2（二〇〇一年、千葉県史料研究財団）。

(9)佐伯有清『新撰姓氏録の研究』考證篇第二（一九八二年、吉川弘文館）、同「丈部氏および丈部の基礎的研究」（『日本古代氏族の研究』一九八五年、吉川弘文館）。

(10)三宅和朗「『延喜式』祝詞の成立」（『古代国家の神祇と祭祀』一九九五年、吉川弘文館）。

(11)『下野国府跡』（栃木県埋蔵文化財調査報告第七四集、一九八七年、栃木県教育委員会）所収、第四一七三号木簡。

(12)笹生衛「奈良・平安時代における疫神観の諸相」（二十二社研究会編『平安時代の神社の祭祀』一九八六年、国書刊行会）、宮崎健司「奈良末・平安初期における疫神祭祀」（日野昭編『日本古代の社会と宗教』一九九六年、永田文昌堂）、増尾伸一郎「都城の鎮祭と〈疫神〉祭儀の展開」（増尾伸一郎・工藤健一・北條勝貴編『環境と心性の文化史』下巻、二〇〇三年、勉誠出版）など。

(13)『上谷遺跡』第二分冊、（二〇〇三年、八千代市遺跡調査会）一八六頁。

(14)水野正好「まじないの考古学・事始」（『どるめん』一八号、一九八七年、ＪＩＣＣ出版局）以下、一連の論考。

(15)原島礼二・金井塚良一編『古代を考える・東国と大和政権』（一九九四年、吉川弘文館）など。

補論　律令制下の「村神郷」

――墨書土器が物語るもの――

一　村神郷の位置

東京成徳大学が所在する八千代市は一九六〇年代から急速に宅地化開発が進み、多数の遺跡の発掘調査が行われてきました。その結果、新川をはさんだ東西の台地を中心に、先土器時代まで遡る遺物が出土したほか、弥生時代から古墳時代、さらに奈良、平安時代にいたる時期の大規模な集落遺跡群が発掘されています（図16）。

古代にはこの地域は下総国印旛郡に属しましたが、平安時代中期の承平年間（九三一～九三七）に源順が編んだ最初の分類体百科辞書である『倭名類聚抄』（和名抄）によると、印旛郡は、八代、印旛、言美、三宅、長隈、鳥矢、吉高、船穂、曰理、村神、余戸の一一郷からなることがわかります。これらの郷が現在どの地区にあたるかという問題については、幕末の佐原の国学者清宮秀堅（せいみやひでかた）の『下総国旧事考』（一八四五年）をはじめ、邨岡良弼『日本地理志料』（一九〇三年）、吉田東伍『大日本地名辞書』（一九〇〇～一九〇七年）などが、それぞれ地名の比定を試みていますが、見解の分かれるところも少なくありません。

このうち現在まで残る地名との対比から、村神郷は八千代市村上周辺、八代郷は成田市八代周辺、長隈郷は佐倉市長隈周辺、吉高郷は印旛村吉高周辺、船穂郷は印西市舟尾周辺、余戸郷は佐倉市天辺周辺にあたると考えられてきま

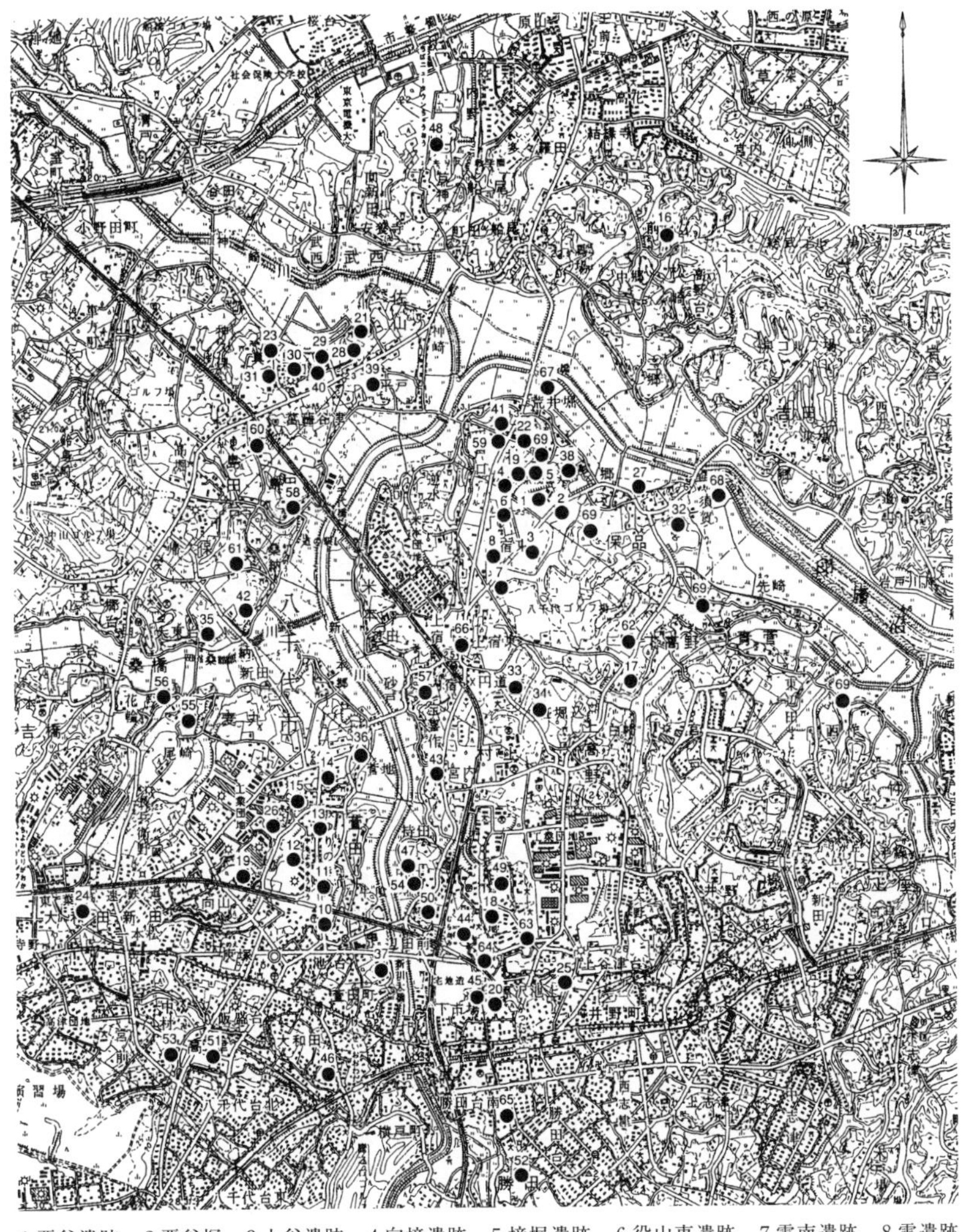

１栗谷遺跡　２栗谷塚　３上谷遺跡　４向境遺跡　５境堀遺跡　６役山東遺跡　７雷南遺跡　８雷遺跡　９神野群集塚　10白幡前遺跡　11井戸向遺跡　12坊山遺跡　13北海道遺跡　14権現後遺跡　15ヲサル山遺跡　16松崎遺跡群　17下高野新山遺跡　18村上込の内遺跡　19向山遺跡　20沖塚遺跡　21佐山貝塚　22神野貝塚　23瓜ヶ作遺跡　24ヲイノ作南遺跡　25二重堀遺跡　26ヲサル山南遺跡　27大江間遺跡　28田原窪遺跡　29佐山台遺跡　30東山久保遺跡　31松原遺跡　32　おおびた遺跡　33阿蘇中学校東側遺跡　34　平沢遺跡　35桑橋新田遺跡　36萱地ノ台遺跡　37川崎山遺跡　38栗谷古墳　39平戸台古墳群　40佐山台１号古墳　41神野芝山古墳群　42桑納古墳群　43七百余所神社古墳　44根上神社古墳　45沖塚古墳　46堰場台古墳　47持田遺跡　48鳴神山遺跡　49名主山遺跡　50浅間内遺跡　51高津新山遺跡　52勝田大作遺跡　53高津館跡　54正覚院館跡　55　尾崎館跡　56吉橋城跡　57米本城跡　58島田城跡　59神野新山塚群　60島田塚群　61　熊野神社群集墳　62作畑塚群　63村上第１塚群　64村上第２塚群　65勝田台群集塚　66　米本宿　67神野の渡し船　68保品の渡し船　69佐倉往還道

図16　東京成徳大学周辺の遺跡分布（八千代市遺跡調査会『栗谷遺跡』第一分冊）

図17　下総国印旛郡とその周辺の郡郷（『八千代市の歴史』資料編　原始・古代・中世）

した（図17）。

東京成徳大学に最も近い村神郷は、『和名抄』以後の文献史料では、江戸初期の文書に現在と同じ「村上村」が見えるのが最も古く、中世の様子はわかりませんが、一九七七年から八一年にかけて調査が行われた、新川をはさんで村上地区とは対岸にあたる萱田地区の権現後遺跡から出土した墨書土器によって、村神郷が現在の村上地区にとどまらず、萱田地区も含む、かなり広い地域に及ぶことが明らかになりました。

二　墨書土器とその内容

関東地方は全国的に見ても土器に墨で文字や絵や記号を記した墨書土器が多数出土するのですが、房総地方はとりわけその数が多いことで知られています。

権現後遺跡は萱田遺跡群の中では最も北に位置しており、東側は新川、南側は須久茂谷津に面しています。この遺跡からは奈良、平安時代の竪穴住居群六八棟、掘立柱建物群一七棟をはじめ、土器焼成坑七基、方形墳墓二基も検出されています。この集落は八世紀中期から後期にかけて成立し、一時断絶したのち、九世紀に入って再び開発されたようです。

この遺跡の竪穴住居跡から出土した比較的大形の坏形土器の一つに、口唇部と平行に体部外面に鬚（あごひげ）をはやした顔が描かれ（一部破損）、その後に、「村神郷丈部国依甘魚」という文字が書かれたものがありました（図18）。

このように顔が描かれた土器のことを人面墨書土器と呼びますが、この土器は口径が一六チセン、底径が八・五チセンほどある土師器で、その形状から九世紀中期頃のものと考えられています。

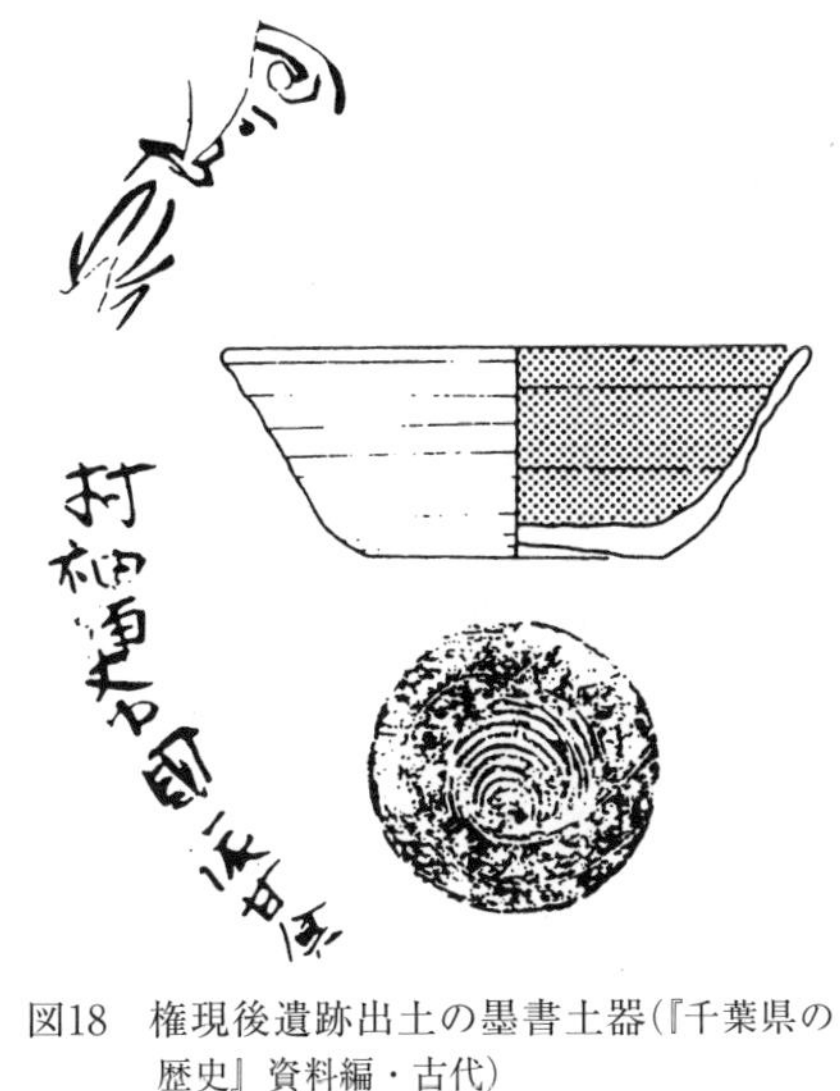

図18　権現後遺跡出土の墨書土器（『千葉県の歴史』資料編・古代）

「村神郷」という文字は、この他にも萱田地区の北海道遺跡から出土した九世紀前期の坏や、大学のある保品の上谷遺跡から出土した八世紀末期の甕と、九世紀の坏にも記されているのですが、その一方で、やはり萱田地区の白幡前遺跡から出土した八世紀後期の須恵器の坏に「草田」と書かれたものがありました。「草田」は『和名抄』では「草」を「加夜（かや）」と訓んだ例があるので「萱田」をさすとみられます。萱田遺跡群は八世紀中期から開発が本格化し、八世紀後期から九世紀前期をピークとして、九世紀後期には衰退したことが判明していますので、『和名抄』に記載されるよりも一世紀以上前の奈良時代には村神郷のほかに萱田郷があったものの、平安時代に入って萱田郷の一部が衰退するのに伴って村神郷に包含されたのかも知れません。

権現後遺跡から出土した墨書土器には「村神郷」に続いて

「丈部国依」という人名が書かれていますが、これは「はせつかべのくにより」と訓みます。

丈部のような「部」姓民は、七世紀半ばの大化改新以前に大和政権や諸豪族が個別に支配していた農民や職能集団をさします。彼らはさまざまな物資の貢納や労働力を提供しましたが、丈部は主に宮廷の警備や雑使を担当した軍事的な性格の強い部民であったと考えられています。

『和名抄』をみると「丈部」という地名は伊勢国朝明郡、美濃国不破郡、越中国新川郡、下野国河内郡、芳賀郡、安房国長狭郡、陸奥国磐井郡など東海道と東山道に多く、これらの地域を中心に設定されたことがわかります。他の文献では、奈良時代の正史である『続日本紀』の天応元年（七八一）正月十五日条に、下総国印旛郡大領（郡司）として丈部直牛養がみえ、『万葉集』巻二十には天平勝宝七歳（七五五）二月の防人歌のなかに、

潮船の　舳越そ白波　にはしくも　負ふせ　たまほか　思はへなくに　（四三八九）

という一首を残す印波（播）郡の丈部直大麻呂がいます。

また正倉院に伝わった天平十年（七三八）の「駿河国正税帳」の中に、やはり印波（旛）郡から貢進されて聖武天皇に近侍した采女として丈部直広成の名前があり、同じく正倉院文書の天平宝字六年（七六二）二月十四日付の「奉写大般若経所解」にも、丈部高虫という下総国の仕丁がいます。仕丁というのは五十戸（一里）から正丁（二十一〜六十歳の男子）二名が選ばれ、京の諸司などで労役に就いた人々をさします。

こうした文献史料から、下総国の印旛郡には丈部氏が数多く住居し、郡司をはじめ、采女や仕丁、あるいは防人などとして平城京との結びつきをもっていたことがわかりますが、八千代市を中心とする地域から出土した墨書土器に記された人名としては丈部が大半を占め、その広がりを端的に示しています。そのうちの主なものを挙げてみましょう。

○北海道遺跡

・丈部乙刀自女形代（八世紀中期の土師器の坏）

○白幡前遺跡

・丈部人足召代（八世紀後期の土師器の甕）

　他に「赤足」「得足」など。

○上谷遺跡

・下総国印播郡村神郷丈部□刀自咩召代進上　延暦十年十月二十二日（八世紀末期の土師器の甕）

・丈部真里刀女身召代二月十五日（九世紀中期の坏）

・丈部麻□女身召代二月　西（以下、いずれも九世紀中期の坏）

・丈部稲依身召代二月十五日

・丈部阿□女身召代二月　西

・丈部千総石女進上

・丈部申万

・丈部角麻呂

これらの他にも「丈」とだけ記したものもありますが、丈部以外の氏姓としては「大伴部」（権現後遺跡）や「物部」（高津新山遺跡）、「物部真依□　延暦十年十二月」（上谷遺跡）のように、大伴部と物部が知られるだけですから、この地域には奈良時代から平安初期にかけて、丈部氏の一族を中心とする集落がいくつも形成されていたと考えられます。

これらの墨書をみて気付くことは、二月をはじめとする年月日とともに「召代」とか「進上」といった言葉が書か

図19　白幡前遺跡出土の墨書土器（『八千代市の歴史』資料編　原始・古代・中世）

れている例が多いことです。「召代」や「身召代」は「我が身を召さるる代りに」の意であり、「進上」は神々に供物を捧げることをさすと思われます。とすれば権現後遺跡の「村神郷丈部国依甘魚」は、村神郷に住む丈部国依という男性が、自分の身を召される代わりに甘魚を捧げる、と解釈してよさそうです。供物を捧げる相手は、恐らく鬚をはやした顔が描かれている人物だと思われますが、白幡前遺跡出土の「丈部人足召代」という人面墨書土器と同様に、これは人物というよりは、病気や災厄をもたらす疫神と考えられています（図19）。

三　集落の信仰

九世紀初期に薬師寺の僧景戒が編纂した『日本霊異記』には、「閻羅王の使の鬼、召さるる人の賂を得て免す縁」（中巻第二十四縁）と「閻羅王の使の鬼、召さるる人の饗（あえ）を受けて、恩を報ずる縁」（同第二十五縁）という二つの説話があります。ともに冥界の閻羅王の命令で人の命を奪いに来た鬼が、ご馳走を饗応された見返りに身代りの命と引きかえにするという内容で、前者は結びの引用文から唐の孟献忠編『金剛般若経集験記』に依拠することがわかっています。このようなモチーフの仏教説話は唐の唐臨編『冥報記』などにもみられるものなので、これらの「身召代」「進上」など書かれた墨書土器も、同様の発想や知識に基づくものかも知れません。

萱田遺跡群には仏教との関係を示す遺構や出土品も含まれています。とくに白幡前遺跡からは、四面廂の掘立柱建物を中心とした、村落内寺院ともいうべき遺構をはじめ、瓦塔や「仏」と墨書された鉢や蓋、「寺坏」と記された土師器杯などが検出されています。また井戸向遺跡からも「寺坏」や「仏」の墨書土器が出土し、北海道遺跡からは「勝光寺」という墨書土器も出土していますので、民間の寺院が造営されていたと考えてよいでしょう。

一方、疫神を祀る儀礼は神祇官でも行っていました。神祇令の規定では六月と十二月に京城の防火を祈願する鎮火祭とともに、京城に厄疫神が侵入するのを防ぐために、幣帛を捧げて祝詞を奏上する道饗祭が行われることになっていました。地方でも同様の祭儀が行われたことが推測されますが、印西市の鳴神山遺跡から出土した八世紀後半の小型の甕に書かれた「国玉神　上奉　丈部鳥万呂」や、芝山町の庄作遺跡から出土した九世紀後半の杯に「丈部真次召代　国神奉（人面）」と記された例をはじめとして、「国玉神」「国神」「大神」「歳神」「竈神」などの神名は、「神主」「神屋」「神宮」などと墨書された土器も各地の遺跡から多数出土していますので、仏教だけでなく、神祇信仰との関わりも想定する必要があるでしょう。

『日本書紀』皇極天皇元年（六四二）七月条には、長く日照りが続いたので「村々の祝部」の教えに従って牛馬を殺し、諸の社の神を祭ったり、市を移して河伯の神（水神）に祈ったが効果はなかった、という記事があります。この後、僧侶たちが百済大寺の南庭に参集して仏像を荘厳し、『大雲経』などを誦したところ微雨が降り、次いで天皇が南淵の川上で四方を拝んだところ、雷鳴がして五日にわたって大雨が降ったというのです。これは天皇の儒教的な徳治を強調する話ですが、「村々の祝部」と「寺々の僧」とが、効験のほどはともかくとして、それぞれに祈雨儀礼を行っている点に注目したいと思います。おそらく疫神を斥けようとする場合にも「村々の祝部」と呼ばれたような神々を祀る者たちと、僧尼たちは、在地の人々の要請を受けて、それぞれの方法で類似の祭儀を行ったのではないでしょうか。

関東地方、とくに房総地方から出土した夥しい量の墨書土器は、従来の文献史料からは明確に知ることが出来なかった在地の生活や信仰の実態について、きわめて具体的に物語ってくれるのです。

〔主要参考文献〕

八千代市史編さん委員会『八千代市の歴史』資料編　原始・古代・中世（一九九一年）
千葉県史料研究財団『千葉県の歴史』資料編・古代（一九九六年）
千葉県史料研究財団『千葉県の歴史』通史編・古代二（二〇〇一年）
八千代市遺跡調査会『栗谷遺跡』第一分冊（二〇〇一年）他、一連の八千代カルチャータウン開発事業関連埋蔵文化財調査報告書
佐伯有清「丈部氏および丈部の基礎的研究」（『日本古代氏族の研究』一九八五年、吉川弘文館）
平川南『墨書土器の研究』（二〇〇〇年、吉川弘文館）
高島英之『古代出土文字資料の研究』（二〇〇〇年、東京堂出版）
木村衡『古代民衆寺院史への視点』（二〇〇四年、岩田書院）

増尾伸一郎氏の典籍・文化史研究

早川万年

一　本書の概要

本書に収められた諸論考は、増尾伸一郎氏の研究生活のなかでは、比較的近年の発表にかかるものが多い。氏の単著としては、一九九七年刊行の『万葉歌人と中国思想』（吉川弘文館）があり、山上憶良・大伴旅人を中心に、万葉歌の表現とその背後の思想に目を向け、緻密な考察を示された。また、道教思想への深い造詣をもとに、日本に舶載された道教的色彩の濃い経典を分析した一連の業績があり、この分野の論文集は、汲古書院から近時刊行の予定である。

これに対して本書は、古代文化史研究の論考を集成したものである。

第一部において、七世紀後半における天皇号の成立を、朝鮮半島（新羅）からの影響を含め、道教的な思想との関連から分析するとともに（第一章）、第二章では、淳和・仁明天皇らが服用したという不老長生薬「金液丹」に注目して、道教的な医方術が朝鮮半島と密接な関係をもつ「禅師」によってもたらされ、平安前期には宮中・摂関家の一部に取り入れられたとする。

第二部は、典籍の考察を中心としたものである。第二章以下の『藤氏家伝』『日本霊異記』『三宝絵』のいずれも、研究会での共同研究を基礎としており、氏の研究手法がどの論考にも如実にあらわれている。第一章は、前著『万葉歌人と中国思想』を踏まえて、その後の道教関係経典への考察を織り込みながら、より広い読者を想定して論述されたものである。『霊異記』（第三章）については二〇〇四年の発表、『三宝絵』（第四章）は二〇〇八年、『藤氏家伝』（第二章）は二〇一一年と、対象とする文献は変わるものの、順次、氏の検討の深まっていくさまが窺われる論考である。ここでは伝来した漢籍（経典）の影響とともに、日本で成立した典籍相互の関係にも言及されている。

第三部には、地域としての東国を取り上げた論考が収められている。発表年は第一章・第二章の力作がともに一九九九年と、本書所収論文のなかではもっとも早い。氏の関心が早くから東北、関東にあったことは、筑波大学の卒業論文において古代東北地方の仏教美術を取り上げたことからも明らかであるが、大学院生の頃にも、指導教官であった井上辰雄氏とともに、茨城県内をしばしば巡り、その一端が「農耕神事から歌舞遊宴へ──『常陸国風土記』の嬥歌と神──」（『えとのす』二八、一九八五年）や、「在地の固有信仰と律令国家──『風土記』の伝承を素材として──」（『古代史研究の最前線』文化編上所収、雄山閣、一九八七年）など、早い時期の論考に示されている。また、氏の勤務校であった東京成徳大学の所在地に即した研究として、『房総を学ぶ』（東京成徳大学人文学部日本伝統文化学科「房総地域文化研究プロジェクト記録集」）所収のいくつかの論考がある。二〇〇一年度から開始されたこのプロジェクトにおいては教員・学生・市民三者が集まり、学習研究会・特別講演会等が開催された。氏は折々に講演会の「司会進行役」を勤めていたようである。第三部には、これら学内誌や発掘報告書所載の考察が、補論を含め三点収められている。

二　典籍と思想の研究

氏の主要な関心が中国撰述経典等の典籍にあったことは言うまでもないが、当初は古代文化史、それも仏教説話や

『万葉集』の研究に力点を置いていた。氏の手法は、日本古代の漢文表現を中国の古典籍との影響関係から分析し、仏教的あるいは道教的な思想を抽出するところに特色があった。この分野に関しては、思想史や文学の立場から多くの研究がなされており、増尾氏も早くからそれらを参照しながら、出典論を深めていったと言えよう。ただ氏の場合は、表現上の文言にとどまらず、作者なり作品の背後の思想性により大きな関心を抱いていた。

このことを、第二部第三章で扱われる『日本霊異記』に即して紹介すると、氏は「尸解仙」「仙薬と昇仙」「不孝」「五常と五戒」に関するいくつもの説話を分析しつつ、『霊異記』の著者景戒が「仏儒道三教への柔軟な理解」のもと、「それぞれの教説の差異を見定めたうえで相互に共通する要素に注目した」（二三五〜二三六頁）とする。ここで氏が取り上げた尸解仙等については、それぞれ中国の古典に見られるところであり、そこに仏儒道の三教が関わるとともに、三教が融和・混交する場合もしばしば見られた。増尾氏は、中国の典籍への理解のもとに日本古代の漢文作品に目を向ける。『日本霊異記』では景戒の思想性を中心に置きながら、『万葉集』の山上憶良、そして空海を取り上げ、その共通するところを指摘する。空海の場合は『三教指帰』『聾瞽指帰』において仏教の卓越を述べてはいても、儒教道教への関心も深く、諸思想に柔軟な視点を有していたとする。

つまり、『万葉集』や『日本霊異記』を題材とするにあたっても、その表現を出典論の立場から考察するだけでなく、作者の意図や思想性を、中国の典籍の受容から分析することに主眼を置き、なおかつそれら日本の古典の相互比較に論が及んでいたのである。

この点から注目できるのは、『藤氏家伝』と『懐風藻』の比較検証である（第二部第二章）。氏は『懐風藻』の編者を葛井連広成と推定するとともに、『懐風藻』が藤原武智麻呂や仲麻呂に厳しい姿勢をとっているのに対して、『藤氏家伝』は武智麻呂から仲麻呂という藤原氏の流れを宣揚することを目的としていたとする。『藤氏家伝』の撰述意図についても、文芸としての表現から考察を深め、『懐風藻』に対抗する恵美家の氏族的な矜恃がそこに伏在していたとする。その際には、『経国集』巻二十所載の白猪史（葛井）広成の対策文にも言及し、「『懐風藻』の全体を貫く時代思潮」を指摘する。

典籍を考察するにあたって、文献の相互関係を考察すること自体は、文学研究の一つの主要な柱であるが、増尾氏の場合は、中国・朝鮮そして日本国内の典籍を総合的な視野のもとで捉えていたと言えよう。

三　東国・朝鮮古代文化への眼差し

次に指摘しておきたいことは、第三部に見られるような、古代東国への一貫した関心である。氏の出身地が山梨県であり、東京はもちろん、千葉・茨城・神奈川といった関東一円に土地勘があったことを背景に、寺社や文化財だけでなく、伝統芸能や地域の伝承にまで氏は多様な知識を有していた。栃木県の『二宮町史』（通史編・古代中世、二〇〇八年）の執筆や、勤務先である東京成徳大学近辺の遺跡から出土した墨書土器の考察（本書第三部所収）も、やはり地域に即した考察である。

ただ氏の古代地域史研究においては、やはり典籍が取り上げられる場合が多い。第三部第一章の『常陸国風土記』の研究においても、その撰録にあたって藤原宇合が関与したことを述べるために、『懐風藻』所載の宇合の作詩六首との詳細な比較を試みる。その結果として『常陸国風土記』（原撰本）の成立には宇合が深く関わっていたと推定する。その上で、風土記に見られるような常陸を神仙郷と意識する考えは、やはり宇合によって主導されており、都からみて東方の果てに位置する鹿島・香取の二神に、中国的な要素を含む新たな神威を付与する意図があったからであると論じている。

この研究においても、典籍の表現を出典論から深めていき、さらにはその成立の思想的、政治的な背景を推察するという取り組みが示されている。なお、その末尾には、『風土記』所載の「仏が浜」の観音像を日立市小木津町の磨崖仏と比定する説が紹介されているが、そこには現地に出かけ、実物を観察することを心がけた氏の姿勢が窺えよう。

増尾氏は、豊田短大在職頃からしばしば韓国に赴き、各地を調査するとともに、博物館を訪れ、また書店を巡っていた。中国のみならずベトナムにも及んだアジア探訪は、氏の研究の視野を飛躍させるものであったが、早く大学院学生の頃に、韓国や台湾からの留学生と懇意であり、東京成徳大時代も留学生との交流に積極的であったようである。かねてから東アジアに共通する思想や宗教に深い関心を持ち、実際に現地に赴き、また多数の関係書籍を入手するに及んで、氏のこの方面への研究は、まさに余人をもって代え難い域に達しつつあったと言えよう。第三部第二章の論文などは、朝鮮の金石文への氏の深い知見がいかんなく発揮されたものである。

増尾氏の筑波大大学院での修士論文は、日本古代における道教受容に関する内容であって、仏教史や神道史に比べて研究者の乏しい分野に正面から挑むものであった。それをきっかけに、難解な中国撰述経典の世界に目を向け、各所蔵機関に赴き、多くの写真版をも入手し、内外の思想史研究者と意見交流を深めながらじつに多くの文献資料を考察の対象としていった。

その立場は歴史学にありながら、『懐風藻』『万葉集』『日本霊異記』『今昔物語集』といった作品についても、文芸表現だけでなく、かかる思想・宗教の融合性を念頭に検証を加えていったのである。氏が東アジア全体への視野を有していたことともに、文学の研究者とも長く交流を重ねてきたことがその背景にあった。その上で氏は、あえて「周縁」とも見なされる領域を一貫して研究対象とした。日本における道教受容、疑偽経典の研究は従来、それほど注目されてはいなかった。ところがそこには日本の文化形成を考える上にきわめて重要かつ豊潤な要素が含まれていたのである。それは複雑な性格を有する問題であるだけに考察も困難であり、氏のように人文学の多様な手法を理解していてはじめて有益な業績をあげる分野であった。「日本において展開する仏教文化の多様性と複合性」（本書一六二頁）を考察するのは、まさに複合性を自ら体現してきた氏の研究においてこそ可能であったのである。

四　東アジアの「知の営み」への視線

以上述べてきたように、本書に見られる増尾氏の研究は、典籍の研究、それも表現を比較考察し、思想史に及ぶところに特色があったが、『万葉集』に関する氏の著作、それに中国撰述経典の日本への影響に関する一連の研究についても、その点で共通するところが大きい。氏の関心はもともと文学を中心とする「表現」の考察にあった。それは古代の典籍に限られたわけではなく、時代を通じてであり、おそらくはもともと、近世・近代に、より大きな関心を抱いていたようであった。また、文芸・言語だけでなく、美術や芸能など、広く人間の表現するもの、そしてその背後にある思考や習俗も、氏の旺盛な知的探究の対象であった。したがって、氏の読書はきわめて多岐にわたり、典籍の研究であればその典籍そのものだけでなく、その書物の受容なり批判的研究なりが、氏の興味の向けられるところであった。『万葉集』であれば万葉研究史が、道教であれば道教研究史が氏にとって考察の対象であった。それゆえ日本のみならず、韓国をはじめ海外においても丹念に資料を渉猟し、研究論文の入手、閲覧に多大の努力を傾注した。その結果として、非常に数多い先行研究が参照されている。本書所収の論考の多くは、出版社等の企画によるものとして、参考文献の掲出には自ずと制約があったと思われるが、それでも氏による先行研究、資料の参照の広さは十分窺い知ることができる。

このことは、増尾氏が過去の遺産としての文物を、その価値や意義を明らかにしてきた先人たちの知の営みと不可分のものとして把握していたことを意味する。したがって、氏にとっての研究は、つねに広範な人文学・東洋学への批評としての性格を有し、過去の典籍を読み直すにとどまらず、その価値を追求してきた数々の業績とも対峙し、「読み直す」作業を自らに課していた。増尾氏が晩年に、柳田国男や南方熊楠、高木敏雄、孫晋泰といった知の巨人たちを取り上げていたのも、じつは早くから氏が志向するところであった。


本書は、古代の典籍を取り上げながら、中国・朝鮮において生成、展開した宗教思想の日本における受容に主眼点が設けられている。本書所収の論考は、専門研究者以外にも読者を想定していたものが少なくないが、一書にまとめたことによって、このような氏の研究の特色はよく伝わることと思う。

氏は東アジアの古典世界というきわめて広い研究対象を視野に入れていたが、同時に、典籍を生み出した風土や人々の実生活を温かな目線で眺めていた。人間と社会、その複雑で多様な表現のあり方とその背後の思想性こそ、氏が一貫して追及し続けたものであった。晩年は何度も入院するなど、健康に恵まれていたわけではなかったが、さまざまな研究会や調査旅行に赴き、多くの人たちと談論し、その豊富な話題は尽きることがなかった。とともに、長きにわたって書物を蒐集し、その読書ぶりは相変わらず、すさまじいばかりであった。読みかつ真剣に思索したのが氏の研究生活の基軸であった。

一見磊落に見えながら、じつはきわめて繊細であった氏の心のうちにどれほど真摯な研鑽があったことか。氏の思索がどれほど貴重な知の凝縮であったか。それを思うとき、氏との早すぎる別離が残念でならない。

〔付記〕　増尾氏が亡くなってから大学の研究室を整理していた際、授業科目「日本文化史」（前期・後期）のシラバスを見つけた。非常勤講師を務めていた大学のものであろうが、大学名や年度は記されていない。そこには氏の構想が端的に示されているように感じられる。以下に紹介しておきたい。

・授業科目　日本文化史Ａ（前期）

・授業の概要　古代から中世にかけての代表的な古典作品のなかから、さまざまな人間とその生活に関する記述を中心に講読し、その背景にある歴史的特質にも留意しつつ、「人間とは何か」について考える。

・授業計画

1　貧富　『風土記』の蘇民将来伝承を中心に
2　生と死　『万葉集』の大伴旅人と山上憶良
3　兵士　『万葉集』の防人歌
4　政争　『懐風藻』の長屋王と藤原宇合・麻呂
5　母と子　『日本霊異記』の民衆像
6　旅と別離　『古今和歌集』の羈旅歌と土佐日記
7　憧憬　浦島と羽衣の伝承と『竹取物語』
8　棄老　『大和物語』の姥捨てと『枕草子』蟻通し
9　恋と笑い　『伊勢物語』と『似勢物語』
10　病と怨恨　『源氏物語』の物の気と物の怪
11　庶民　『今昔物語集』の庶民群像
12　漂泊　『梁塵秘抄』と『新猿楽記』の遊女・白拍子
13　災害　『方丈記』にみる地震と火災
14　知恵　キリシタン版『伊曽保物語』の系譜
15　総括

・授業科目　日本文化史B（後期）

・授業の概要　古代から近世にかけての外来宗教（仏教・儒教・道教・キリスト教など）と基層的民俗宗教（神祇信仰・陰陽道・修験道など）との歴史的重層性について、文献史料の講読を通して考察する。

・授業計画

1　神々と地域社会
2　古代王権と神々・仏教
3　庶民信仰と仏教
4　神仏習合の展開
5　女性と仏教
6　地獄と極楽
7　神仙世界への憧憬
8　陰陽道の呪的宗教化
9　修験道の形成
10　怨霊の発現
11　中世神祇信仰と仏教
12　キリシタンの信仰と文化
13　朝鮮朱子学と実学の受容
14　鬼神論の系譜
15　総括

増尾伸一郎氏の宗教史研究

吉田一彦

一　複合と重層の宗教史

増尾伸一郎氏は私たちに数多くの論著を残した。その論ずるところは大変幅広く、人文学のさまざまな領域に展開している。最初、氏の研究は、日本古代史分野から開始された。だが、その関心の広がりはとどまることを知らず、まもなく道教・仏教・神信仰（神道）・陰陽道などの諸宗教の歴史、説話・歌謡・漢詩文・物語などの文学、民俗学・昔話・神話・芸能、さらに史学史をはじめとする学史といった分野へと浸潤、越境がなされていった。論及する時代も、いわゆる古代にとどまることなく、中世、近世、近現代へと広がっていった。研究の地理的範囲も日本一国の境域を越え、中国、韓国、ヴェトナムというように、「漢文文化圏」（小峯和明氏）全体へと展開し、その中で日本の問題を考究した。また、西洋の歴史と文化についても、人文学の広い分野に旺盛な興味を示していた。

増尾氏にとって、宗教史研究はその学問の中核をなすものであった。氏の幅広い学問の個性は、この宗教史研究という地平から形づくられたものであるように私には思われる。そのキーワードとして思い浮かぶのが、「複合」「重層」「伝播」「東アジア」「比較」「書物」という言葉である。いずれも氏の論著にしばしば用いられる言葉である。

増尾氏は、日本への道教の伝播の問題に強い関心を持ち、道教経典、神仙思想、呪符、星の信仰、老子信仰、仏教の疑偽経典（中国撰述仏典）、医方術、天文暦法、風水地理などが日本に受容される様相を考究し、さらに陰陽道の研究に向かっていった。道教の研究は容易ではない。それは、中国における道教の成立と展開の過程が複雑であることによるが、特に道教が、儒教、仏教、民間信仰などとさまざまな形で融合してきた歴史を的確にとらえることが容易ではないからだろうと思う。儒仏道三教そして民間信仰は中国において相互に交渉、融合し、それが周辺の国・地域へと伝播して、その地でまたその地の宗教、信仰と融合し、さらなる変化を遂げた。日本にも、道教の文化や思想が種々の宗教、信仰と複合する形で伝えられたという。

そうした宗教の伝播は何回にもわたって波状的になされた。ある時代に伝えられた宗教の上に重なるように、次の時代、また新しい姿の宗教、信仰が伝えられる。また、それらが、国内で変容を遂げて、陰陽道のような複合した宗教が成立することもある。

その様相を解明するには、日中の関係典籍、文書、金石文等に関する幅広い知見が必要になる。日本については、六国史や律令格式、『万葉集』『風土記』『懐風藻』『藤氏家伝』、正倉院文書、木簡、経典奥書、あるいは『日本霊異記』『三宝絵』『今昔物語集』、往生伝、寺院縁起、絵巻物、さらに『源氏物語』などを詳しく読み、研究成果を論文にまとめた。宗教が複合、重層する様相は、説話・歌謡・漢詩文・物語などの種々の文学作品によくあらわれる。氏にとって、『万葉集』『懐風藻』『日本霊異記』『源氏物語』『今昔物語集』などは宝の山であった。

中国については、道蔵をそろえ、緯書を調べ、種々の古典を読み、疑偽経典の数々を読解し、仏典、仏書を読み進めた。疑偽経典（中国撰述仏典）に関しては、名古屋市の七寺の一切経の調査、研究に参加し、新出経典と出会うことができたのはまことに幸福なことであった。しかし、それは偶然によるものでなく、余人をもって代えがたい氏の個性的な問題設定が引き寄せた出会いであり、必然的な出会いだったとすべきなのだろう。

日本の宗教史を考究するには、中国からの影響、伝播ばかりでなく、中国周辺の国・地域における宗教史の展開と比較しながら考究することが重要になる。氏の研究は、東アジアの宗教史、文化史の解明と、それと日本との比較研究にも向かっていった。特に重視し、また得意としたのが、朝鮮半島における宗教史、文化史の展開であった。

増尾氏は、『三国史記』『三国遺事』『海東高僧伝』をはじめとする関係文献を詳しく読み、金石文を調べ、『新羅殊異伝』の逸文を集めて註釈書を作成し、何度も実地調査、学術交流を行なって資料を収集した。その中で、孫晋泰、金素雲といった韓国の比較説話学の先人を知り、彼らを自らの先学の一人と位置づけて、その学問を解析し、再評価した。

比較説話学に関しては、また、高木敏雄、南方熊楠などによる黎明期の研究を今日の学問水準から再検討し、その研究方法を高く評価した。氏は、柳田國男が確立したような日本一国を対象とする民俗学以外にも、初期の民俗学には、昔話・神話・説話の比較研究という注目すべき研究方法が存在していたことを明らかにし、今では忘れられてしまった、その豊かな可能性を再評価する作業に取り組んでいた。

氏は、キリシタン版『イソポのハブラス』に強い関心を示し、『注好選』『今昔物語集』に見える類話と比較して、インドの寓話に論じ及ぶような研究、すなわち説話の東西交渉についての研究を進めた。また、琉球の宗教史にも深い関心を示し、竜宮とニライカナイの比較研究を行なうなど、琉球の関係資料の読解に取り組んだ。晩年には、ヴェトナムにも強い関心を示し、実地調査を行なって文献を収集した。

宗教は国家の境域を越えて広い地域に伝播し、思想・信仰ばかりでなく、文学・芸術、そして生活文化にも大きな影響を与える。増尾氏の幅広い学問は、日本の宗教史を東アジアの中で考え、諸宗教、諸信仰が織りなす複合、重層の姿を解明しようとするところから展開していったものと思われる。氏が蔵書家であったことはよく知られているが、実際、研究室も、御自宅も、足の踏み場もないほどの書物の山であったそうで、資料に埋もれるようにして研究を進め、原稿を執筆していたという。和漢の書物を読み解き、そこから日本とアジアの宗教史、文化史を語るのが増尾伸一郎氏の学問であった。

二　和漢の書物を読み解く

本書に収めた論考について、二、三のコメントをしておきたい。

序章「中国・朝鮮文化の伝来—儒教・仏教・道教の受容を中心として—」は、儒仏道三教の日本への伝来についての概論である。増尾氏は、道教や疑偽経典の伝来に関する概論を何回か書いているが、この論考は漢籍の伝来や儒教の受容についての記述が詳細であり、また仏教に関しては新羅の学僧の注疏の伝来について詳しく述べたものになっている。道教の日本への伝来については、他に「日本古代の道教受容と疑偽経典」（山田利明・田中文雄編『道教の歴史と文化』雄山閣、一九九八年）、「道教の日本的変容」（『アジア遊学』一六、勉誠出版、二〇〇〇年）などがあり、後者はのちに深化して「東アジアにおける道教の伝播」（鈴木靖民編『古代日本の異文化交流』勉誠出版、二〇〇八年）へと発展した。

第一部第一章「天皇号の成立と東アジア—近年出土の木簡と朝鮮の金石文を手がかりにして—」は、日本国号と天皇号の成立を論じた一篇である。この論考では、新羅の文武王の碑に「天皇大帝」、その弟の金仁問の碑に「高宗天皇大帝」の文言が見えることを指摘し、それは新羅が唐の高宗による「天皇」号の採用とその意味をいち早く的確に把握していたことを示すものであると説き、高宗の「天皇」号の情報は、新羅から日本に、遣新羅使によって七世紀末にもたらされたと論じている。議論の多い日本の天皇号の成立過程について、新羅の金石文から新知見をもたらした重要論考である。

第一部第二章「金液丹と禅師―仁明天皇の道教的長生法実践とその背景―」は、道教の不老長生法の日本における受容を考究した一篇である。ここでは、三善清行『服薬駐老験記』（佚文）に記される長寿者を検討し、『本朝神仙伝』に論究した上で、淳和天皇、仁明天皇が服用した「金液丹」とは何かについて『抱朴子』の記述から考証している。

第二部第一章「道教・神仙思想と仏教」は、『歴史と古典　万葉集を読む』に書いた論考で、『万葉集』に見られる道教・神仙思想、仏教思想を論じた一篇である。増尾氏は『万葉集』に大変造詣が深く、ここでも歌の森林を縦横無尽に駆けめぐり、常世国、尸解仙、仙薬、浦島子、仙女、仏教法会、無常観（感）などに関わる歌とそれらがうたわれた文化について解説する。増尾氏の学問の本領が遺憾なく発揮された一篇である。

第二部第二章「『藤氏家伝』の成立と『懐風藻』」では、『藤氏家伝』の史料批判を『懐風藻』を用いて行ない、あわせて『懐風藻』について、その撰者は葛井広成であろうと推定する。増尾氏はしばしば『懐風藻』について論じており、他にも「清風、阮嘯に入る―『懐風藻』詩宴における阮籍の位相―」（辰巳正明編『懐風藻―漢字文化圏の中の日本古代漢詩』笠間書院、二〇〇〇年）などの論考がある。

第二部第三章「今の時の深く智れる人―景戒の三教観をめぐって―」では、『日本霊異記』の撰者景戒の儒仏道三教観が分析され、山上憶良および空海との比較がなされる。氏は、景戒は仏教を基軸としながらも、儒教や道教の教説も柔軟に摂取しようとしているとし、そうした三教観は同時代の憶良や空海と通い合うものであると論じる。『日本霊異記』を論じる研究は数多いが、こうした視座からの分析はほとんどなく、増尾氏ならではのものと言えよう。氏は種々の角度から『日本霊異記』を論じたが、この論考と深く関わるものに「深知の儔は内外を覩る―『日本霊異記』と古代東アジア文化圏―」（『古代文学』三八、一九九九年）がある。

第二部第四章「源為憲と初期天台浄土教―慶滋保胤との対比を通じて―」は、源為憲の浄土信仰について、『三宝絵』「空也誄」「勧学会記」などからその特質をあぶり出し、それと慶滋保胤の浄土信仰とを比較して両者の共通性と差異について考察する。そして、結論として、二人の浄土信仰には小さくない懸隔があったと論じる。

以上の三篇は、成城大学民俗学研究所における共同研究の成果である。この共同研究は一九九九年から開始されたもので、これまで『日本霊異記を読む』（吉川弘文館、二〇〇四年）、『三宝絵を読む』（吉川弘文館、二〇〇八年）、『藤氏家伝を読む』（吉川弘文館、二〇一一年）、『寺院縁起の古層――注釈と研究』（法蔵館、二〇一五年）の四冊が研究成果として発表されてきた。増尾氏はこのうち第三冊、第四冊の共編者に名を連ねており、この共同研究の中心メンバーの一人であった。ただ、残念ながら、逝去により第四冊には論文を書くことができなかった。

第三部第一章「神仙の幽り居める境―常世国としての常陸と藤原宇合―」では、『常陸国風土記』の表現と、『懐風藻』所載の藤原宇合の詩文の表現とが比較検討され、『常陸国風土記』原撰本の撰録に宇合が深く関与していることが論じられる。そして、常陸国を〈常世国〉として仙郷視したのは、都から見て東方の果てに位置する地に、中国的観念に基づく新たな神威を付与するためであったと説く。あわせて、仏が浜の観世音菩薩像についても現地比定の考証を行なっている。増尾氏は、しばしば『風土記』の記載を考究しており、他に「農耕神事から歌舞遊宴へ―『常陸国風土記』の嬥歌と神―」（『えとのす』二八、一九八五年）、「在地の固有信仰と律令国家―『風土記』の伝承を素材にして―」（『古代史研究の最前線　三　文化編　上』雄山閣出版、一九八七年）、「風土記編纂の史的意義」（植垣節也・橋本雅之編『風土記を学ぶ人のために』世界思想社、二〇〇一年）などの論考がある。

第三部第二章「七世父母」と「天地誓願」―古代東国における仏教受容と祖先信仰をめぐって―」は、朝鮮半島の金石文に見られる「七世父母」の文言を紹介し、そこから上野三碑の一つ金井沢碑の銘文に見られる仏教思想を解明しようとする一篇である。日本の七、八世紀の仏教関係史料に「七世父母」の文言がしばしば現れることについてはこれまで論究がなされてきた。また、中国の南北朝隋唐時代の造像銘などに「七世父母」の文言が頻出すること、それが『仏説盂蘭盆経』の文言であること、この経典の成立によって中国社会にこの文言が広く流通したこともすでに判明している。しかし、朝鮮半島の造像銘にこの文言が見えることは、日本ではこの論考ではじめて紹介され、その意義が論じられた。研究史上の重要論文である。増尾氏が指摘した仏像のうち、癸酉年・三尊千仏碑像は国立公州博物館の所蔵で、私が増尾論文を道案内に二〇〇九年に訪れた時には、この像を常設展示で見学することができた。

第三部第三章「東国における一切経の書写と伝播」は、七世紀以来の日本における一切経書写の歴史を概観し、その中で上野国の緑野寺の一切経について考究する一篇である。論述は緑野寺一切経だけでなく、他の東国の一切経にも及び、さらに東国における『大般若経』書写について、現存経巻を史料にして古代から中世に至る『大般若経』信仰の様相とその思想的特質について考究がなされる。

以上の二篇は、あたらしい古代史の会による二冊の論集に書かれたものである。あたらしい古代史の会は、一九九五年の発足で、出身校、勤務先、専門分野の枠を超えて〈あたらしい古代史〉を探求する研究会で、増尾氏はその中心メンバーの一人として活動した。氏は、数多くのの学会、研究会に参加し、どの会においても研究の輪の中心の一人になって、会の企画や方向性の設定に深く関わり、また円滑で前向きな人間関係の構築につとめた。

第三部第四章「禅師広達とその周辺」は、『日本霊異記』中巻第二十六縁や宝亀三年（七七二）三月の十禅師（『続日本紀』）に名が見える広達について、東国仏教の観点から考究する一篇である。広達は、俗姓下毛野朝臣、上総国武射郡の人であると『日本霊異記』に記されるが、増尾氏は、下毛野氏が早くから仏教を受容した氏族であること、武射郡の地が房総地方の中でも早くから仏教信仰が流布した地域であることを、真行寺廃寺の発掘調査の成果を参照しながら論述する。あわせて広達が造立したという吉野郡越部村の岡堂についても考証する。

第三部第五章「墨書土器にみる信仰と習俗」、補論「律令制下の村神郷」は、増尾氏の勤務先の東京成徳大学が所在する千葉県八千代市の遺跡から出土した多量の墨書土器の記載を分析し、その信仰の姿を考究する論考である。土器に記される「身召代」「進上」という墨書は、鬼神を御馳走で饗応して、その見返りに命を助けてもらおうという信仰によるものであることを『日本霊異記』の説話や疫神祭祀のあり方を参照して解説する。

以上の三篇は、東京成徳大学や八千代市教育委員会の刊行物に発表したもので、学生の面倒見がよく、地域に根差した歴史教育を行なっていた氏の学問のもう一つの特色を伝えるものになっている。自治体史に関しては、氏は二宮町史に関わり、『二宮町史』(通史編・古代中世、二〇〇八年)に執筆している。

増尾氏は山梨県春日居町に生まれ、長く神奈川県横浜市に住み、そこから東京を横断して千葉県八千代市の大学まで長時間かけて通っていた(その通勤電車の中でたおれ、逝去された)。氏は、日本の歴史と文化を考究する際、東国からの視座が重要であると考え、しばしば東国における宗教文化について論じた。残された自筆メモによると、生前、氏は〈古代東国の信仰と仏教〉というテーマで単著をまとめる計画を立てていたが、それはもはやかなわない。本書第三部には、東国における信仰と仏教に関する論考を収めた。

三　論集と追悼文

増尾伸一郎氏は、学問を愛し、書物を重んじ、友を大切にした。突然の訃報に接した研究仲間、同僚、教え子、出版関係者たちは悲しみにくれて葬儀にかけつけ、多数の会葬者による焼香の列がいつまでも長く続いた。増尾氏の論考は、最初の論文集である『万葉歌人と中国思想』（吉川弘文館、一九九七年）に十篇が収められている。また、疑偽経典（中国撰述仏典）に関する論考は、『道教と中国撰述仏典』（汲古書院）と題して一書にまとめられる作業が本人によって途中まで進められており、近く刊行される運びになっている。他の諸論考は、勉誠出版からテーマ別に編集されて刊行される計画が進められている。

追悼文は、早川万年「増尾伸一郎氏の訃」が『日本歴史』七九八（二〇一四年）に、小峯和明「追悼・増尾伸一郎——知と学の〈鍋奉行〉」が『リポート笠間』五七（二〇一四年）に、同「追悼・増尾伸一郎：酒と料理と学問と、『酒飯論絵巻』への道程」が伊藤信弘・クレール碧来ブリッセ・増尾伸一郎編『『酒飯論絵巻』影印と研究』（臨川書店、二〇一五年）に、水口幹記「延喜式研究会という特別な場」が『延喜式研究』三〇〈終刊号〉（二〇一五年）に、荊木美行「増尾伸一郎先輩を悼む」が『史聚』四八（二〇一五年）に、北條勝貴「あとがきにかえて—増尾伸一郎氏と成城大学民俗学研究所共同研究—」が小林真由美・北條勝貴・増尾伸一郎編『寺院縁起の古層——注釈と研究』法藏館（二〇一五年）に載る。また、インターネットのサイト「伝統文化★資料室」（東京成徳大学の学生と教員によるブログ）（http://blog.goo.ne.jp/seitokudento/c/bea46f8ebbc40c315db10c16adaa3533）に、「お別れしました」（二〇一四年七月三十一日、青柳隆志氏）以下、連続の追悼記事が載る。

初出一覧

序章　中国・朝鮮文化の伝来—儒教・仏教・道教の受容を中心として—（荒野泰典・石井正敏・村井章介編『日本の対外関係一　東アジア世界の成立』吉川弘文館、二〇一〇年）

第一部　古代の天皇と道教思想

第一章　天皇号の成立と東アジア—近年出土の木簡と朝鮮の金石文を手がかりにして—（大山誠一編『聖徳太子の真実』、平凡社、二〇〇三年）

第二章　金液丹と禅師—仁明天皇の道教的長生法実践とその背景—（『日本歴史』七七六、二〇一三年）

第二部　古代の典籍と外来文化

第一章　道教・神仙思想と仏教（古橋信孝編『歴史と古典　万葉集を読む』吉川弘文館、二〇〇八年）

第二章　『藤氏家伝』の成立と『懐風藻』（篠川賢・増尾伸一郎編『藤氏家伝を読む』吉川弘文館、二〇一一年）

第三章　今の時の深く智れる人—景戒の三教観をめぐって—（小峯和明・篠川賢編『日本霊異記を読む』吉川弘文館、二〇〇四年）

第四章　源為憲と初期天台浄土教—慶滋保胤との対比を通じて—（小島孝之・小林真由美・小峯和明編『三宝絵を読む』吉川弘文館、二〇〇八年）

第三部　古代東国の信仰と仏教

第一章　神仙の幽り居める境—常世国としての常陸と藤原宇合—（井上辰雄編『古代東国と常陸国風土記』雄山閣、一九九九年）

第二章　「七世父母」と「天地誓願」—古代東国における仏教受容と祖先信仰をめぐって—（あたらしい古代史の会編『東国石文の古代史』吉川弘文館、一九九九年）

第三章　東国における一切経の書写と伝播（あたらしい古代史の会編『王権と信仰の古代史』吉川弘文館、二〇〇五年）

第四章　禅師広達とその周辺（『房総を学ぶ—房総地域文化研究プロジェクト記録集—』五、東京成徳大学人文学部日本伝統文化学科、二〇〇九年）

第五章　墨書土器にみる信仰と習俗（『千葉県八千代市　上谷遺跡』第五分冊、八千代市遺跡調査会、二〇〇五年）

補論　律令制下の村神郷（『房総を学ぶ—房総地域文化研究プロジェクト記録集—』東京成徳大学人文学部日本伝統文化学科、二〇〇五年）

索　　引

本文頻出語は省略したものがある．外国人名は音読みで配列した．

I　事項・人名

あ　行

か　行

さ　行

た　行

な　行

は　行

ま　行

や　行

ら・わ行

Ⅱ　典籍・史料・作品

あ　行

か　行

さ　行

た　行

な　行

は　行

ま　行

や　行

ら・わ行

著者略歴
一九五六年　山梨県に生まれる
一九八六年　筑波大学大学院歴史人類学研究科博士課程修了
日本学術振興会特別研究員、大阪女子短期大学専任講師、豊田短期大学専任講師、東京成徳大学人文学部教授を歴任
二〇一四年七月二五日　死去

〔主要編著書〕
『万葉歌人と中国思想』（吉川弘文館、一九九七年）
『道教の経典を読む』（共編、大修館書店、二〇〇一年）
『環境と心性の文化史』上・下（共編、勉誠出版、二〇〇三年）
『寺院縁起の古層—註釈と研究—』（共編、法藏館、二〇一五年）

日本古代の典籍と宗教文化

二〇一五年（平成二十七）八月十日　第一刷発行

著　者　増尾伸一郎（ますおしんいちろう）

発行者　吉川道郎

発行所　株式会社　吉川弘文館
郵便番号一一三—〇〇三三
東京都文京区本郷七丁目二番八号
電話〇三—三八一三—九一五一（代）
振替口座〇〇一〇〇—五—二四四番
http://www.yoshikawa-k.co.jp/

印刷＝亜細亜印刷株式会社
製本＝株式会社　ブックアート
装幀＝山崎　登

ISBN978-4-642-04623-7